西南地区人口空间格局演变与城镇化发展

张凤太 安佑志 著

科 学 出 版 社
北 京

内 容 简 介

研究西南地区少数民族人口特征对于促进民族团结及人口均衡发展具有重要的理论和实践意义。本书系统研究了西南地区人口资源的总体空间分布特征、集疏格局、结构特征和发展特征，探讨了西南地区人口资源的迁移与流动特征，并基于多元线性回归方法结合统计年鉴数据进行分析，提出了西南地区人口半城镇化的规模人口需求。同时，本书对西南地区人口资源分布最为集中的城市群人口特征进行研究，揭示城市群地区人口发展的老龄化和高龄化特征。

本书可供从事地理学、人口学及人文地理学的研究、教学和技术人员参考，也可供各级政府的人口部门参考。

图书在版编目(CIP)数据

西南地区人口空间格局演变与城镇化发展 / 张凤太，安佑志著. —北京：科学出版社，2023.2
ISBN 978-7-03-074021-2

Ⅰ.①西⋯ Ⅱ.①张⋯ ②安⋯ Ⅲ.①城市化-研究-西南地区 Ⅳ.①F299.277

中国版本图书馆 CIP 数据核字 (2022) 第 223651 号

责任编辑：莫永国 / 责任校对：彭 映
责任印制：罗 科 / 封面设计：墨创文化

科学出版社 出版
北京东黄城根北街16号
邮政编码：100717
http://www.sciencep.com

四川煤田地质制图印务有限责任公司印刷
科学出版社发行 各地新华书店经销

*

2023 年 2 月第 一 版　　开本：787×1092　1/16
2023 年 2 月第一次印刷　　印张：10 3/4
字数：260 000
定价：129.00 元
(如有印装质量问题，我社负责调换)

基金项目支撑

本书由教育部人文社会科学研究项目"西部民族贫困地区乡村人居环境演变及微观机制研究"（20XJCZH001）、重庆理工大学科研启动基金项目（2019ZD80，2019ZD91）、重庆市社会科学规划项目（2019YBGL075）、重庆市教委人文社科基金（19SKGH132）、贵州省科技厅科技基金计划项目（项目编号：黔科合基础〔2017〕1135）、贵州省"千层次"创新型人才项目（2015）、贵州省教育厅科技拔尖人才项目（项目编号：黔教合 KY 字〔2016〕082）、贵州师范学院地理学硕士点建设专项经费等项目资助。

前　言

改革开放以来，随着经济的快速发展、城市化进程的加快和人口政策的调整等多重因素的叠加，使我国的人口资源空间分布发生了变化，专门以西南地区为研究区展开人口问题的研究文献较少。近年来，西南地区人口资源问题相对突出，体现在人口流失、人口老龄化加剧和人口结构失衡等方面。因此，本书从西南地区人口资源空间分布的集疏格局、人口迁移特征、人口年龄特征、人口城镇化特征、城市群人口特征等方面展开研究，力求较为全面地分析西南地区人口资源空间格局特征及存在的人口问题。

近年来，作者及团队先后主持或参与了教育部人文社会科学研究项目"西部民族贫困地区乡村人居环境演变及微观机制研究"（20XJCZH001）、贵州省科技厅科技基金计划项目（项目编号：黔科合基础〔2017〕1135）"基于卫星遥感的贵州世界遗产地赋存环境动态监测研究"和重庆市社会科学规划项目（2019YBGL075）等项目的研究工作。本书较为全面地收集和分析了西南地区历年人口普查和统计年鉴等相关资料，借助 GIS 等技术手段，探讨了西南地区人口资源的空间分布特征，具体的如从人口集疏格局、人口年龄特征、人口迁移、少数民族人口特征、城市群人口格局等方面展开研究。上述工作为本书的撰写奠定了基础。

在上述课题的支持下，本书是课题组全体成员集体劳动的成果。全书由张凤太、安佑志负责策划、思路构思、统稿、修改和审定。具体分工如下：第 1 章由张凤太、安佑志和甘露撰写；第 2 章由张凤太、安佑志、赵鹏和李超撰写；第 3 章由安佑志、甘露、黄照朴和赵雯撰写；第 4 章由安佑志、张凤太、赵鹏和陈静撰写；第 5 章由安佑志、李贵军和唐林峰撰写；第 6 章由安佑志、张凤太、刘金环、周荣先和陆海杰撰写；第 7 章由安佑志、罗凯梅和许丽平撰写。

在本书写作完稿的过程中得到贵州省流域地理国情监测重点实验室等科研机构的大力支持。

本书在写作过程中对参考的各位专家学者的成果进行了详细的标注，但仍恐有不足之处，敬请多加包涵。由于作者水平有限，书中不妥之处在所难免，敬请广大读者批评指正，以便我们进一步改进和完善。感谢科学出版社莫永国编辑的出色工作，他为本书的出版付出了巨大的努力，他中肯的意见使本书更加完善。

目 录

第1章 绪论 ·· 1
  1.1 人口研究知识图谱分析 ·· 1
    1.1.1 人口研究统计分析 ·· 1
    1.1.2 西南地区人口资源研究文献统计分析 ······································· 3
  1.2 人口资源研究的内容体系和西南地区人口资源研究内容 ················· 4
    1.2.1 人口资源研究的内容体系 ··· 4
    1.2.2 西南地区人口资源研究内容 ··· 4
  1.3 人口资源研究评述 ·· 5
    1.3.1 人口资源研究总体评述 ·· 5
    1.3.2 西南地区人口资源研究评述 ··· 5
  1.4 人口研究趋向与展望 ·· 5

第2章 西南地区人口资源总体特征 ·· 7
  2.1 西南地区人口资源集疏格局特征 ·· 7
    2.1.1 人口资源集疏格局研究概述 ··· 7
    2.1.2 研究区域与数据 ·· 7
    2.1.3 研究方法 ··· 8
    2.1.4 西南地区人口资源密度时空分布特征 ······································· 8
    2.1.5 西南地区人口资源分布均衡度分析 ·· 9
    2.1.6 西南地区人口资源集疏格局 ··· 10
  2.2 西南地区人口资源年龄结构特征 ·· 11
    2.2.1 人口年龄结构研究概述 ·· 11
    2.2.2 研究数据与方法 ·· 12
    2.2.3 基于省级尺度的西南地区人口资源年龄结构时空特征分析 ····· 12
    2.2.4 基于市州尺度的西南地区人口年龄结构时空特征分析 ············ 24
  2.3 本章小结 ·· 35

第3章 西南地区人口资源的迁移与流动 ··· 36
  3.1 西南地区流动人口资源的空间格局演变 ··· 36
    3.1.1 流动人口空间格局演变概述 ··· 36
    3.1.2 研究数据 ··· 36
    3.1.3 研究方法 ··· 37
    3.1.4 基于省级尺度的西南地区流动人口的总体特征 ······················ 38
    3.1.5 基于市州尺度的西南地区人口流动空间模式 ························· 41
    3.1.6 基于县级尺度的西南地区人口流动空间模式 ························· 42

iii

  3.1.7 基于市州和县级尺度的流动人口地域类型划分 ········ 43
 3.2 西南地区人口资源流失演化格局 ········ 45
  3.2.1 研究数据 ········ 46
  3.2.2 研究方法 ········ 46
  3.2.3 西南地区流失人口演化格局分析 ········ 47
  3.2.4 西南地区人口资源流失原因及影响分析 ········ 54
 3.3 西南地区迁入人口的空间格局 ········ 55
  3.3.1 迁入人口研究概述 ········ 55
  3.3.2 研究数据与方法 ········ 55
  3.3.3 西南地区省级尺度下省内和省外迁入人口的时空变化 ········ 56
  3.3.4 西南地区市州尺度下省内和省外的迁入人口时空变化 ········ 57
  3.3.5 西南地区县级尺度下省内和省外迁入人口的时空变化 ········ 59
 3.4 本章小结 ········ 61

第4章 西南地区人口年龄结构 ········ 63
 4.1 西南地区人口老龄化研究 ········ 63
  4.1.1 研究数据 ········ 63
  4.1.2 研究方法 ········ 63
  4.1.3 基于县级尺度的西南地区人口老龄化率的时空格局 ········ 65
  4.1.4 基于县级尺度的西南地区人口老龄化集疏类型的时空格局 ········ 77
  4.1.5 西南地区人口老龄化影响因素分析 ········ 79
 4.2 西南地区人口"三化"研究 ········ 81
  4.2.1 人口"三化"研究概述 ········ 81
  4.2.2 研究数据 ········ 82
  4.2.3 研究方法 ········ 82
  4.2.4 西南地区老年人口"三化"分析 ········ 83
 4.3 本章小结 ········ 90

第5章 西南地区人口城镇化 ········ 92
 5.1 西南地区人口城镇化和半城镇化特征研究 ········ 92
  5.1.1 人口城镇化和半城镇化研究概述 ········ 92
  5.1.2 研究数据 ········ 94
  5.1.3 研究方法 ········ 94
  5.1.4 基于市州尺度的西南地区人口城镇化和半城镇化时空格局研究 ········ 95
  5.1.5 基于县级尺度的西南地区人口城镇化和半城镇化时空格局研究 ········ 98
  5.1.6 人口城镇化和半城镇化影响因素分析 ········ 100
 5.2 西南地区县域市民化需求人口分布格局演变 ········ 102
  5.2.1 县域市民化需求人口研究概述 ········ 102
  5.2.2 研究数据与处理 ········ 102
  5.2.3 研究方法 ········ 103

5.2.4 西南地区迁入人口时空格局演变规律 …………………………………… 103
　　5.2.5 西南地区市民化需求人口时空分布格局 ………………………………… 106
　　5.2.6 热点区域识别及特征 ………………………………………………………… 108
　　5.2.7 西南地区县域市民化需求人口影响因素分析 …………………………… 109
　5.3 本章小结 ……………………………………………………………………………… 111

第6章 西南地区少数民族人口特征 …………………………………………………… 114
　6.1 西南地区少数民族人口空间分布研究 …………………………………………… 114
　　6.1.1 研究数据 ……………………………………………………………………… 114
　　6.1.2 研究方法 ……………………………………………………………………… 115
　　6.1.3 基于省级尺度的少数民族人口时空特征分析 …………………………… 115
　　6.1.4 基于市州尺度的少数民族人口时空分布特征分析 ……………………… 116
　6.2 西南地区人口较多少数民族空间分布特征 ……………………………………… 118
　　6.2.1 研究数据与方法 ……………………………………………………………… 118
　　6.2.2 西南地区人口较多少数民族空间分布特征分析 ………………………… 119
　6.3 西南地区民族多样性指数研究 …………………………………………………… 123
　　6.3.1 研究数据 ……………………………………………………………………… 123
　　6.3.2 研究方法 ……………………………………………………………………… 124
　　6.3.3 西南地区民族多样性指数分析 …………………………………………… 124
　6.4 本章小结 ……………………………………………………………………………… 128

第7章 西南地区城市群人口特征 ……………………………………………………… 130
　7.1 西南地区城市群人口发展格局与问题 …………………………………………… 130
　　7.1.1 研究区域概况 ………………………………………………………………… 130
　　7.1.2 研究数据 ……………………………………………………………………… 131
　　7.1.3 研究方法 ……………………………………………………………………… 131
　　7.1.4 西南地区城市群人口空间分布格局特征 ………………………………… 132
　　7.1.5 西南地区城市群人口发展综合指数 ……………………………………… 138
　7.2 西南城市群人口老龄化和高龄化研究 …………………………………………… 139
　　7.2.1 研究数据 ……………………………………………………………………… 140
　　7.2.2 研究方法 ……………………………………………………………………… 140
　　7.2.3 西南地区城市群人口老龄化率和高龄化率的时空格局 ………………… 141
　　7.2.4 西南地区城市群老龄化和高龄化的集疏格局分析 ……………………… 144
　　7.2.5 西南地区城市群人口老龄化和高龄化影响因素分析 …………………… 148
　7.3 本章小结 ……………………………………………………………………………… 152

参考文献 ……………………………………………………………………………………… 155

第1章 绪　　论

近年来，对于人口的研究引起了学者的关注，人口地理学学科取得了较大进展(朱宇等，2017)。对于人口的研究，主要聚集于人口老龄化、人口差异、出生率与老龄化、迁移与流动等人口问题(封志明和李鹏，2011)。其中，对人口老龄化问题的研究较多，如根据第五、六次全国人口普查数据，截至 2010 年，城市群人口老龄化平均水平已上升为 9.00%(王录仓等，2017)。我国东部沿海地区已处在人口老龄化阶段，由于农村的经济发展水平、劳动力文化教育程度的差异，农村人口老龄化的进程也将加快(袁俊等，2007)。我国已进入城镇化加速发展的高峰期，但是人口城镇化速度明显滞后于土地城镇化速度，区位成为影响人口城镇化的主要因素，经济发展水平，尤其是第二、三产业的发展也是影响人口城镇化的重要因素(卢丽文等，2014)。而在城市化发展过程中，城镇人口的城镇化速度显著快于乡村人口，且城镇化出现明显的省域空间差异，呈现东高西低的特征(秦佳和李建民，2013；薛德升和曾献君，2016)。随着社会经济的发展，流动人口也越来越多，主要从经济欠发达地区流向经济发达地区。对于流动人口的研究，研究尺度主要有全国性尺度(刘涛等，2015)、自然分区尺度(姜玉等，2016)、省际尺度(马红旗和陈仲常，2012)、县级尺度(李想，2014)。从研究内容来看，主要涉及地域类型演化(戚伟等，2017a)、人口流失演化格局(戚伟等，2017b)、城镇人口迁移(杨成凤等，2015)、省内人口迁移(张苏北等，2013)、省际流动(高更和等，2015)等领域。本研究从人口研究知识图谱、内容体系、评述、研究趋向与展望等几方面对人口研究进行概述。

1.1　人口研究知识图谱分析

1.1.1　人口研究统计分析

本研究采用文献统计的方法，在中国知网以"人口"为关键词进行检索，截至 2018 年 9 月得出历年关于人口研究的论文达 401652 篇。从中国知网中检索出已知出版机构的结果达 64868 篇，其中发文量最多的机构是中国人民大学，多达 3995 篇，北京大学、复旦大学、吉林大学、华东师范大学、武汉大学、南京大学历年累积发文量均超过 2000 篇。而苏州大学、暨南大学、中国社会科学院人口与劳动经济研究所发文量分别为 934 篇、954 篇、955 篇(表 1-1)。对于人口方向的研究，从统计的文献数据看，2016 年的发文量最多，为 25832 篇，2017 年、2018 年则呈现下降趋势，分别是 23744 篇和 11065 篇。而关于人口研究的文献中，穆光宗的贡献最大，达 307 篇。

表 1-1　截至 2018 年 9 月，人口研究相关文献的发表机构与发文量

排序	机构	发文量/篇	排序	机构	发文量/篇
1	中国人民大学	3995	21	四川大学	1357
2	北京大学	3663	22	中央民族大学	1353
3	复旦大学	2962	23	陕西师范大学	1330
4	吉林大学	2906	24	北京师范大学	1314
5	华东师范大学	2722	25	西北大学	1270
6	武汉大学	2236	26	东北财经大学	1235
7	南京大学	2215	27	河北大学	1226
8	兰州大学	1967	28	同济大学	1171
9	浙江大学	1936	29	西南大学	1140
10	华中科技大学	1817	30	福建师范大学	1132
11	华中师范大学	1790	31	云南大学	1121
12	西南财经大学	1697	32	西北师范大学	1107
13	南开大学	1680	33	南京农业大学	1096
14	清华大学	1647	34	郑州大学	1055
15	中山大学	1611	35	河南大学	1034
16	东北师范大学	1578	36	天津大学	1030
17	山东大学	1417	37	中科院地理科学与资源研究所	1027
18	重庆大学	1416	38	中国社科院人口与劳动经济研究所	955
19	首都经济贸易大学	1393	39	暨南大学	954
20	厦门大学	1379	40	苏州大学	934

2000~2006 年，关于人口研究的文献呈快速增长趋势，2007~2016 年的发文量为缓慢上升趋势，2016 年关于人口研究的出版数量达到最高点，之后开始下降。

通过统计，历年关于流动人口的文献总篇数达 19697 篇。其中以基础研究为主的文献，有 8426 篇；其次是政策研究，达 4388 篇，行业指导达 3072 篇（表 1-2）。有关人口老龄化的研究，2016 年发文量最多，达 2219 篇，2017 年、2018 年渐少，分别为 1958 篇和 1010 篇。作者单位以中国人民大学为主，共有 418 篇，其次是吉林大学、北京大学、复旦大学等单位机构。

表 1-2　历年关于流动人口研究的文献研究层次与发文量情况

排序	研究层次	发文量/篇	排序	研究层次	发文量/篇
1	基础研究（社科）	8426	11	高等教育	70
2	政策研究（社科）	4388	12	大众科普	48
3	行业指导（社科）	3072	13	高级科普（社科）	36
4	工程技术（自科）	1288	14	书讯、会讯（社科）	18

续表

排序	研究层次	发文量/篇	排序	研究层次	发文量/篇
5	职业指导(社科)	1164	15	基础教育与中等职业教育	15
6	基础与应用基础研究(自科)	568	16	专业实用技术(自科)	13
7	行业技术指导(自科)	287	17	高级科普(自科)	10
8	大众文化	113	18	党的建设与党员教育	3
9	政策研究(自科)	94	19	文艺作品	2
10	经济信息	81	20	标准与质量控制(自科)	1

对于关键词的检索中，近年来形成了以"农民工"为中心的研究热点，聚焦程度高，其次是"人口老龄化""影响因素"，我国逐渐进入老龄化时期，其对社会的影响得到了各界的重视(赵俊芳和王媞，2014)。人口老龄化问题、城镇化问题已成为当今社会不可忽视的问题(陆杰华和朱荟，2012)。

1.1.2 西南地区人口资源研究文献统计分析

西南地区是人口资源输出大区，其人口资源问题都要引起重视。但在中国知网，以"西南地区人口"为关键词进行检索，检索结果仅有78条(图1-1)，说明专门针对西南地区的人口资源研究较少，且大多数为基础研究。按发表年份看，相关研究主要集中于2002~2018年，各年份发文量各不相同，2015年发文量最多，但也只有12篇。从2015年开始，关于西南地区人口资源研究的发文量呈现明显减少趋势，2016年和2017年分别只有6篇和5篇。在未来一段时间，相关研究者会越来越重视人口资源问题，西南地区也不例外。

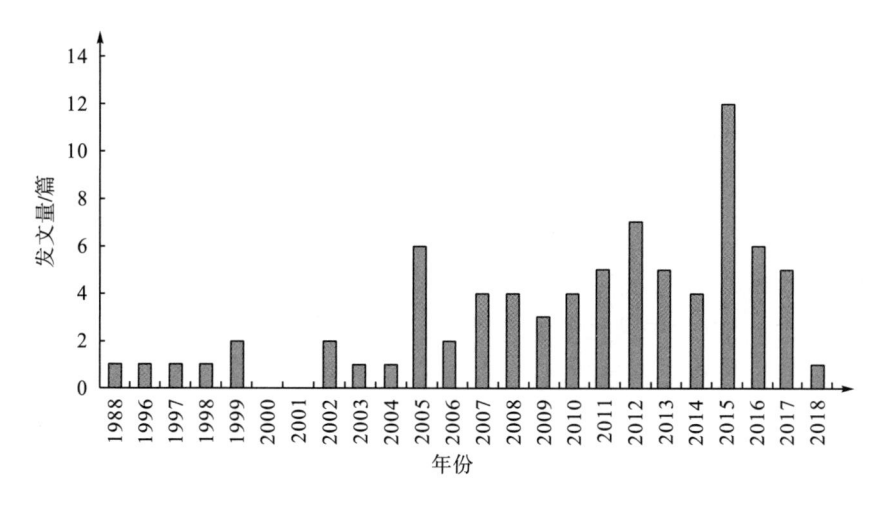

图1-1 1988~2018年关于西南地区人口资源研究的发文量

1.2 人口资源研究的内容体系和西南地区人口资源研究内容

1.2.1 人口资源研究的内容体系

关于人口方面的研究，主要集中于生育、人口与经济、流动人口、人口老龄化等方面(陆杰华和朱荟，2012)。人口与经济作为反映区域差异的两个指标，其分布状况对区域的影响不小(闫东升和杨槿，2017a)。对人口与经济的研究主要涉及人口与经济之间空间关系的变化(王国霞和秦志琴，2013)、时空耦合研究(吴连霞等，2015)、人口与经济重心演变(汪洋等，2012)、人口与经济的互动关系(杨强等，2016)等。对生育方面的研究，主要有对全国生育水平的研究(杨凡和赵梦晗，2013)，对全国流动人口生育水平的研究(李丁和郭志刚，2014)，对具体地区如云南省(梁海艳等，2016)、广州市(谢安国等，2005)、湖南省(谭勉，2011)流动人口生育水平的研究。此外，还有乡镇与农村流动人口生育水平变化(梁同贵，2017)、生育率的时空演变与空间差异(张旭等，2012)、计划生育政策的人口效应(赵袁军等，2016)等研究。从计划生育到二孩政策的调整，对中国产生了巨大影响。计划生育政策的施行，有效地控制了人口增长，缓解了社会压力，避免了由人口过多带来的失业问题，提高了我国的经济增长水平，在环境改善、资源保护方面取得了显著成效。我国施行计划生育以来，人口规模得以控制，出生率降低，最明显的是老龄化问题变得突出。人口老龄化加重了国家的负担，国家的社会保障支出日益加大，社会创新能力也有所减弱。2015 年，为应对人口老龄化，我国开始实施全面二孩政策。但随着人们物质生活的改善、生育观念的改变，加上当前子女培育支出的增加，一些人生育二孩的意愿不强，使得即使在二孩政策下，人口也不会激增。

人口老龄化会对劳动力数量和质量、社会消费需求和储蓄率方面产生影响，且增加社会负担和企业退休养老金。目前人口老龄化速度加快，且具有明显的时空差异特征(王录仓等，2016)。关于人口老龄化的研究，主要内容有人口老龄化的时空变化，包括省域尺度、地区尺度，如对江苏省(许昕等，2017)、福建省(张开洲和陈楠，2014)、上海市(陆歆弘，2013)、中原地区(康江江等，2016)等的人口老龄化研究，以及农村人口老龄化空间差异(袁俊等，2007)、人口老龄化对经济发展的影响(张桂莲和王永莲，2010)等。

随着改革开放政策的实施，我国城市化进程日新月异，引起了世界的关注。流动人口一直是实现城市化进程中最核心的主体，从各学者对于流动人口研究的内容来看，主要涉及地域类型演化、人口流失演化格局、城镇人口迁移、省内人口迁移、省际人口流动等领域(封志明和李鹏，2011；朱宇等，2017)。

1.2.2 西南地区人口资源研究内容

西南地区人口资源分布不均衡，经济发展水平、独特的喀斯特地貌、历史背景是影响西南地区人口分布的重要因素，其中经济发展水平是最主要的影响因素(刘家强等，2008)。

西南地区关于人口研究的论文相对较少,其研究的主要内容有人口发展战略与人口素质(庄晋财,1998)、人口与经济发展(肖永孜,1999)山地城镇空间结构演变(吴勇,2012)、老龄化对经济的影响(吴沛凝,2017)、人口年龄结构与老龄化研究(翟振武等,2017)等。

1.3 人口资源研究评述

1.3.1 人口资源研究总体评述

2010 年第六次全国人口普查为人口研究提供了新的数据,各学者对人口的研究又有了新的进展。其中以人口迁移时空变化、人口结构、人口老龄化、人口城镇化的研究居多,特别是关于人口迁移、人口老龄化和人口城市化的研究比比皆是。经济发展促进城镇化的发展,而城镇化与人口迁移又有紧密联系,流动人口促进人口向城市迁移,城市人口增多,促进城镇化的发展。2017 年各类期刊发表的涉及人口研究的论文主要关注流动人口与人口老龄化现象。流动人口作为人口研究的重要内容,从改革开放以来就一直受到关注,近几年更是如此。2018 年各类期刊发表的涉及人口研究的论文,大部分是关于人口老龄化的研究,可见人口老龄化这一问题得到了学界的重点关注,也足以表明人口老龄化问题的严重性。近年对人口老龄化的研究,涉及人口老龄化变动趋势(翟振武等,2017)、人口老龄化时空格局(王录仓等,2017)、人口老龄化的经济影响(吴沛凝,2017)等。

1.3.2 西南地区人口资源研究评述

关于西南地区人口研究的文献较少,但是西南地区的人口问题仍需要重视,因此,研究西南地区的人口问题是一个新的方向。特别是西南地区的流动人口问题突出,对流动人口空间变化的研究无疑是一个很好的方向。西南地区是少数民族聚集地,各民族文化各有不同,其生育观念也有所不同,故其人口结构研究也是一个很值得探究的方向。

1.4 人口研究趋向与展望

随着中国人口问题,尤其是人口老龄化问题的日益突出,关于人口的研究逐渐成为一个热门话题。但在历年的文献中,关于人口问题的文献却在减少。对人口的研究,主要集中于生育、人口与经济、人口老龄化、城镇化与流动人口几个大的方面(封志明和李鹏,2011;朱宇等,2017)。其中以对人口老龄化和城镇化的研究居多,这也与当前出现的主要人口问题相符。当前人口老龄化问题严重,老年人口比例大,出生率低,新一代生育观念对出生率具有不小影响。随着经济的迅速发展,越来越多的农村人口涌入城市,寻找更多的就业机会、更广阔的发展空间,同时也面临更多的挑战。流动人口的增加使大城市人口剧增,城镇化也随之迅速发展。面对人口老龄化的问题,我们应该积极回应。目前我国的经济发展水平不会因为老年人口的增多而下降，相反，目前还处于老龄化发展的初期，劳动力人口资源还没有下降太多，社会的负担也较低。经济发展起来了，老龄化问题带来的社会负担也不会拉低整个国家的经济水平。同时，也应完善社会养老制度，给老年人一个舒适的晚年，从一定程度上让老年人心理得到满足，也在一定程度上降低后代人的经济压力。同时，也可以发展一些老龄产业，让老龄人口发挥余热的同时，拥有一个舒适愉快的晚年生活。

城镇化是中国最大的国内需求潜力和发展动力。随着社会的进步，经济的发展，城镇化是必然趋势，城镇人口只会越来越多。对城镇化的研究总是涉及流动人口，两者之间联系紧密。现有研究对城镇化与流动人口的研究较多，未来对城镇化的研究也会愈来愈多。

西南地区拥有巨大的人口输出量，经济发展没有东部沿海地区迅速。城市化发展过程受经济、产业结构、生活水平、城市建设和制度政策的影响(潘荣翠，2015)。盆地地形、高原地形、地理位置等因素也对经济发展有着很大的影响。因此，城镇化发展对西南地区经济的发展有着很大的促进作用。虽然目前对西南地区人口的研究甚少，但未来西南地区的人口问题会越来越受到重视，在人口老龄化和城镇化发展方面的研究也会越来越多。

第 2 章 西南地区人口资源总体特征

2.1 西南地区人口资源集疏格局特征

2.1.1 人口资源集疏格局研究概述

中国自改革开放以来,在社会经济飞速增长、城市化进程加速、人口政策调整等众多因素的影响下,人口空间流动也随之发生了变化。人口是一切经济活动的载体,也是社会发展的重要资源。研究中国人口资源的变化情况,不仅可以掌握现阶段人口流动的主要方向及原因,还可以预测未来人口流动的驱动力和方向(李国平和陈秀欣,2009)。

中国人口资源空间分布的变化一直是学术界的研究热点。现有研究主要从人群特征、经济因素、地理位置等来分析人口空间分布变化。如王露等(2014)分析了城市和农村地区的人口密度变化及其影响因素;杜晓娟(2013)分析了不同地理位置的人口分布密度及其主要原因,就整个中国而言,平原、山地地区的人口分布密度远大于高原等地形险峻的地区,这说明了地理位置对人口流动的影响较大;张慧(2012)、刘子鑫等(2017)从人口空间分布格局的演变角度分析了各省人口流动的方向和集疏格局及其存在的差异。

此外,胡焕庸线是反映人地关系的,可用于分析中国人口集疏格局以及流动变化。本研究利用不同方法对西南地区人口集疏格局进行分析,研究其存在的变化和差异,分析人口流动的主要机制和原因,对研究西南地区人口的发展具有一定的参考价值。

2.1.2 研究区域与数据

西南地区通常包括云南省、贵州省、四川省、重庆市和西藏自治区五个省(自治区、直辖市)。西南地区是我国的地理分区之一,东临中南地区,北邻西北地区,处于我国一、二级阶梯之上。其中四川省是人口最稠密、经济发展最迅捷、交通运输最便利的省份,为西南地区的中心。本研究考虑到人口分布的影响,并未选取人口稀疏的西藏自治区作为研究对象,而是将与西南地区发展相近的广西壮族自治区纳入研究范围,形成具有共同发展规律和区域发展差异的新西南五省(区、市)研究区。该研究区除四川甘孜州、阿坝州,云南迪庆州、怒江州外,基本位于胡焕庸线以东,人口密度大,劳动力资源充足,是东部发达地区劳动人口主要输出区(刘颖等,2017;龙晓君等,2018)。

该研究区自然条件复杂多样,主要为亚热带季风气候,南部有热带雨林气候,雨量充沛,气候湿润;包括四川盆地、川西高原、云贵高原、两广丘陵等地形单元;大江大河较多,中部、北部地区以长江流域为主,南部地区以珠江流域为主;社会经济发展滞后于东部地区,西南地区东部是21世纪以来中国西部大开发战略的重点发展地区,以后发优势弥补先天不足,通过"弯道超车"使经济地位迅速提升,赶超全国平均水平,实现社会经济跨越式发展。

本研究数据主要为2000年第五次全国人口普查(国务院人口普查办公室,2003)和2010年第六次全国人口普查(国务院人口普查办公室,2012)的县级人口数据。本书中所使用的数据为历次人口普查数据,部分研究中使用了人口抽样调查数据,最新的数据截止时间为2015年。但是由于2020年的第七次人口普查详细数据在本书稿完成时没有发布,本研究中暂未使用,在后续的研究中应尽量使用长时序的人口数据,可更为准确地研究我国的人口特征和城镇化特征。

2.1.3 研究方法

本书采用ArcGIS10.3软件的相关工具对西南地区人口集聚度变化的方向和人口密度制图;利用Excel软件对2000年和2010年西南地区的人口数据进行统计,并计算西南地区常住人口的基尼系数。

地理集中指数是反映人口地理分布的指标之一。其计算公式为

$$P=100\sqrt{\sum_{i=1}^{n}\left(\frac{X_i}{T}\right)^2} \tag{2-1}$$

式中,P为西南地区的地理集中指数;X_i为西南地区某个城市的常住人口数量;T为西南地区总人口数。当P的值越接近100,常住人口就越集中;当P值越接近0,常住人口就越分散。而对于一个地区来说,地理集中指数为50是最合理的。

本研究以县为单位对西南地区的人口集聚度特征进行分析。人口集聚度的计算公式(刘睿文等,2010)如下:

$$JJD_i=\frac{(P_i/P_n)\times100\%}{(A_i/A_n)\times100\%}=\frac{P_i/A_i}{P_n/A_n} \tag{2-2}$$

式中:JJD_i是西南地区i县的人口集聚度;P_i是西南地区i县的人口数,人;A_i是西南地区i县的土地面积,km^2;A_n是西南地区的土地总面积,km^2;P_n是西南地区的总人口数,人。

2.1.4 西南地区人口资源密度时空分布特征

1. 西南地区人口分布特征

西南地区人口分布主要受地形、经济等因素影响。西南地区东南部的人口密度主要为100~500人/km^2。西南地区中部的人口密度较其他地区大,其主要是四川盆地和云贵高原人口集聚度高的地区。西南地区西部和西北部的人口密度小,原因是西南地区西部和西北部主要处于青藏高原东部,有横断山脉分布,其地区海拔高、山高谷深、环境恶劣,不宜人类生

存,虽土地面积大但人口基数小。

2. 西南地区 2000 年人口密度分析

本书利用 ArcGIS10.3 软件对西南地区 2000 年的人口数据进行分析,发现其中部地区是人口主要集聚的地区,最大密度达 28502 人/km^2。而西北部地区人口集聚度低,最小密度为 3 人/km^2。2000 年,西南地区的中部和东南部是人口最多的地区,东南部和中部有部分地区受山脉阻挡影响,人口稀少,西部、西北部人口更少。

3. 西南地区 2010 年人口密度分析

从整体上看,西南地区 2010 年的人口密度与 2000 年的变化不大,其最大密度为 27008 人/km^2,最小密度为 4 人/km^2,变化不大的主要原因可能是受地形的影响,西南地区地跨第一级阶梯和第二级阶梯,而这两级阶梯之间的落差非常大,并且在 2000 年左右交通非常不便,故该地区可能与外界交流少,并未形成人口大规模的流动。

4. 西南地区 2000 年与 2010 年人口密度变化分析

西南地区西部的人口变化率最大,达到 0.9%～2.1%。主要原因是西部大开发政策实施以来,该地区得到了全国各地援助;除此之外,该地区自然资源比较丰富。西南地区中部的人口密度变化率总体上呈下降趋势,变化率为负值,主要原因是该地区人口看中了中国发达地区的经济优势,大多数青年人放弃农作,外出打工,从而造成该地的人口流失,而该地区的外来人口大多来自周边不发达地区。西南地区南部的人口密度变化率呈上升趋势,可能是周围地区的人来这里利用本地资源办工厂,也有西南地区之外的人来这里谋生。

2.1.5 西南地区人口资源分布均衡度分析

1. 2000 年和 2010 年西南地区基尼系数分析

由于用县级数据计算出的基尼系数差距不明显,因此本研究用西南地区的市州数据计算。基尼系数值为 0～1,越靠近 1,其人口分布越集聚;而越靠近 0,其人口分布就越不集聚,并不是说计算出的基尼系数越接近 0 或者 1 就越好,而最理想的状态是在其中间值。

本书计算出西南地区 2000 年的基尼系数为 0.3645,2010 年的基尼系数为 0.6098。从这两个数值发现 2010 年的人口集聚度要比 2000 年高,主要影响因素有很多,如经济因素,2010 年的经济水平要高于 2000 年的经济水平,促使人口分布较集中,促进了城市化进程;还有交通因素的影响,交通便利后,各地区的联系更加密切,经济交流频繁度更高,资源更加集中,也促进着城市化的进程,从而使得人口集聚度更高。

2. 2000年和2010年西南地区地理集中指数分析

本书根据公式计算出西南地区常住人口 2000 年的地理集中指数为 18.2850、2010 年的地理集中指数为 37.7393。从这两个数值很容易看出西南地区人口的聚集程度越来越高；而且在此期间，西南地区经济发展迅速，有着国家政策的支持，特别是西部大开发政策的实施，其他地区的援助以及西南地区资源丰富也是有利条件，使得西南地区的城市化程度越来越高，地理集中指数也随之上升。西南地区人口集聚发展变化与地形有着一定的关系，横断山区由于环境恶劣，气候反复无常，很难形成大的城市，使得该地区的常住人口较为分散。

2.1.6 西南地区人口资源集疏格局

1. 西南地区2000年和2010年的人口集聚度

为了深入探讨西南地区人口集疏的空间格局和形成机制，本研究以人口集聚度为指标，以 2000 年和 2010 年西南地区的县级人口数据为基础数据，并根据中国人口集聚度分类，对西南地区 2000 年的人口集聚度和 2010 年的人口集聚度进行对比，以此评价西南地区的人口集聚度变化。人口集聚度区间参考刘睿文等(2010)的划分标准。

2. 西南地区2000年人口集聚度分析

(1) 人口密集地区。2000 年，西南地区人口密集地区的土地面积占西南地区土地总面积的 12.8%，而人口却占西南地区总人口数的 45.28%。人口密集区人口密度的最大值为 28502.86 人/km^2、最小值为 334.35 人/km^2、平均值为 2092.24 人/km^2。人口高度密集区的土地面积只占西部地区土地总面积的 0.6%，但人口总量高达 122.34 万人。西南地区人口密集地区主要集中在东南部和中部部分地区，其中以四川盆地为主。四川盆地因地理及区位优势，吸引了大量外来人口，从而形成了人多地少的局面。

(2) 人口均值区。2000 年，西南地区人口均值区总面积占西部地区土地总面积的 46.6%，人口占西南地区总人口数的 46.77%，该地区人口密度的最大值为 330.22 人/km^2、最小值为 83.53 人/km^2、平均值为 178.65 人/km^2。人口均值区主要位于西南地区的中部和南部，该地区以高原山地为主。

(3) 人口稀疏区。2000 年，该地区总面积占西部地区土地总面积的 40.6%，但人口仅占西南地区总人口数的 7.95%，分布在西南地区 112 个县，是人多地少的地区。人口密度最大值为 81.03 人/km^2、最小值为 2.91 人/km^2。人口极端稀疏区有 20 个统计单元，总人口 9.085 万人，土地面积占西部地区土地总面积的 10.5%。人口相对稀疏区有 71 个统计单元，总人口 144.94 万，土地面积 27180.5km^2，人口平均密度为 18.5 人/km^2。人口绝对稀疏区的人口密度最大值为 32.2 人/km²、最小值为 8.47 人/km²，总人口 21.24 万人，土地面积高达 14396.3 km²。

3. 西南地区 2010 年人口集聚度分析

(1) 人口密集地区。2010 年，西南地区人口密集地区人口总量为 1039.8 万人，而土地面积只有 17260.8km²，该地区人口密度最大值为 27008.92 人/km²、最小值为 366.18 人/km²、平均值为 2176.73 人/km²。人口高度密集区只有 29 个县级地区，总人口达到 189.9 万人，人口平均密度高达 5040.85 人/km²。相较于 2000 年的平均人口密度，2010 年的平均人口密度提高了 84 人/km²，但是人口密度的最大值下降了很多，原因可能是人地关系紧张，土地承载力低。此外，人口密集地区有所增加，主要受益于国家政策以及成渝经济区的发展。

(2) 人口均值地区。2010 年，西南地区人口均值地区总人口数为 1039.8 万人，土地面积约为西南地区土地总面积的 1/2，人口密度最大值为 333.96 人/km²、最小值为 85.25 人/km²。2000~2010 年，西南地区人口均值地区的人口密度总体变化不大，人口有出有进，经济呈增长趋势。

(3) 人口稀疏地区。2010 年，西南地区人口稀疏地区总共有 117 个统计单元，总人口为 189 万人，仅占西南地区总人口数的 8.3%，而土地面积占西南地区土地总面积的 40.6%。人口相对稀疏区有 79 个统计单元，人口 162.1 万人，人口密度最大值为 83.41 人/km²、最小值为 33.67 人/km²。人口绝对稀疏区有 18.50 万人，人口密度最大值为 32.54 人/km²、最小值为 8.47 人/km²、平均值为 14.77 人/km²。人口极端稀疏区，仅有 8.40 万人，占西南地区总人口数的 0.3%，人口密度最大值为 7.94 人/km²、最小值为 3.71 人/km²、平均值为 6.12 人/km²。

2.2 西南地区人口资源年龄结构特征

2.2.1 人口年龄结构研究概述

人口年龄结构是指一个国家或地区各个年龄段的人口与总人口的比例关系，也被称为人口年龄构成。它是过去几十年，甚至上百年人口自然增长、迁移变动等多种因素共同作用的结果。它对人口再生产的速度和趋势以及一个国家或地区的社会经济发展有着重要影响(刘书明和常硕，2017)。虽然人口年龄结构受到人类自身自然属性的制约，但归根到底仍是一种社会现象(张善余，2013)。

中华人民共和国成立以来，特别是改革开放以来，随着社会经济的发展和医疗卫生水平的提高，我国人口总量不断增加，平均寿命和预期寿命不断提高。但受到特定历史时期内人口生育政策、生育观念转变等因素的影响，人口年龄结构发生了巨大变化(易富贤和李子路，2013)。在计划生育工作长期推进和医疗卫生技术不断创新的条件下，我国人口老龄化、高龄化现象不断显现，这直接或间接地影响到了我国的人口抚养比、劳动力资源数量以及社会经济发展(刘书明和常硕，2017；王美凤，2015)。

在社会形态转变和空间结构重建的背景下，全球人口老龄化日趋严重，对人口老龄化、高龄化问题的研究成为人口研究的热点问题。目前的研究主要集中在：①基于社会经济角度下，分析人口老龄化带来的问题与挑战，并积极寻找应对措施(钟志平等，2016；于宁，2013)；②基于人口统计学实证下的宏观老龄化特征，以及对人口战略的思考(林宝，2015；赵儒煜等，2012)；③基于地理空间格局观下，多尺度分析人口老龄化时空分布特征、区域差异及驱动力因素(王录仓等，2017；王志宝等，2013)。

本研究从时空角度出发，通过数据整理统计分析基于省级与市州尺度的西南地人口年龄结构特征，探讨该地区人口老龄化的时空格局演变和集疏类型，并分析影响西南地区人口年龄结构和人口老龄化变化的因素。本研究结果对于新常态下西南地区中长期人口政策的制定和社会经济发展、福利保障体制的科学规划具有借鉴意义。

2.2.2 研究数据与方法

本研究数据主要来自中华人民共和国成立以来的六次全国人口普查数据(国务院第三次人口普查领导小组办公室，1980；国务院人口普查办公室，1985，1992，2003；国务院全国人口普查办公室，2012)以及2005年、2015年各省1%人口抽样调查资料(国务院全国1%人口抽样调查领导小组办公室，2007，2016)。其余数据来自《中国人口与就业统计年鉴》(2002~2017年)。通过数据整理统计，从省、市州尺度分析西南地区人口年龄结构和人口老龄化的时空格局特征。划分年龄组的国际通用方法是将总人口分为三大类：0~14岁为少年儿童；15~64岁为青年和壮年；65岁及以上为老年。近年来，联合国人口司对这一划分方式进行了一定调整，即将0~14岁调整为0~19岁；将15~64岁调整为20~64岁，但由于历史数据的制约，本研究在计算中仍然沿用原有的划分方式。

0~14岁、65岁以上与15~64岁人口的比例分别被称为少儿抚养比和老年抚养比，代表每100个劳动力需负担的少儿和老年人的人数。其计算公式为

$$少儿抚养比 = \frac{少年儿童人口数量}{劳动力人口数量} \times 100\% \tag{2-3}$$

$$老年抚养比 = \frac{老龄人口数量}{劳动力人口数量} \times 100\% \tag{2-4}$$

2.2.3 基于省级尺度的西南地区人口资源年龄结构时空特征分析

1. 人口年龄结构转变，实现增长—稳定—衰退的类型转变

人口金字塔是指将区域内某一时间点上的总人口按不同属性划分、统计数量，并在平面直角坐标系中展现出来的一种统计模型，可以表现出不同性别、年龄(通常以一岁为距)的人

口属性,是人口现状与预测研究中的重要工具(乌云塔娜和李金霞,2014;万宝惠等,2011)。本研究整理和分析了中国西南五省(区、市)以往的人口普查数据,以及 2005 年和 2015 年各省(区、市)的 1%人口抽样调查数据,绘制了五省(区、市)分性别的人口金字塔(图 2-1~图 2-5)。可以明显看出,整体上西南五省(区、市)的人口年龄结构自中华人民共和国成立以来发生了巨大变化,实现了增长—稳定—衰退的类型转变;而且,在 1964 年和 1982 年几乎都出现了一次低龄儿童人口数量紧缩的现象,如同束带一般,使相应年龄段的人数比例比其他年龄段的明显更少。这与 1959~1961 年的三年困难时期以及 20 世纪 70~80 年代初实行的"晚、稀、少"人口生育政策、"计划生育政策"等有很大关联(田雪原,2010;朱秋莲,2013)。这直接造成了后期的人口金字塔至少存在两处"年龄束带"。从各年龄段人口的性别比例看,西南五省(区、市)的男女性别比例总体上没有太大差别;以重庆市为例,通过缩放对比发现:在 60~70 岁年龄段人口性别比发生翻转,由"男多女少"转变为"男少女多",并且结构化差异增大。这受到了男女间自然生理和社会行为属性差异的影响(任强等,2005;李雨潼,2013);并且随着平均寿命与预期寿命的增长,性别比拐点所在的年龄段也在不断上升,由 60 岁以上年龄段上升至 70 岁以上年龄段(图 2-6)。但由于高龄人口数量较青壮年、少年儿童人口少,故而实质上性别比差异远不如其他年龄段大。

从个体上看,四川省与重庆市发展模式极为相似。这与川、渝之间的历史渊源有密切关系。重庆市原隶属于四川省,1997 年设立为直辖市,由于同一省内政策、经济、观念等方面极强的相似性(李旭,2010),人口年龄结构也极具相似性。各年龄段人口比例均未超过两个百分点,同时在 1982 年开始出现两个收缩年龄段;在 2005 年同时出现三个收缩年龄段。

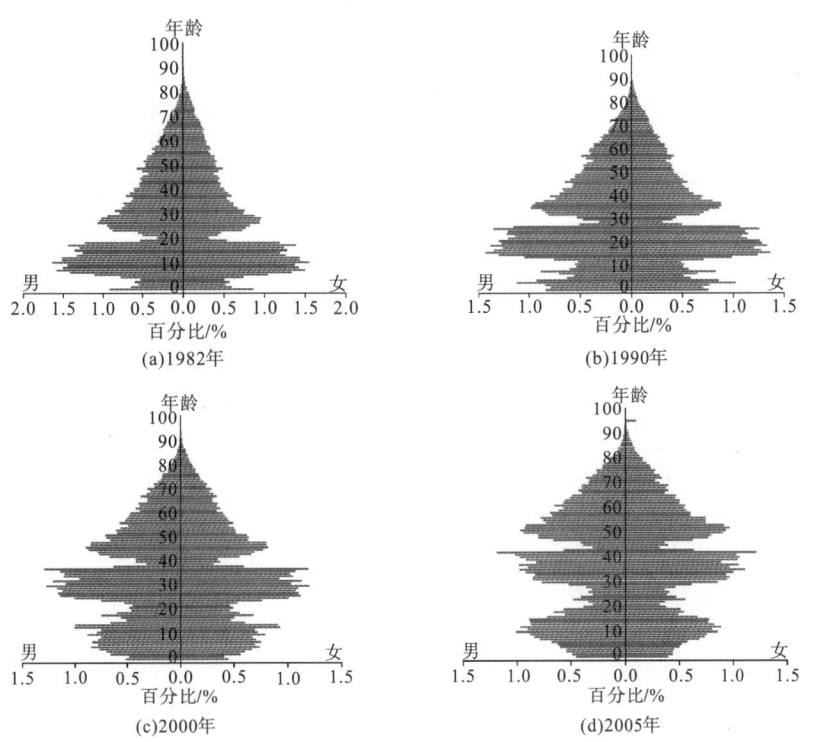

(e)2010年 (f)2015年

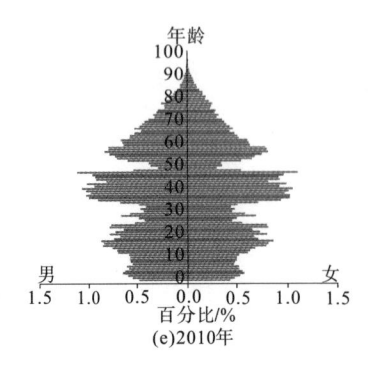

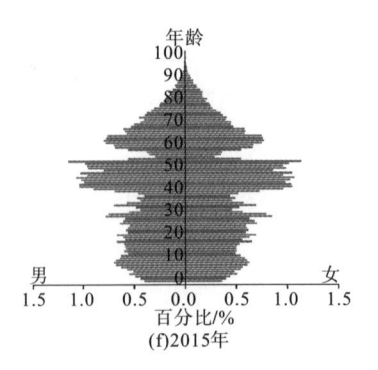

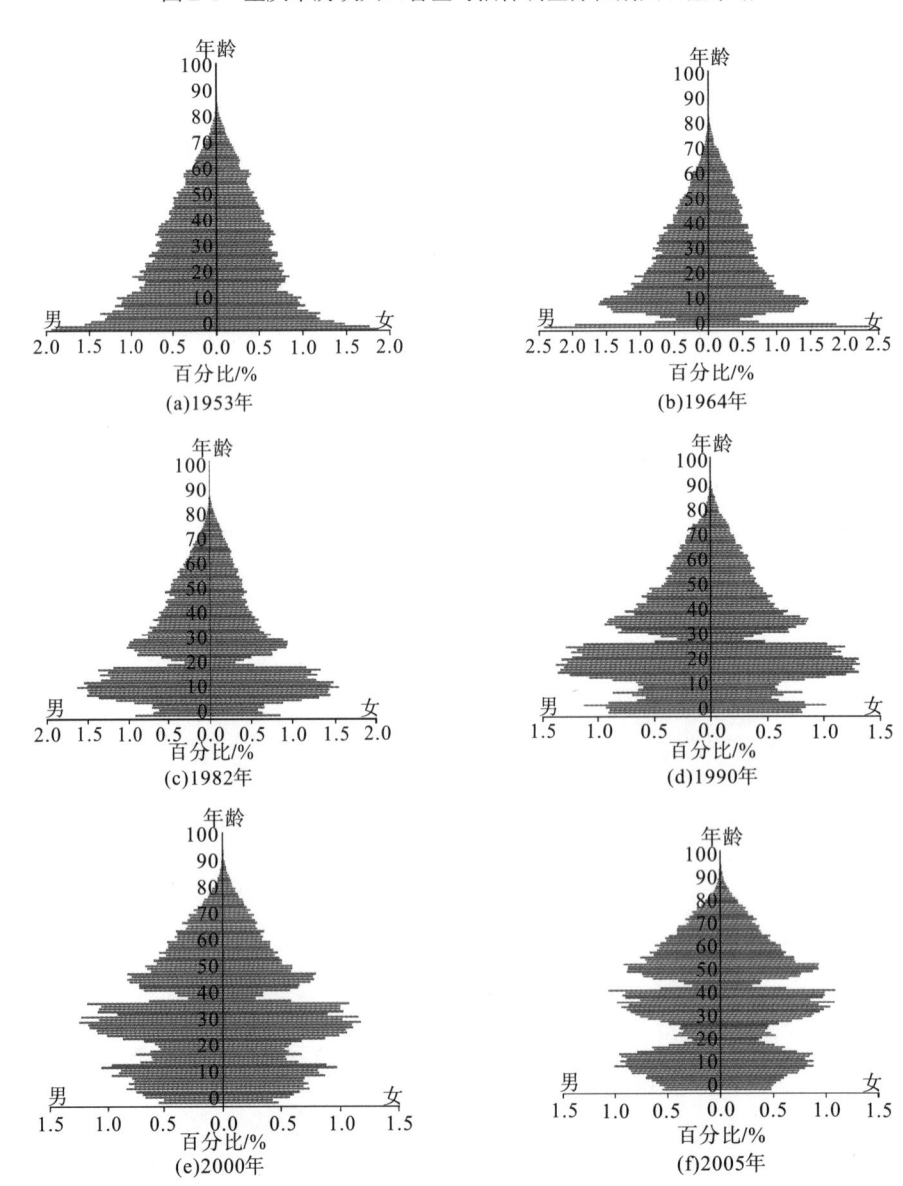

图 2-1　重庆市历次人口普查与抽样调查分性别人口金字塔

(a)1953年 (b)1964年

(c)1982年 (d)1990年

(e)2000年 (f)2005年

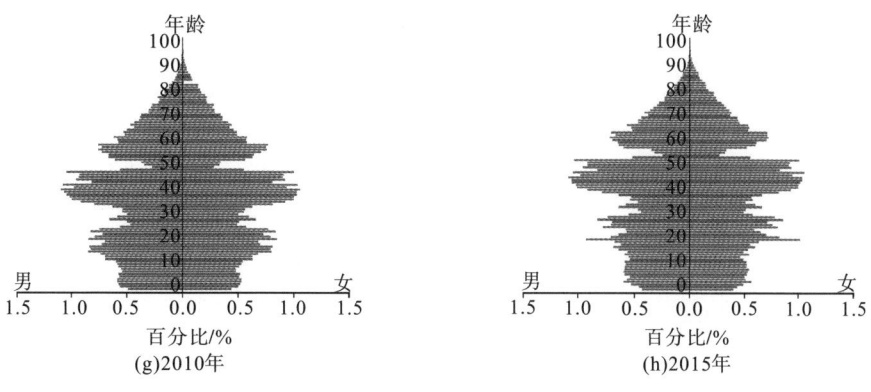

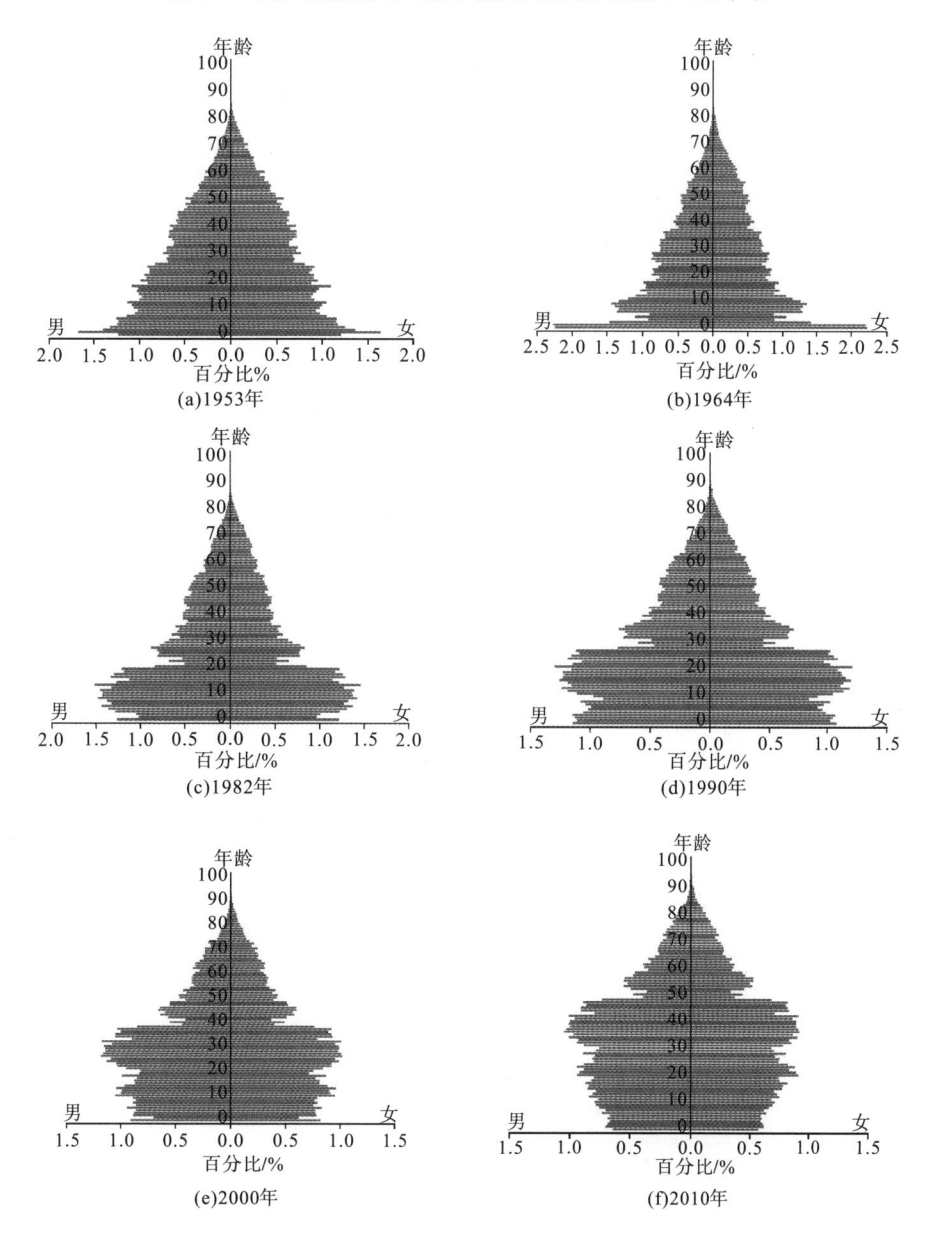

第 2 章 西南地区人口资源总体特征

(g)2010年　　　　　　　　　　　　(h)2015年

图 2-2　四川省历次人口普查与抽样调查分性别人口金字塔

(a)1953年　　　　　　　　　　　　(b)1964年

(c)1982年　　　　　　　　　　　　(d)1990年

(e)2000年　　　　　　　　　　　　(f)2010年

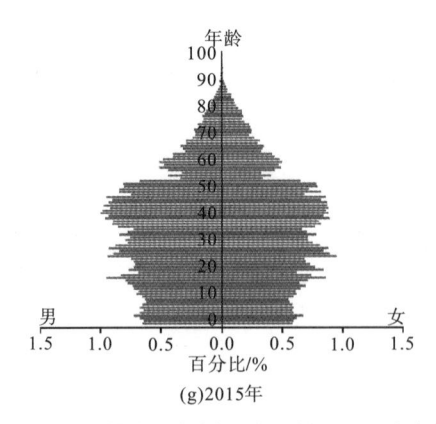

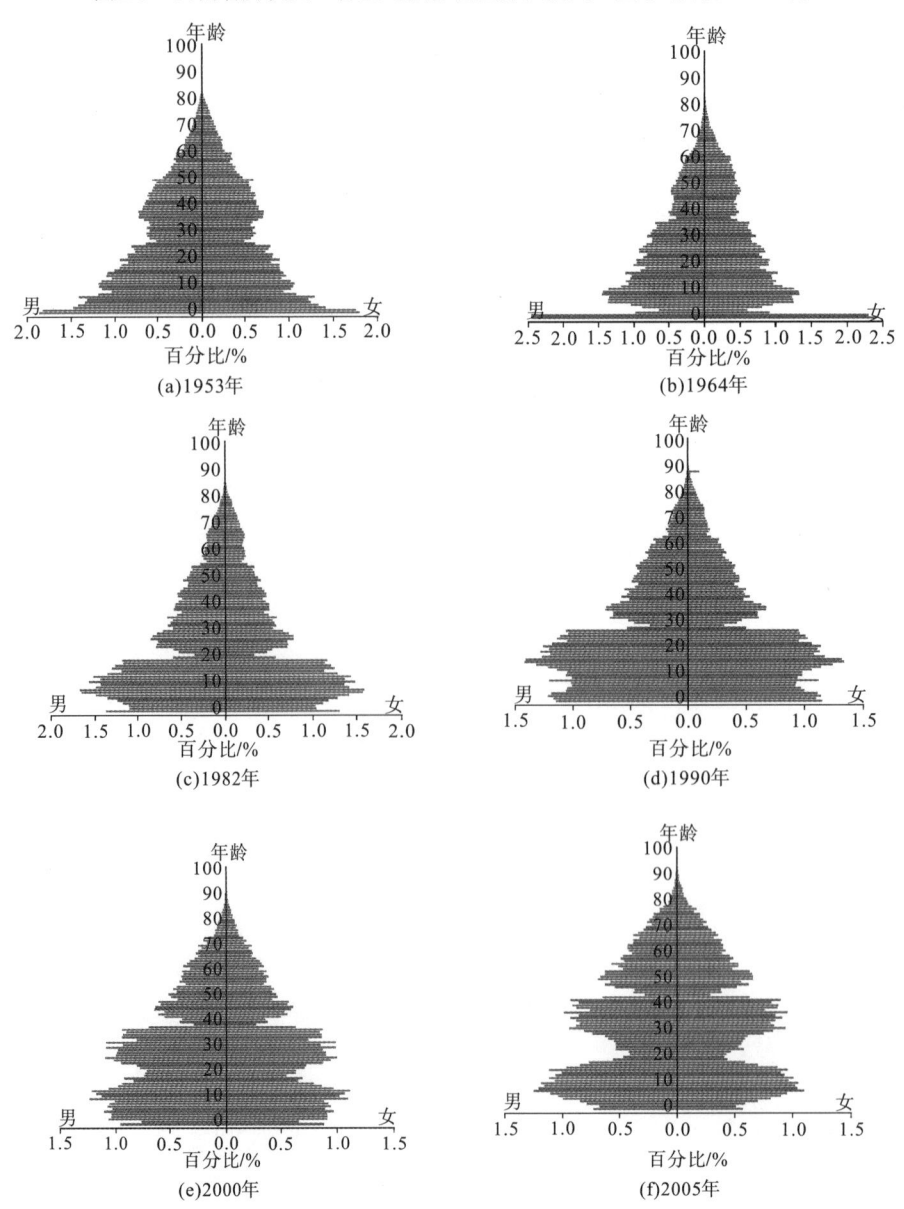

图 2-3　云南省历次人口普查与抽样调查分性别人口金字塔(缺 2005 年)

(g)2010年   (h)2015年

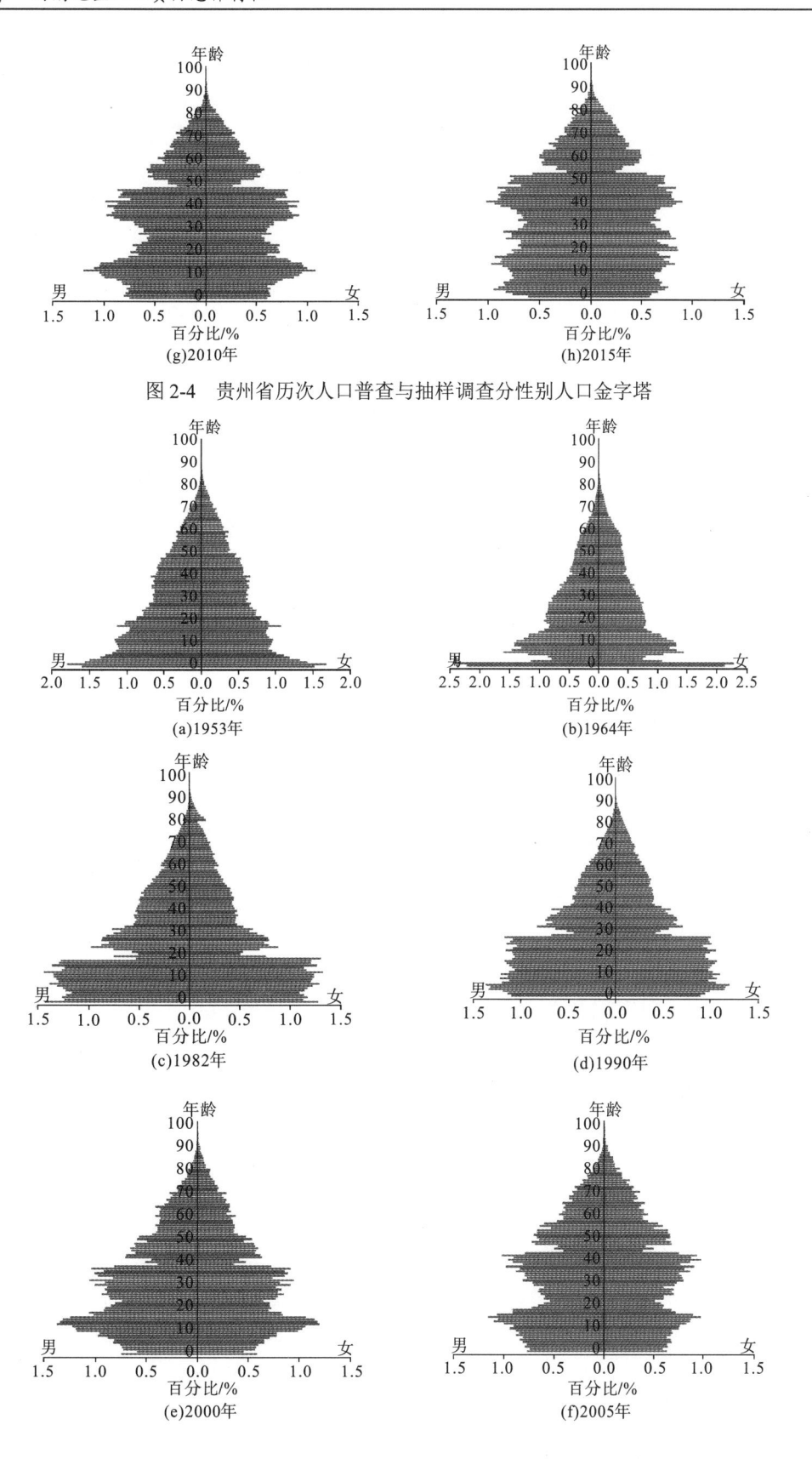

图2-4　贵州省历次人口普查与抽样调查分性别人口金字塔

(a)1953年   (b)1964年

(c)1982年   (d)1990年

(e)2000年   (f)2005年

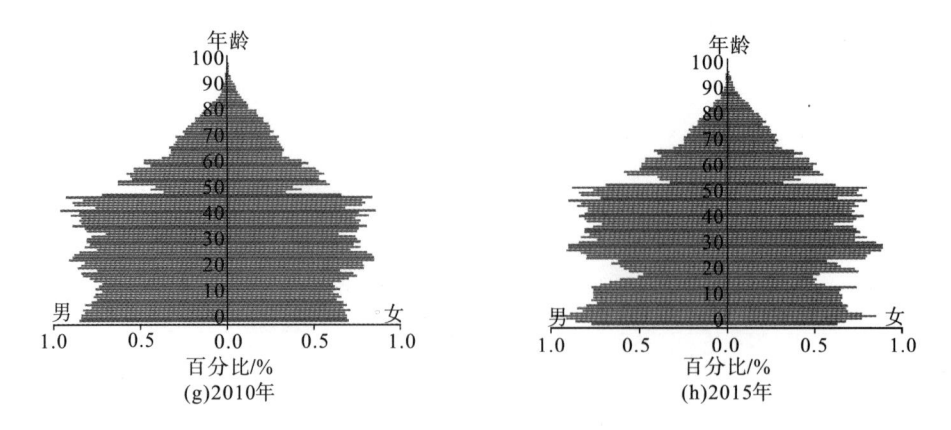

图 2-5　广西壮族自治区历次人口普查与抽样调查分性别人口金字塔

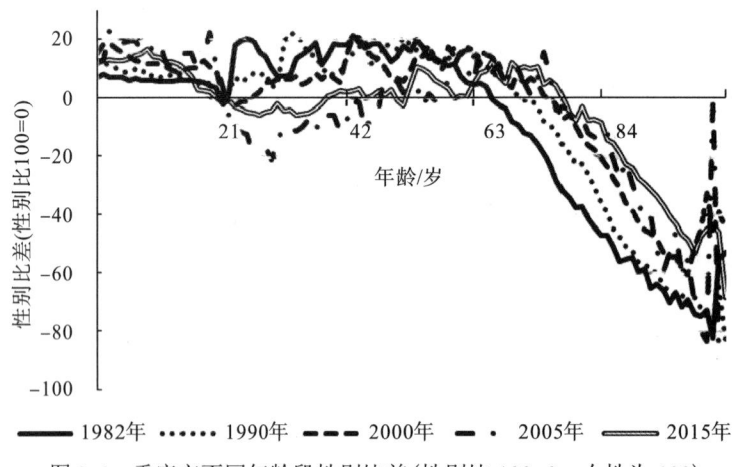

图 2-6　重庆市不同年龄段性别比差(性别比 100=0，女性为 100)

2. 云南、贵州和广西三省(区)人口年龄结构演变模式极为相似

人口金字塔图中，纵坐标指年龄，横坐标指百分比。云南、贵州和广西仅在 1964 年出现某年龄段人口占比达到两个百分点的状况；并且除贵州 2005 年以外，1982~2015 年都只有两处明显的"年龄束带"。这与三省(区)都为多民族聚居区有关，在社会经济发展、传统民族观念及地缘特色关系的强烈影响下，人口年龄结构演化模式相似(王彦斌等，2013)。

3. 少年儿童数量减少，比重呈持续下降趋势

少年儿童作为后继劳动力资源的决定性因素，其增长模式影响着未来社会发展的诸多方面(王颖和倪超，2013；刘铠豪，2017)。中华人民共和国成立以来，不同时期采取了不同的人口生育政策，出生人数先增加后减少。中华人民共和国成立初期，在"人多力量大"的思想指导下，我国出生率大幅上升，出生人数不断增加。从历次人口普查数据看(表 2-1)，

1982 年第三次全国人口普查,西南五省(区、市)少年儿童大部分数量达到顶峰,少儿抚养比均超过了 50%。其中贵州省最高,为 75.07%;重庆市最低,为 53.78%。四川省因其人口基数大,1982 年少年儿童为 34288513 人,数量居西南五省(区、市)之首,少儿抚养比达到 72.75%,相较于 1953 年的 64.37%、1964 年的 66.59% 环比分别增加了 8.38 个百分点和 6.16 个百分点。到了 20 世纪 80 年代,全国实行严格的"计划生育政策",致使出生率不断降低,新生儿童数量逐步减少。到 2010 年第六次全国人口普查,贵州省少儿抚养比达到 40.81%,居西南五省(区、市)之首;最低为四川(25.43%),这与四川省之前数量巨大的少儿群体联系紧密,经过近 20 年,少年儿童成长为社会主要劳动力群体。相较于 1982 年的少儿抚养比,2010 年云、贵、川、渝、桂的少儿抚养比分别下降了 39.26 个百分点、34.26 个百分点、47.32 个百分点、27.86 个百分点和 32.84 个百分点。

表 2-1 历次人口普查西南五省(区、市)各年龄段人口数量

省(区、市)	指标	1953 年	1964 年	1982 年	1990 年	2000 年	2010 年
重庆	0~14 岁/人	—	—	9013134	6262688	6662869	4903360
	15~64 岁/人	—	—	16760180	20920604	21404512	18918416
	≥65 岁/人	—	—	1285636	1682916	2445382	5024394
	少儿抚养比/%	—	—	53.78	29.94	31.13	25.92
	老年抚养比/%	—	—	7.67	8.04	11.42	26.56
四川	0~14 岁/人	22882811	26406215	34288513	24848340	18600386	13647123
	15~64 岁/人	35549024	39655159	47133388	76283922	57518477	53660496
	≥65 岁/人	2577832	1756112	4663804	6086048	6229433	13109909
	少儿抚养比/%	64.37	66.59	72.75	32.57	32.34	25.43
	老年抚养比/%	7.25	4.43	9.89	7.98	10.83	24.43
云南	0~14 岁/人	4767966	8014950	12752343	11704111	10996701	9526792
	15~64 岁/人	8547228	11840438	18312551	23458000	28783095	31354647
	≥65 岁/人	501770	610402	1469675	1810476	2580293	5085327
	少儿抚养比/%	55.78	67.69	69.64	49.89	38.21	30.38
	老年抚养比/%	5.87	5.16	8.03	7.72	8.96	16.22
贵州	0~14 岁/人	5498651	6653148	11672850	10584675	10633775	8778242
	15~64 岁/人	8494186	10014245	15548733	20279655	22510954	21509042
	≥65 岁/人	521206	461497	1331343	1526721	2102966	4461272
	少儿抚养比/%	64.73	66.44	75.07	52.19	47.24	40.81
	老年抚养比/%	6.14	4.61	8.56	7.53	9.34	20.74
广西	0~14 岁/人	7060293	8355927	13641877	14101331	11485096	9990821
	15~64 岁/人	11590771	11798907	20621244	25833961	29166482	29996706
	≥65 岁/人	903756	684259	2070960	2309592	3202960	6036234
	少儿抚养比/%	60.91	70.82	66.15	54.58	39.38	33.31
	老年抚养比/%	7.80	5.80	10.04	8.94	10.98	20.12

根据表 2-2 和图 2-7～图 2-11 可以看出，云、贵、川、渝、桂 0～14 岁人口比例统计历史最高值分别为 39.19%（1982 年）、40.88%（1982 年）、38.87%（1964 年）、33.32%（1982 年）、40.11%（1964 年），最低值分别为 18.96%（2014 年）、22.09%（2013 年）、15.88%（2015 年）、15.26%（2014 年）、20.96%（2004 年）。截至 2016 年，各省少儿所占比例整体上持续降低，少年儿童数量急剧减少，将会导致未来的劳动力严重缺乏和人口老龄化加剧。

表 2-2　2000～2016 年西南五省（区、市）各年龄段人口所占比例（%）

年份	重庆 0～14 岁	重庆 15～64 岁	重庆 ≥65 岁	四川 0～14 岁	四川 15～64 岁	四川 ≥65 岁	云南 0～14 岁	云南 15～64 岁	云南 ≥65 岁	贵州 0～14 岁	贵州 15～64 岁	贵州 ≥65 岁	广西 0～14 岁	广西 15～64 岁	广西 ≥65 岁
1953	—	—	—	35.33	60.47	4.20	34.49	61.90	3.61	37.89	58.52	3.59	36.09	57.77	6.14
1964	—	—	—	38.87	58.35	2.78	39.08	57.84	3.08	38.81	58.43	2.76	40.11	56.59	3.30
1982	33.32	61.85	4.83	34.38	60.95	4.67	39.19	56.32	4.49	40.88	54.48	4.64	37.44	57.33	5.23
1990	21.70	72.47	5.83	23.18	71.14	5.68	31.66	63.45	4.90	32.64	62.65	4.71	33.36	61.17	5.46
2000	21.93	70.17	7.90	22.65	69.90	7.45	26.02	67.98	6.00	30.29	63.92	5.79	26.24	66.64	7.12
2001	20.16	71.04	8.80	22.67	69.10	8.24	26.03	67.34	6.63	28.51	64.98	6.51	24.69	67.13	8.18
2002	19.62	71.23	9.15	21.02	70.36	8.62	24.43	68.53	7.04	27.04	66.10	6.86	22.08	69.29	8.63
2003	18.78	72.00	9.22	20.03	71.30	8.68	24.63	68.34	7.03	25.89	66.52	7.59	21.58	69.32	9.10
2004	20.87	67.68	11.45	19.63	71.62	8.76	22.47	69.80	7.72	25.52	66.95	7.54	20.96	70.61	8.43
2005	20.67	68.37	10.97	21.85	67.23	10.92	24.12	68.36	7.52	28.34	63.46	8.20	23.74	66.70	9.55
2006	19.45	69.10	11.45	19.89	68.81	11.30	22.70	69.78	7.52	27.29	64.65	8.06	22.23	68.78	8.99
2007	18.92	69.39	11.68	19.14	69.88	10.99	22.53	70.02	7.45	27.22	64.48	8.30	21.91	68.91	9.19
2008	19.01	69.03	11.96	17.35	71.20	11.45	22.13	69.99	7.88	26.04	65.81	8.14	21.86	68.79	9.35
2009	18.39	70.04	11.58	17.21	70.60	12.20	21.50	69.90	8.60	24.80	66.93	8.27	21.27	69.42	9.31
2010	16.98	71.46	11.56	16.97	72.08	10.95	20.73	71.64	7.63	25.22	66.21	8.57	21.71	69.05	9.24
2011	16.04	71.54	12.42	16.20	71.77	12.03	19.57	72.74	7.69	24.16	66.73	9.10	21.96	68.50	9.54
2012	16.42	70.67	12.90	16.23	71.96	11.81	19.56	72.69	7.76	22.97	67.87	9.16	22.59	68.08	9.33
2013	15.60	71.15	13.25	16.55	70.69	12.76	20.02	71.96	8.01	22.09	68.63	9.28	21.47	69.24	9.29
2014	15.26	70.62	14.12	16.21	69.80	13.99	18.96	72.32	8.72	22.10	68.68	9.22	21.90	68.57	9.54
2015	15.60	71.11	13.29	15.88	71.18	12.94	19.12	72.48	8.41	22.44	68.08	9.48	22.62	67.61	9.76
2016	15.45	70.58	13.97	15.96	70.34	13.70	19.53	72.09	8.38	22.27	68.10	9.62	21.35	68.95	9.69

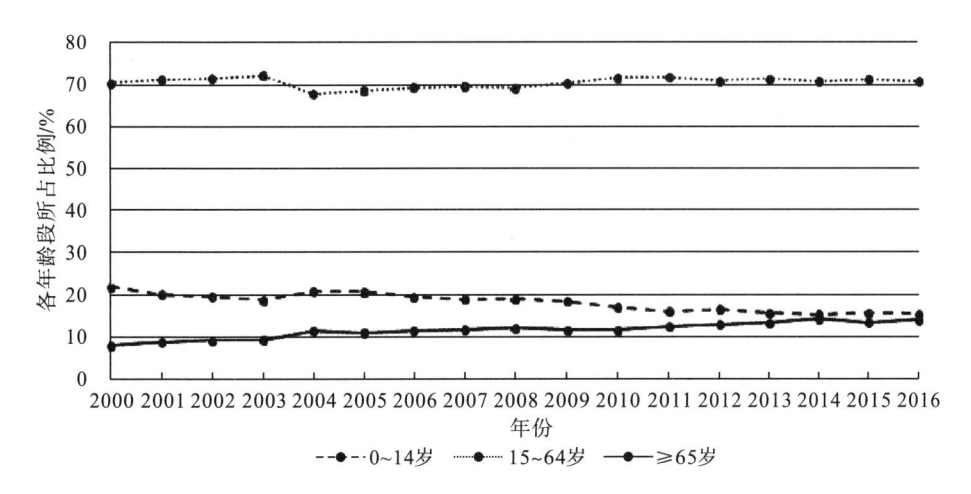

图 2-7　2000～2016 年重庆市各年龄段人口比例折线图

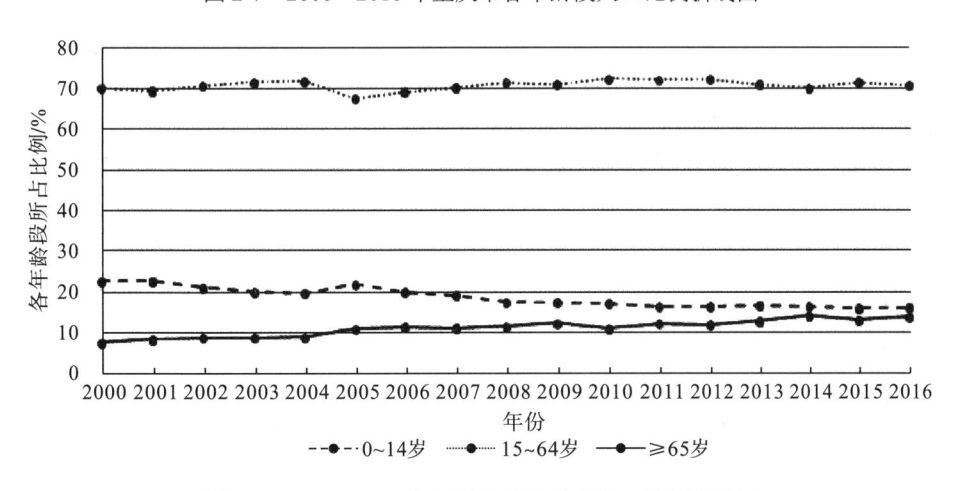

图 2-8　2000～2016 年四川省各年龄段人口比例折线图

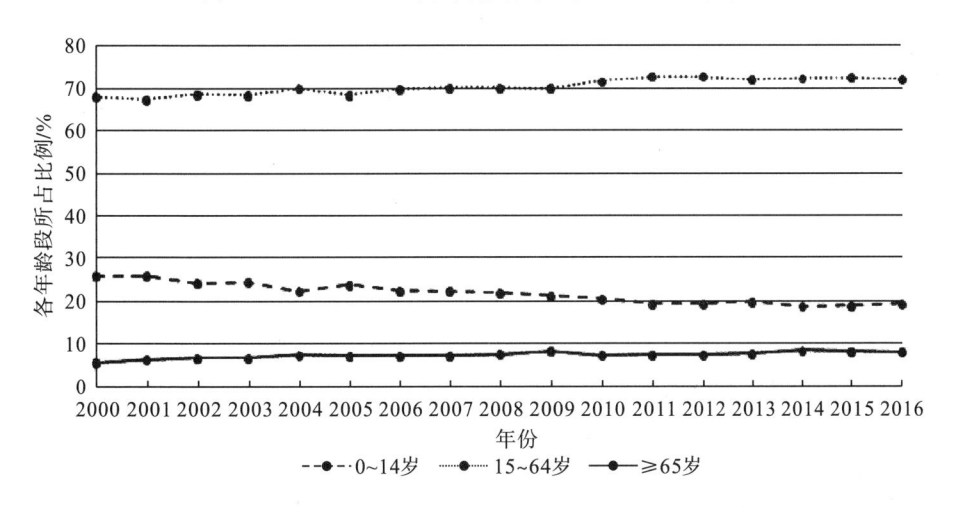

图 2-9　2000～2016 年云南省各年龄段人口比例折线图

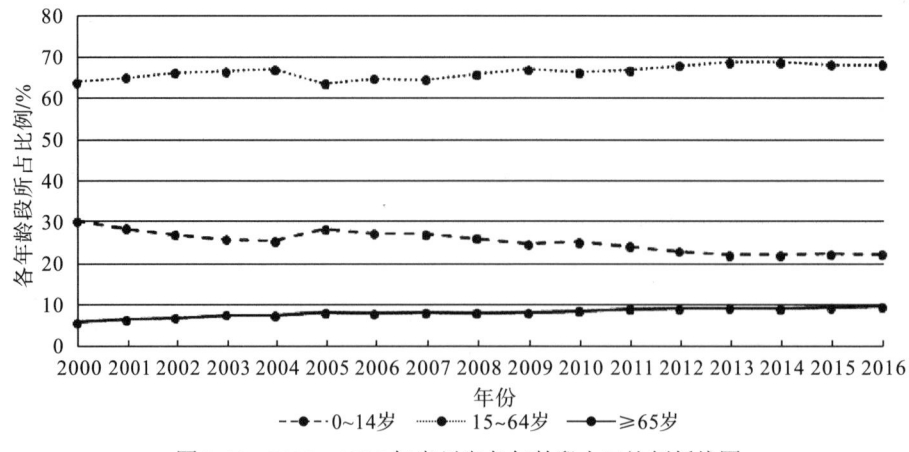

图 2-10　2000～2016 年贵州省各年龄段人口比例折线图

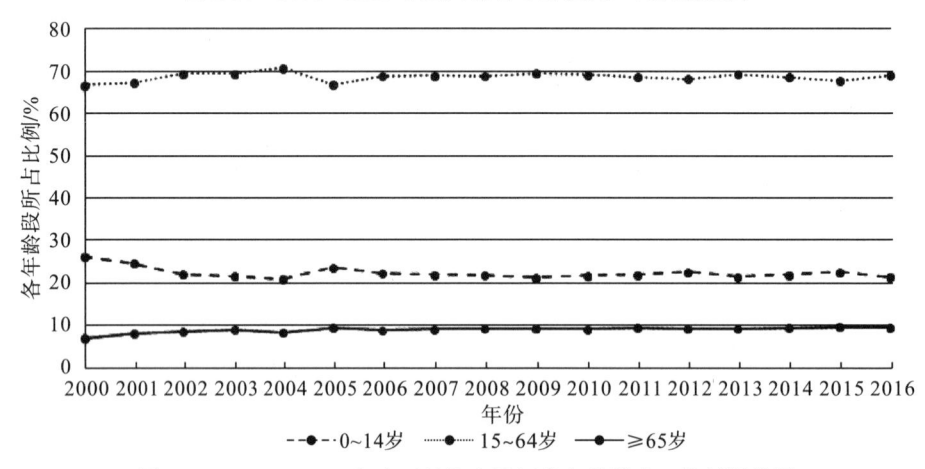

图 2-11　2000～2016 年广西壮族自治区各年龄段人口比例折线图

虽然我国实施了"全面二孩"政策，但由于政策落地、家庭抚养能力和生育观念转变等多方面的原因，中短期内无法阻止出生人口和总人口的锐减(王金营和戈艳霞，2016；王开泳等，2016)。

4. 青壮年人口数量增长，比重趋于稳定

相对于少儿与老龄人口，青壮年是重要的社会劳动力与创造力，是社会活动最主要的承担者。在历次全国人口普查中，云、贵、川、渝、桂 15～64 岁人口总体保持增长态势，历史最高值分别为 31354647 人(2010 年)、22510954 人(2000 年)、76283922 人(1990 年)、21404512 人(2000 年)、29996706 人(2010 年)，所占比例均保持在 55%～75%，尤其是进入 21 世纪后，波动减小，趋于稳定，基本维持在 65%～75%。

对于劳动力短缺的问题，我们不仅要从人口再生产的角度来寻求解决方案，还应结合科技发展的角度；在鼓励生育的同时，通过增加科技投入，提高科技从业者待遇，打破科技转化的壁垒，使科学技术的发展更好地为社会做贡献。

5. 老年人口数量增长，比重持续升高，人口老龄化进程加快

老年人口曾经通过劳作为社会做出了巨大贡献，由于人类的自然属性，劳动能力逐步退化，需要且有权享有新的劳动力所提供的赡养。中华人民共和国成立以来，社会安定、经济繁荣和医疗水平提升，人口死亡率不断下降，使得我国逐步进入人口老龄化社会，并向高龄化迈进。根据世界卫生组织对年龄结构社会的分类：65岁及以上人口数量占总人口数量的比重小于4%的为年轻型社会；4%~7%的为成年型社会；大于7%的为老年型社会。

由表2-2可知，西南五省(区、市)老年人口数量不断攀升，所占比例涨幅为5~10个百分点。加之劳动力人口趋于稳定，导致了老年抚养比迅速上升，尤其是在2000~2010年平均增速约为1个百分点/年。其中，重庆年平均增速最高，为1.5个百分点/年；云南年平均增速最低，为0.73个百分点/年。从老龄人口占比来看，进入21世纪后西南五省(区、市)也都相继步入了老年型社会。重庆、四川和广西2000年的老龄人口比例均超过7%，而云南和贵州的老龄人口比例也分别在2002年和2003年超过7%，并且在随后的十几年间迅速增长(图2-12)。截至2016年，云、贵、川、渝、桂五省(区、市)的最值差分别达到5.64个百分点、6.86个百分点、11.21个百分点、9.29个百分点和6.46个百分点。此外，2014年起，多省老年人口比例略有下降，这与"单独二孩""全面二孩"等政策不无关系。通过对比2000~2016年全国老龄化率，可以发现西南地区老龄化率平均值，西南地区人口老龄化率平均水平高于全国平均水平，四川和重庆一直高于全国平均水平和西南平均水平，老龄化问题十分突出；广西高于全国平均水平，而低于川渝地区和西南平均水平，在2012年跌至全国平均水平之下，而高于云贵地区，老龄化问题有所缓解；云南和贵州基本处于全国平均水平之下，老龄化问题较轻。

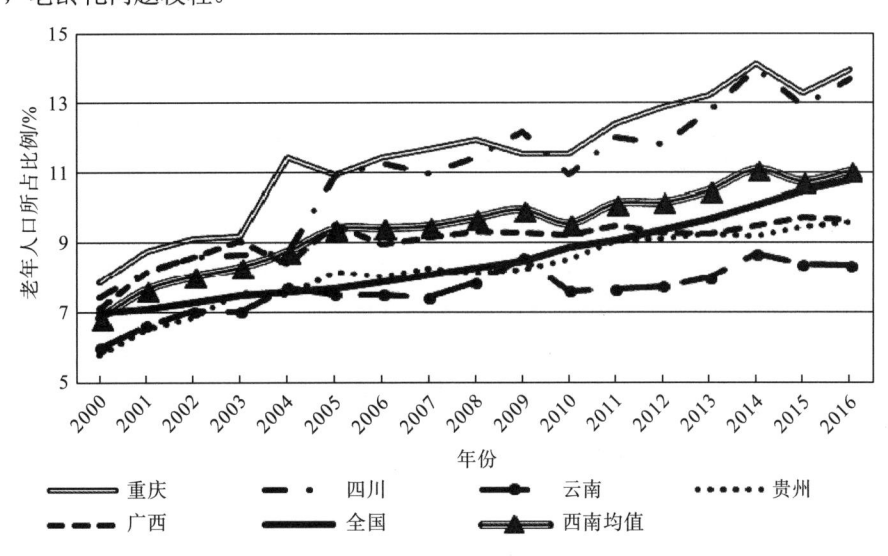

图2-12　2000~2016年西南五省(区、市)老年人口比例折线图

但不容忽视的问题是,随着少年儿童人口数量的持续减少和青壮年人口的老化,未来后备劳动力不足和人口老龄化现象会不断加重,迫使劳动力抚养比上升,增加青壮年的社会负担。因此,适当延迟退休年龄可以在一定程度上弥补新生育政策落地滞后的不足,在新人口政策带来下一次"人口红利"之前,缓解社会劳动力资源缺乏的困境(路锦非,2016)。

2.2.4 基于市州尺度的西南地区人口年龄结构时空特征分析

由于西南地区各省(区、市)政策实施成效、经济社会发展、居民生育观念等诸多方面的不同,使得它们之间既存在相似的发展规律,又有各自的区域特征。本研究基于市州尺度分析云、贵、川、桂四省(区)2000~2015年的人口年龄结构时空特征,通过整理2000~2015年四川省、云南省、贵州省和广西壮族自治区各市州0~14岁、15~65岁及≥65岁人口所占的比例,分析不同时期内市州人口各年龄段的方差与中值,并绘制不同时期各年龄段的玫瑰图,详细探讨区域间存在的人口年龄结构差异。这能为剖析地区发展差异提供新的思路。

1. 四川省人口年龄结构时空特征

四川省,简称"川"或"蜀",地处一、二级阶梯交汇处,西接西藏,南连云南和贵州,东毗重庆,北衔陕西、甘肃和青海,是西南重镇。四川省现下辖1个副省级市、17个地级市和3个自治州,在诸多方面均有领先于其他省(区、市)的优势。但由于自然条件的限制,四川省省内各市州之间发展差异较大,出现成都平原地区"一枝独大""甘阿凉"地区相对滞后的发展现象,这同时也体现在各市州人口年龄结构变化方面(表2-3、表2-4、图2-13~图2-15)。

表2-3 四川省各市州2000~2015年人口年龄结构(%)

市州	2000年			2005年			2010年			2015年		
	0~14岁	15~64岁	≥65岁	0~14岁	15~64岁	≥65岁	0~14岁	15~64岁	≥65岁	0~14岁	15~64岁	≥65岁
成都市	16.42	75.47	8.11	14.49	74.20	11.31	10.94	79.35	9.71	10.70	78.41	10.88
自贡市	20.38	71.28	8.34	20.04	66.28	13.68	16.69	70.64	12.67	17.54	65.50	16.97
攀枝花市	20.19	74.56	5.25	18.95	72.31	8.75	16.78	74.09	9.13	15.35	72.16	12.49
泸州市	23.04	68.12	8.83	25.50	62.59	11.91	21.15	67.73	11.12	20.00	67.80	12.20
德阳市	18.77	72.93	8.30	17.08	71.74	11.18	13.01	75.34	11.66	11.73	74.99	13.29
绵阳市	20.09	72.41	7.50	18.88	69.95	11.18	13.80	74.55	11.65	12.62	72.72	14.66
广元市	22.58	71.35	6.07	22.51	67.70	9.79	16.62	72.23	11.15	13.57	73.66	12.77
遂宁市	25.22	66.79	8.00	23.87	63.93	12.20	15.07	73.53	11.39	15.55	70.06	14.39
内江市	22.12	69.83	8.04	18.65	69.63	11.72	16.63	71.53	11.85	16.78	68.52	14.71
乐山市	19.58	71.97	8.45	17.85	70.84	11.31	13.97	73.78	12.24	13.45	72.09	14.46

续表

市州	2000年 0~14岁	2000年 15~64岁	2000年 ≥65岁	2005年 0~14岁	2005年 15~64岁	2005年 ≥65岁	2010年 0~14岁	2010年 15~64岁	2010年 ≥65岁	2015年 0~14岁	2015年 15~64岁	2015年 ≥65岁
南充市	23.83	68.44	7.73	23.43	63.98	12.59	16.82	71.18	12.00	15.36	70.19	14.45
眉山市	21.27	70.07	8.66	19.71	67.92	12.37	14.08	72.60	13.32	13.32	71.31	15.36
宜宾市	23.86	68.74	7.40	24.03	65.38	10.59	20.74	68.71	10.56	19.84	67.94	12.22
广安市	27.83	65.20	6.98	26.93	62.14	10.93	21.63	65.80	12.56	18.58	66.56	14.86
达州市	26.01	67.20	6.79	25.52	63.08	11.40	20.36	68.73	10.91	19.56	66.65	13.79
雅安市	21.49	70.73	7.78	19.68	69.62	10.70	16.18	72.94	10.88	14.79	73.13	12.08
巴中市	28.26	65.46	6.28	29.66	61.05	9.29	21.26	68.26	10.47	16.89	69.42	13.69
资阳市	22.45	68.84	8.71	18.70	68.49	12.81	18.30	68.15	13.56	17.78	66.53	15.69
阿坝州	27.44	67.20	5.36	24.78	68.14	7.08	19.86	72.86	7.28	18.33	72.41	9.26
甘孜州	25.47	69.05	5.48	25.14	68.41	6.45	23.20	70.29	6.50	21.33	71.54	7.13
凉山州	30.29	64.59	5.12	29.93	63.55	6.52	27.33	65.57	7.10	26.45	66.07	7.48

表 2-4　四川省各市州 2000~2015 年人口年龄方差、中位数

年份	0~14岁 方差	0~14岁 中位数	15~64岁 方差	15~64岁 中位数	≥65岁 方差	≥65岁 中位数	平均方差
2000	12.37	22.58	8.86	69.05	1.53	7.73	7.59
2005	17.55	22.51	13.66	67.92	4.07	11.18	11.76
2010	15.40	16.78	11.40	71.53	3.80	11.15	10.20
2015	13.56	16.78	11.25	70.19	6.54	13.69	10.45

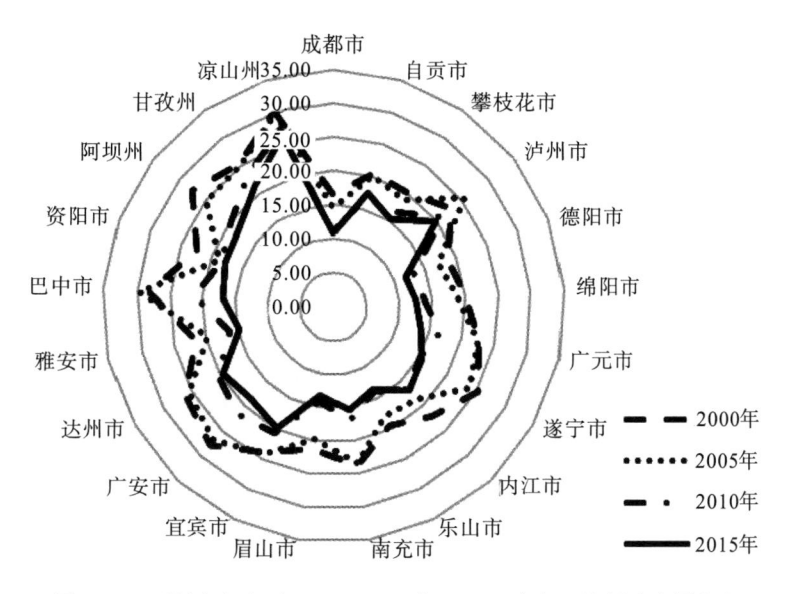

图 2-13　四川省各市州 2000~2015 年 0~14 岁人口比例玫瑰图(%)

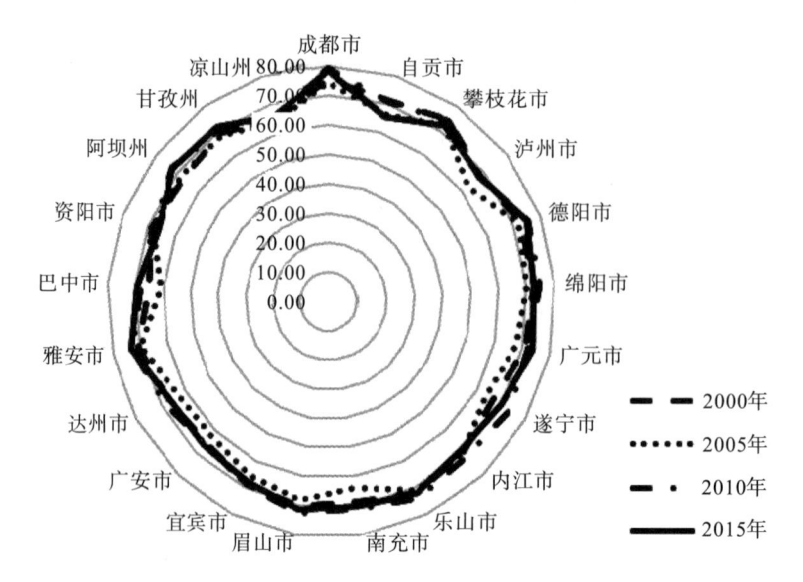

图 2-14　四川省各市州 2000～2015 年 15～64 岁人口比例玫瑰图(%)

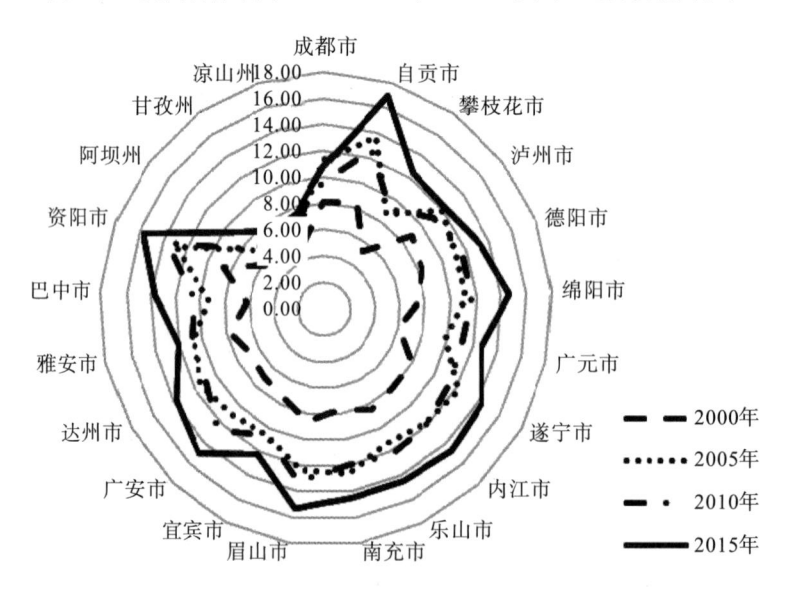

图 2-15　四川省各市州 2000～2015 年 ≥65 岁人口比例玫瑰图(%)

从整体上看，2000～2015 年四川省各市州少年儿童所占比例持续下降，尤其在 2005～2015 年下降最为明显；而 15～64 岁年龄段的人口基本保持不变，波动较小；老年人口所占比例稳步上升，在 2000～2005 年和 2010～2015 年增速明显加快。需要指出的是，2005 年和 2015 年的人口数据为 1%人口抽样调查数据，在样本精确性方面无法与人口普查数据相比拟，这或是造成某些市州人口老龄化程度下降的原因之一(其余三省份同，不再赘述)(陈培培和金勇进，2014；胡桂华等，2017)。从区域差异性方面来看，2000～2015 年四川省各市州 0～14 岁和 15～64 岁两个年龄段的区内方差均呈先增加后减少的趋势，尤其在 2000～2005 年，区内方差急速上升，分别由 2000 年的 12.37

表 2-5　云南省各市州 2000~2015 年人口年龄结构(%)

市州	2000 年 0~14 岁	2000 年 15~64 岁	2000 年 ≥65 岁	2010 年 0~14 岁	2010 年 15~64 岁	2010 年 ≥65 岁	2015 年 0~14 岁	2015 年 15~64 岁	2015 年 ≥65 岁
昆明市	19.07	74.36	6.56	15.50	76.13	8.37	13.86	77.61	8.53
曲靖市	28.24	65.98	5.79	23.87	68.71	7.42	21.41	71.07	7.52
玉溪市	24.59	68.37	7.04	18.86	72.37	8.78	16.62	73.28	10.10
保山市	25.73	67.05	7.21	20.72	70.58	8.70	18.49	71.44	10.07
昭通市	35.07	59.4	5.54	26.86	66.33	6.81	23.72	69.41	6.87
丽江市	26.22	67.89	5.89	18.28	74.00	7.72	17.69	73.39	8.92
普洱市	22.43	72.01	5.56	17.94	74.80	7.26	17.89	73.36	8.76
临沧市	25.44	69.07	5.49	20.07	72.83	7.10	19.55	72.17	8.28
楚雄州	23.12	69.96	6.92	17.66	73.84	8.50	15.67	74.92	9.41
红河州	25.83	68.25	5.92	21.48	71.11	7.41	20.94	70.72	8.34
文山州	28.79	65.35	5.86	24.04	68.81	7.14	24.09	67.12	8.78
西双版纳州	25.03	69.96	5.01	18.32	75.44	6.24	17.72	75.40	6.88
大理州	24.72	68.51	6.77	19.45	72.29	8.26	17.18	73.53	9.29
德宏州	27.31	67.81	4.88	20.82	72.91	6.27	20.73	71.69	7.58
怒江州	27.11	67.64	5.25	21.62	72.28	6.09	21.56	71.37	7.06
迪庆州	26.16	68.55	5.28	18.19	75.24	6.57	17.24	74.73	8.04

表 2-6　云南省各市州 2000~2015 年人口年龄方差、中位数

年份	0~14 岁 方差	0~14 岁 中位数	15~64 岁 方差	15~64 岁 中位数	≥65 岁 方差	≥65 岁 中位数	平均方差
2000	11.47	25.78	10.13	68.31	0.55	5.83	7.38
2010	8.28	19.76	7.36	72.60	0.81	7.34	5.48
2015	8.14	18.19	6.35	72.72	1.07	8.43	5.19

由图 2-16~图 2-18 可以看出，昆明市、楚雄州与昭通市在少年儿童比例方面存在极端差异。昆明市、楚雄州的少年儿童比例较其他市州明显低凹，昭通市则较其他市州明显高凸。老年人口比例方面，昭通市、西双版纳州与保山市和玉溪市存在极端差异。昭通市和西双版纳州相对于其他市州明显低凹，保山市和玉溪市相对于其他市州明显高凸。这或与云南省地区间民族差异、经济差异、政策差异相关，还需进一步探讨论证。

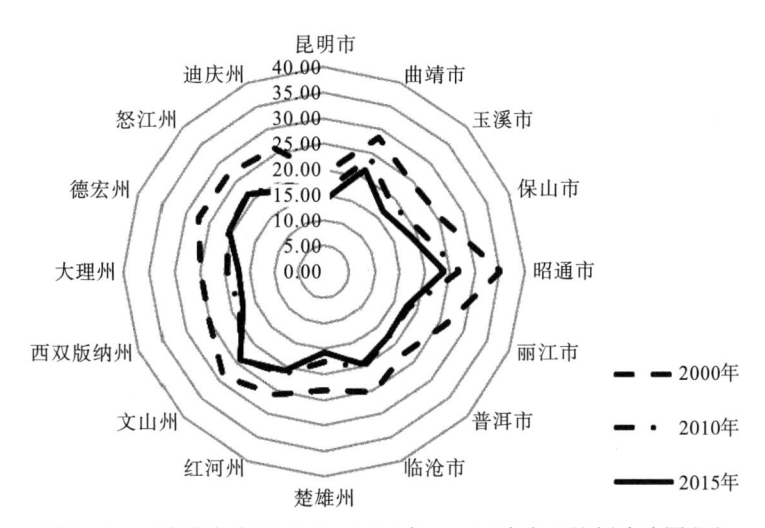

图 2-16 云南省各市州 2000～2015 年 0～14 岁人口比例玫瑰图(%)

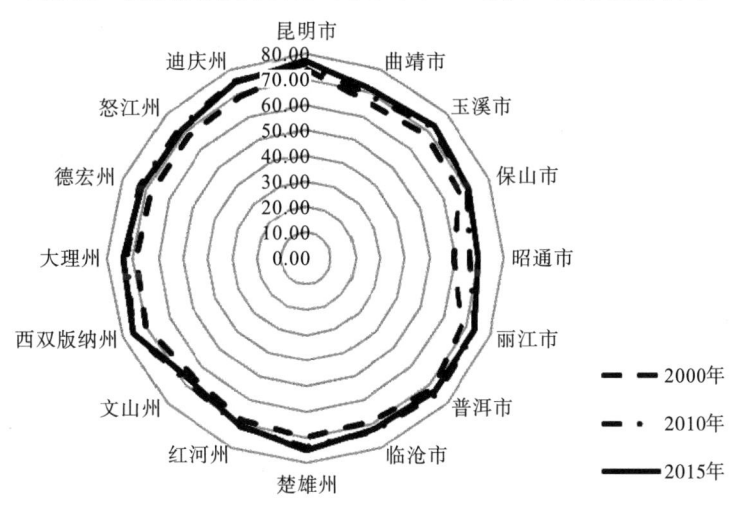

图 2-17 云南省各市州 2000～2015 年 15～64 岁人口比例玫瑰图(%)

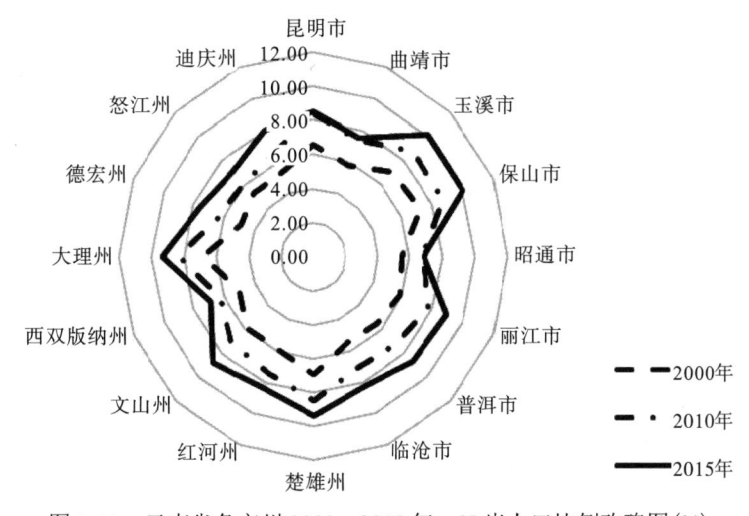

图 2-18 云南省各市州 2000～2015 年 ≥65 岁人口比例玫瑰图(%)

3. 市州尺度的贵州省人口年龄结构时空特征

贵州省,简称"黔"或"贵",地处云贵高原东部地区,是我国西南腹地,与云南、四川、重庆、湖南、广西五省(区、市)交界。贵州现辖 6 个地级市和 3 个自治州。贵州作为世界驰名的山地旅游省份,具有独特的自然和人文风情。近年来,贵州省整合资源,发展"大旅游、大数据、大健康"产业,深入挖掘后发优势,为经济发展注入全新活力,成功实现"弯道超车",经济增长率居全国前列。相对全国而言,贵州省发展相对滞后,反映在人口年龄结构转变方面,主要体现在人口年龄结构变化的均一性上。

由表 2-7~表 2-8 和图 2-19~图 2-21 可以看出,贵州全省各市州之间的人口年龄结构差异不大,均呈现出少年儿童比重减少,老年人口比重上升的状况。从各年龄段看,贵州全省除贵阳市外,少年儿童和青壮年发展差异并不大,这与贵阳是省会城市息息相关。一方面,贵阳经济社会发展良好,人口再生产相对滞后于其他地区;另一方面,贵阳的就业机会较多,就业条件比较好,吸引了大批劳动力在这里谋生,劳动人口比例居全省第一。2000~2015 年贵阳劳动力人口的比例分别为 71.08%、70.86%、74.91%和 70.24%,而其他地区的劳动力人口比例均未超过 70%。贵州省全省各市州的劳动力人口比例最大差异超过 10 个百分点。在老人人口方面,全省差异较小,市州方差较小,除 2015 年外,均低于 1,而 2015 年方差迅速增至 3.02,区域差异迅速增大,体现在具体数据上即为:2000 年老龄人口比例最大值为 6.53%,最小值为 5.02%,极差为 1.51;2005 年最大值为 9.18%,最小值为 6.97%,极差为 2.21;2010 年最大值为 9.98%,最小值为 7.54%,极差为 2.44;2015 年最大值为 16.45%,最小值为 11.34%,极差为 5.11。贵州省老龄人口比例差距迅速拉开,差异性明显增强。从表 2-8 可以看出,贵州省 0~14 岁年龄段方差、15~64 岁年龄段方差和当年平均方差明显具有分段特征,即 2000~2010 年处于方差上升阶段,2011~2015 年处于方差下降阶段。这表明 2011~2015 年贵州全省统筹规划,人口政策和鼓励回乡就业的政策取得明显成效,使得区域差异性明显降低。

表 2-7 贵州省各市州 2000~2015 年人口年龄结构(%)

市州	2000 年 0~14 岁	2000 年 15~64 岁	2000 年 ≥65 岁	2005 年 0~14 岁	2005 年 15~64 岁	2005 年 ≥65 岁	2010 年 0~14 岁	2010 年 15~64 岁	2010 年 ≥65 岁	2015 年 0~14 岁	2015 年 15~64 岁	2015 年 ≥65 岁
贵阳市	22.94	71.08	5.98	20.29	70.86	8.85	17.04	74.91	8.05	16.27	70.24	13.49
六盘水市	31.09	63.89	5.02	27.91	65.13	6.97	24.58	67.82	7.59	21.66	65.97	12.37
遵义市	29.94	63.85	6.21	28.30	63.13	8.57	23.57	66.87	9.56	20.79	62.76	16.45
安顺市	30.70	62.97	6.33	28.89	62.51	8.59	25.26	65.92	8.82	23.43	61.94	14.63
铜仁市	32.26	61.21	6.53	30.60	60.80	8.60	28.02	62.22	9.77	23.85	60.31	15.84
黔西南州	32.52	61.73	5.75	30.29	62.50	7.22	27.99	64.04	7.96	25.53	61.56	12.91
毕节市	32.47	61.99	5.54	32.39	60.57	7.04	31.24	61.22	7.54	26.93	61.73	11.34
黔东南州	29.84	63.94	6.21	27.69	63.13	9.18	24.88	65.14	9.98	22.43	61.87	15.70
黔南州	29.52	64.34	6.14	27.52	63.89	8.59	23.37	67.10	9.53	21.29	63.97	14.74

表 2-8　贵州省各市州 2000~2015 年人口年龄方差、中位数

年份	0~14 岁 方差	0~14 岁 中位数	15~64 岁 方差	15~64 岁 中位数	≥65 岁 方差	≥65 岁 中位数	平均方差
2000	8.64	30.70	8.53	63.89	0.22	6.14	5.80
2005	11.45	28.30	9.38	63.13	0.73	8.59	7.19
2010	15.65	24.88	15.78	65.92	0.97	8.82	10.80
2015	9.42	22.43	9.29	61.94	3.02	14.63	7.24

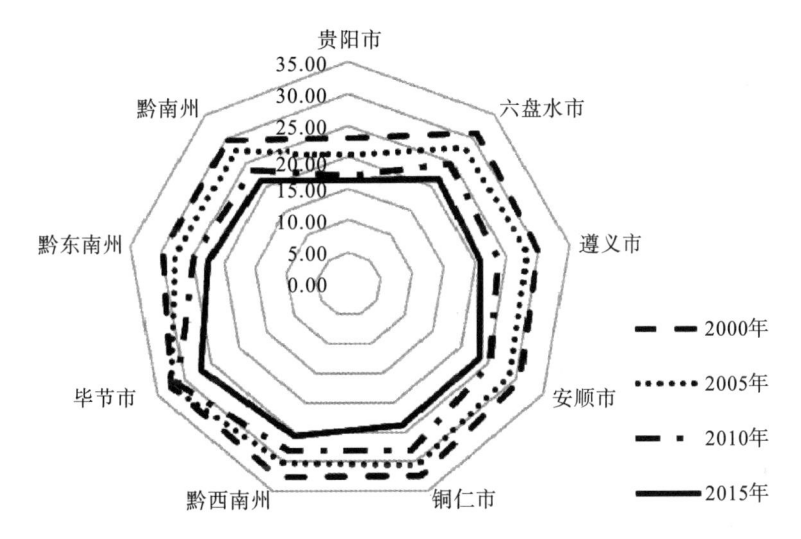

图 2-19　贵州省各市州 2000~2015 年 0~14 岁人口比例玫瑰图(%)

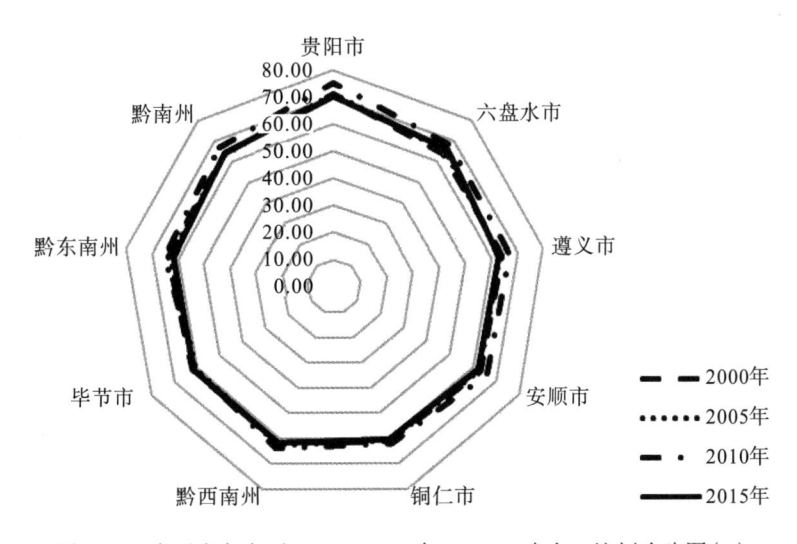

图 2-20　贵州省各市州 2000~2015 年 15~64 岁人口比例玫瑰图(%)

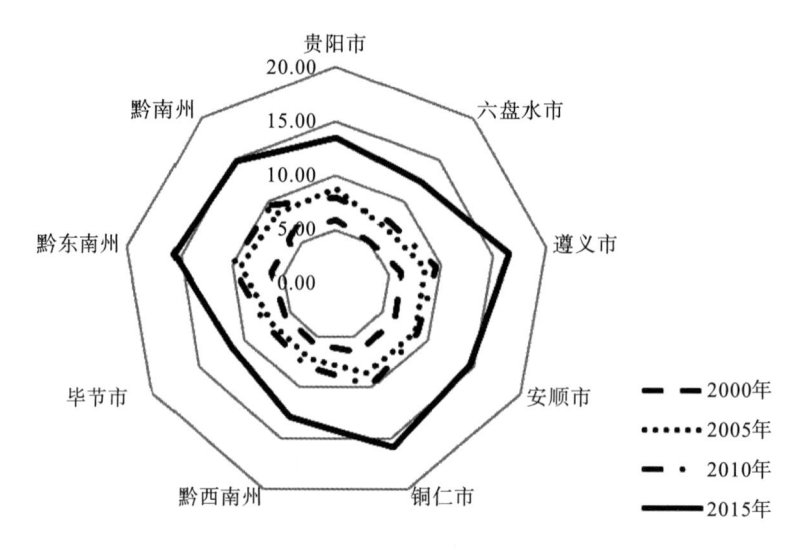

图 2-21 贵州省各市州 2000~2015 年≥65 岁人口比例玫瑰图(%)

4. 广西壮族自治区人口年龄结构时空特征

广西壮族自治区,简称"桂",地处我国华南地区,在国内与云南省、贵州省、湖南省和广东省交界,现辖 14 个市州。2000~2015 年广西壮族自治区的行政区划经历了较大的重组与改名,但由于数据原因,本节将南宁地区等同于崇左市进行处理分析。广西北部湾沿岸的 6 个市州联合广东省的湛江市和海南省的海口市等 5 个市州共同发力,协同构建北部湾城市群,不仅深化了中国与东盟国家的战略合作关系,而且建设成了蓝色海湾城市群,是贯通我国西部地区与中南半岛的南北陆路新通道。多年来,广西壮族自治区深入推进顶层设计,形成以北部湾城市群为引领、珠江—西江经济带和桂林国际旅游胜地建设为支撑的经济增长极,不断促进社会、经济、文化等多方面的跨越式发展。这些喜人的变化,在广西壮族自治区人口年龄结构方面表现得尤为显著(表 2-9、表 2-10、图 2-22~图 2-24)。

表 2-9　广西壮族自治区各市州 2000~2015 年人口年龄结构(%)

市州	2000 年 0~14 岁	2000 年 15~64 岁	2000 年 ≥65 岁	2005 年 0~14 岁	2005 年 15~64 岁	2005 年 ≥65 岁	2010 年 0~14 岁	2010 年 15~64 岁	2010 年 ≥65 岁	2015 年 0~14 岁	2015 年 15~64 岁	2015 年 ≥65 岁
南宁市	19.66	73.86	6.49	21.36	64.18	14.46	18.14	72.96	8.90	18.92	67.25	13.83
柳州市	19.58	73.95	6.47	19.10	67.01	13.89	16.96	73.97	9.07	18.44	66.76	14.81
桂林市	20.27	71.45	8.28	17.88	67.04	15.07	16.15	73.61	10.25	17.39	65.84	16.77
梧州市	28.82	63.77	7.41	26.89	59.96	13.14	24.06	66.80	9.14	28.24	57.94	13.82
北海市	28.19	64.28	7.53	24.23	64.12	11.65	20.19	70.67	9.14	19.13	67.72	13.15
防城港市	26.52	66.39	7.09	25.07	62.03	12.90	21.74	70.23	8.04	24.79	63.69	11.53

续表

市州	2000年 0~14岁	2000年 15~64岁	2000年 ≥65岁	2005年 0~14岁	2005年 15~64岁	2005年 ≥65岁	2010年 0~14岁	2010年 15~64岁	2010年 ≥65岁	2015年 0~14岁	2015年 15~64岁	2015年 ≥65岁
钦州市	31.24	61.40	7.37	29.31	57.42	13.27	28.42	62.63	8.95	27.05	60.05	12.89
贵港市	31.95	60.83	7.22	27.50	60.58	11.92	26.76	64.29	8.95	24.86	61.58	13.56
玉林市	31.03	61.86	7.11	27.47	60.14	12.38	26.67	64.64	8.69	27.79	59.03	13.19
百色市	24.54	68.43	7.03	23.03	62.50	14.47	21.39	69.24	9.36	21.74	63.42	14.84
贺州市	29.36	63.43	7.21	25.55	61.71	12.74	22.13	68.51	9.37	24.99	60.54	14.47
河池市	23.42	69.59	6.99	22.36	63.61	14.02	22.45	67.80	9.75	23.74	61.36	14.90
来宾市	25.67	66.75	7.58	23.62	61.95	14.43	20.74	69.57	9.68	23.50	60.10	16.40
崇左市	26.49	65.81	7.70	21.83	64.33	13.84	19.04	71.02	9.95	20.67	63.07	16.26

表2-10 广西壮族自治区各市州2000~2015年人口年龄方差、中位数

年份	0~14岁 方差	0~14岁 中位数	15~64岁 方差	15~64岁 中位数	≥65岁 方差	≥65岁 中位数	平均方差
2000	18.10	26.51	19.19	66.10	0.22	7.22	12.50
2005	10.87	23.93	7.19	62.27	1.08	13.56	6.38
2010	13.69	21.57	12.21	69.41	0.31	9.14	8.74
2015	13.01	23.62	10.11	62.33	2.19	14.15	8.44

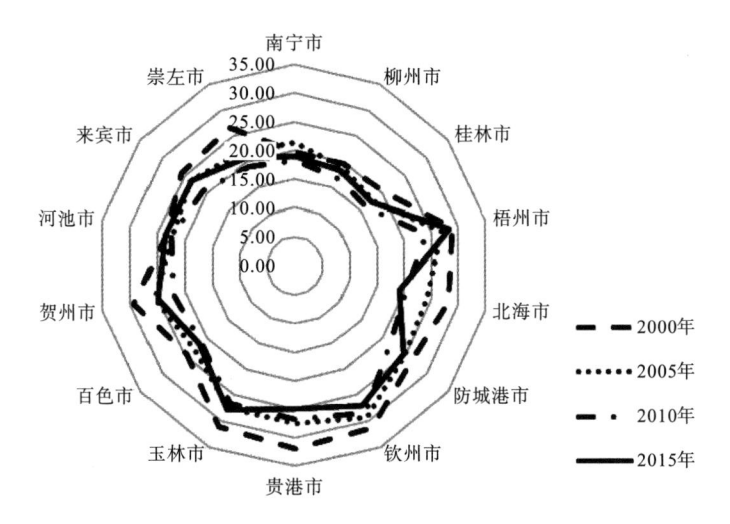

图2-22 广西壮族自治区各市州2000~2015年0~14岁人口比例玫瑰图(%)

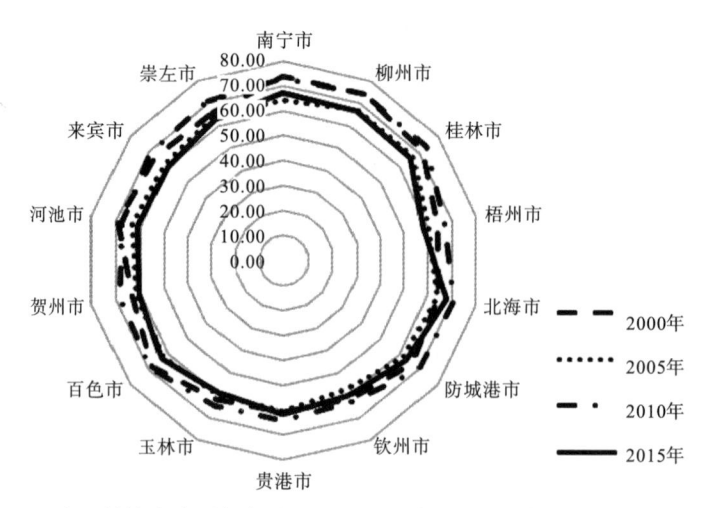

图 2-23 广西壮族自治区各市州 2000~2015 年 15~64 岁人口比例玫瑰图(%)

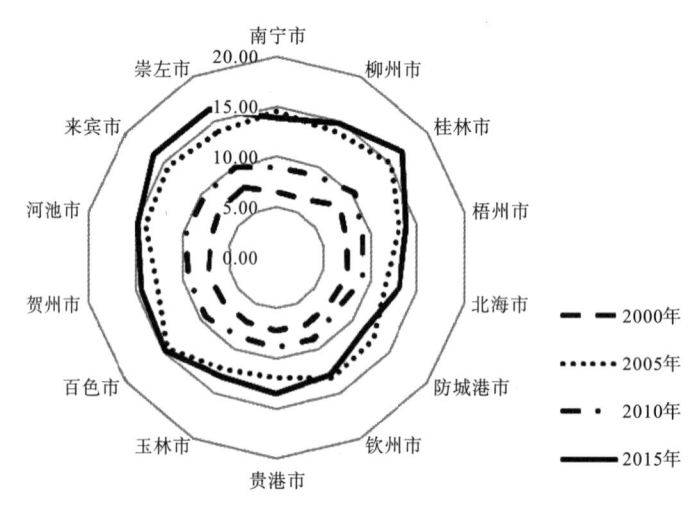

图 2-24 广西壮族自治区各市州 2000~2015 年 ≥65 岁人口比例玫瑰图(%)

2000~2015 年，广西壮族自治区少年儿童比例和青壮年人口比例呈现出波动下降的趋势，但下降幅度并不大，并且部分市州在 2015 年出现反弹现象，使得原本下降的比例迅速回升至 2000 年水平，这或与国家和地区实行的人口生育政策紧密相关。广西壮族自治区作为我国唯一一个沿海的少数民族自治区，人口再生产多年内基本保持相对稳定的趋势，2000年、2005 年、2010 年、2015 年少年儿童人口比例中位数分别为 26.51、23.93、21.57 和 23.62，变化幅度不大。2000 年、2005 年、2010 年、2015 年，广西壮族自治区青壮年人口比例中位数分别为 66.10、62.27、69.41、62.33，存在"普查高、抽查低"的现象，一方面存在抽样精度的问题，另一方面人口再生产的补充和老龄化现象的加剧导致了该年龄段整体上呈现出持平的状态。这种状态下，广西壮族自治区的劳动力始终保持稳定的供给结构，对当前的社会抚养比及未来的人口年龄结构都具有一定的积极意义；而在老年人口比例方面，广西壮族自治区整体上呈现迅速上升的趋势，中位数由 2000 年的 7.22 上升至 2015 年的

14.15，约上升了一倍，人口老龄化问题不断凸显。广西壮族自治区2005年老年人口比例中位数出现的高值状况同样与上述提及的样本精度问题存在一定关联。随着社会经济发展的协同化，广西壮族自治区各市州间平均方差整体上不断降低，区域间差异逐步缩小，在社会福利保障体系建设方面便于政府统筹规划，做好顶层设计。

2.3 本章小结

本章以西南地区的各县和市州的人口统计数据为研究基础，借助ArcGIS10.3软件进行空间分析并制图，以此研究西南地区人口集聚度特征和人口集疏格局特征的变化。人口年龄结构关乎地区经济社会的和谐稳定发展，不同的人口年龄结构将会形成不同的社会—经济—自然效益。本研究基于人口统计数据对西南五省(区、市)人口年龄结构进行统计与分析，主要结论如下。

(1) 2000~2010年，西南地区的人口数量总体上呈增长趋势，人口密度虽然有变化，但总体变化不大。2000年和2010年西南地区的人口密度大体是中部及北部和东南部较大，而西北部及西部和中部偏南部分较小。由前文可知，西南地区西北部的人口密度变化要比中部和东南部的明显，中部地区和东南部地区的人口密度有下降的趋势。人口自然增长与迁移流动都影响着西南地区人口密度的变化。

(2) 本章利用公式计算出西南地区的基尼系数和地理集中指数，基尼系数从2000年的0.3645上升到2010年的0.6098；地理集中指数从2000年的18.2850上升到2010年的37.7393，表明2000~2010年西南地区的人口数量总体上是增加的，人口也越来越集聚。

(3) 本章以全国人口集聚度分类为指标，以县为单位对西南地区进行分类。西南地区人口分布极不均匀，人口高度集聚地区，呈现人多地少的局面，而在人口稀少区则呈现人少地多的局面，在2000~2010年人口集聚度也有着一定的变化，在人口稀少地区人口数量总体上呈上升趋势，而在人口高度集聚的地区，存在人口流失严重的问题。

(4) 整体上，西南五省(区、市)的人口年龄结构自中华人民共和国成立以来发生了巨大变化，实现了增长—稳定—衰退的转变。少年儿童数量减少，比重呈持续下降趋势；青壮年人口数量增长，比重趋于稳定；老年人口数量增长，比重持续升高，人口老龄化进程加快。从各年龄段人口的性别比例来看，西南五省(区、市)男女性别比例总体上没有太大差别，但通过缩放对比发现：在60~70岁年龄段人口性别比发生翻转，由"男多女少"转变为"男少女多"，并且结构化差异增大。

(5) 四川各市州大致可分为三种类型：成都平原地区型、甘阿凉地区型和其他地区型，人口年龄结构差别较大；而云南、贵州和广西的人口年龄结构相近，无明显突出地区。

当前由于人口普查周期长、耗时长、投入大，导致统计的人口数据出现模糊断层的现象，这对于精细化研究人口问题存在较大的影响。因此如何高效稳定地获得较高精度的人口数据对于各方面来说都将是一个巨大的挑战，还有很长的路要走。

第3章 西南地区人口资源的迁移与流动

3.1 西南地区流动人口资源的空间格局演变

3.1.1 流动人口空间格局演变概述

改革开放以来，我国的城市化发展日新月异，引起了世界的关注。流动人口一直是实现城市化进程中的核心主体(刘涛等，2015)。不同研究对流动人口的定义不同，本研究统一以第五、六次全国人口普查中的定义为准，流动人口即为户籍登记地与居住地分离达一年及以上的人口。流动人口作为中国特有的一类迁移人口，来源地为户籍地，目的地为实际常住地(戚伟等，2017b)。基于全国人口普查数据的人口流动研究较多，研究尺度主要有全国尺度(戚伟等，2017b)、自然分区尺度(姜玉等，2016)、省级尺度(马红旗和陈仲常，2012)和县级尺度(李想，2014)等。从研究内容看，主要涉及地域类型演化(戚伟等，2017a)、人口流失演化格局(戚伟等，2017a)、城镇人口迁移(杨成凤等，2015)、省内人口迁移(张苏北等，2013)、省际人口流动(高更和等，2015)等。但对西南地区流动人口的研究较少，因此本研究对西南地区流动人口的空间格局和地域类型进行了研究。改革开放以来，沿海地区的迅速发展，吸引了大量外来人口。而西南地区就是人口输出最大的地区之一。本研究对西南地区的流动人口空间演变进行研究分析，对分析西南地区人口流动的规律、地域类型有一定帮助，对于了解城镇化发展动向具有一定的参考意义。

3.1.2 研究数据

本研究数据来源于《2000年人口普查分县资料》(国务院人口普查办公室，2003)和《中国2010年人口普查分县资料》(国务院人口普查办公室，2012)。其他统计年鉴里省、市统计数据与其相冲突的，都以分县资料为准。由于2000~2010年西南地区行政区划调整频繁，本研究已将其整理，如2000年广西的南宁地区已更名为崇左市、柳州地区更名为来宾市、贺州地区更名为贺州市、百色地区更名为百色市、河池地区更名为河池市。又如云南省的思茅地区更名为普洱市。在分县数据统计中，变化的行政区也很多，如2010年重庆綦江区的人口数据是2000年重庆綦江县与万盛区人口数据之和，2010年重庆大足区人口数据是2000年大足县与双桥区人口数据之和，在进行分县数据整理中，此类情况较多，此处不再一一列举。

3.1.3 研究方法

本研究参考戚伟等(2017a、b)的修正复合指标法划分人口流动地域类型，并通过 ArcGIS10.3 软件对西南地区流动人口数据进行空间模式分析；根据总流动系数 GR、净流动系数 NR 将流动人口地域类型划分为六类，即非活跃型、平衡活跃型、大规模净流入活跃型、小规模净流入活跃型、大规模净流出活跃型、小规模净流出活跃型。类型划分情况具体如下。

(1) 非活跃型，即 GR<1/9。
(2) 平衡活跃型，即 GR≥1/9，NR 为±1/9。
(3) 大规模净流入活跃型，即 GR≥1/9，NR≥1/9，且迁入人口规模 I≥50 万人。
(4) 小规模静流入活跃型，即 GR≥1/9，NR≥1/9，且迁入人口规模 I<50 万人。
(5) 大规模净流出活跃型，即 GR≥1/9，且 NR≤-1/9，且流出人口规模 O≥50 万人。
(6) 小规模净流出活跃型，即 GR≥1/9，且 NR≤-1/9，且流出人口规模 O<50 万人。

本研究先统计出 2000 年人口普查分县资料和 2010 年人口普查分县资料中的常住人口、户籍人口、迁入人口，然后根据公式计算出流出人口。某省、市州、县的流入人口 I_i、流出人口 O_i、本地常住人口 L_i、户籍人口 H_i、常住人口 P_i 之间的关系如下：流入人口 I_i 与本地常住人口 L_i 之和为常住人口 P_i，户籍人口等于流出人口和本地常住人口之和。它们之间的等式关系为

$$L_i = P_i - I_i = H_i - O_i \tag{3-1}$$

基于这个方程，可以构建流动人口地域类型划分的基本测度，如净流动人口 NP_i 和总流动人口 GP_i。净流动人口 NP_i 为流动人口的一个指标，即流入人口 I_i 与流出人口 O_i 的差值，也是常住人口 P_i 与户籍人口 H_i 之差。人口净流入表现为 $NP_i>0$，人口净流出表现为 $NP_i<0$：

$$NP_i = I_i - O_i = P_i - H_i \tag{3-2}$$

总流动人口 GP_i 是流入人口 I_i 与流出人口 O_i 之和，即

$$GP_i = I_i + O_i \tag{3-3}$$

净流动系数 NR_i 为净流动人口 NP_i 与本地常住人口 L_i 的比值，其值大于 0 代表净流入，小于 0 代表净流出。NR_i 的绝对值越大，净流动的活跃度越大：

$$NR_i = \frac{NP_i}{L_i} = \frac{I_i - O_i}{L_i} \tag{3-4}$$

总流动系数 GR_i 为总流动人口 GP_i 与本地常住人口 L_i 的比值，值越大，说明总流动的活跃度越高：

$$GR_i = \frac{GP_i}{L_i} = \frac{I_i + O_i}{L_i} \tag{3-5}$$

3.1.4 基于省级尺度的西南地区流动人口的总体特征

流动人口可分为省内流动和省外流动。由于本节分析的是省级尺度的流动人口,故不包括省内流动人口,因此流动人口为省际的流动人口。从 2000 年和 2010 年全国人口普查数据来看,整个西南地区的流出人口远多于流入人口,且流动人口呈上升趋势,但流入人口增长率远低于流出人口。至 2010 年,西南地区流出人口为 30866433 人,是流入人口数的 6 倍多,人口输出十分严重。

(1)流动人口入不敷出,流出人口规模庞大。由表 3-1 可以看出,西南地区 2000 年流入人口达 290 余万人,流出人口接近 878 万人,流出人口数约是流入人口数的 3 倍。净流动人口约为-584 万人,说明流动人口入大于出。到 2010 年,西南地区流入人口比 2000 年增加了约 200 万人,但流出人口数却是流入人口数的 6 倍多。可以看出,到 2010 年,西南地区的人口输出规模已经相当庞大。随着人们对物质生活要求以及经济收入需求的提高,势必从欠发达地区流入发达地区谋求更好的生计,且发达地区能提供更大的发展空间。不管是人才的流失还是劳动力的流失,都对西南地区有利有弊,人才流失不利于西南地区的发展,但却给西南地区发展提供了一个很大的物质基础空间,在外地生活的人带回的物质、经济为家乡的发展提供了更好的条件。

表 3-1 西南地区 2000 年和 2010 年人口流动数据统计表 (单位:人)

年份	总流入人口	总流出人口	净流动人口
2000	2940514	8778061	-5837547
2010	4915416	30866433	-25951017

(2)2000~2010 年,西南五省(区、市)总流动人口数均超过百万人,流入、流出的人口均多。表 3-2 为西南五省(区、市)流入、流出、净流动和总流动人口情况。从净流动人口情况看,只有云南省 2000 年和 2010 年的净流动人口为正值,其余四省(区、市)都为负值,说明除云南省流入人口多于流出人口外,其余省(区、市)均为流出人口大于流入人口。从流入人口情况看,西南五省(区、市)2010 年的流入人口都多于 2000 年,说明流入人口在增加。其中云南省 2000 年、2010 年的流入人口均排西南五省(区、市)第一名,2000 年为 1164402 人,2010 年为 1236549 人。从流出人口情况看,西南五省(区、市)2010 年的流出人口均高于 2000 年,也处于增加状态,但增速远大于流入人口增速。如四川省 2000 年流出人口为 220 万余人,而 2010 年增加到了 1069 万余人;重庆市 2000 年流出人口超过 78 万人,2010 年达 524 万余人;云南省 2000 年人口未流出,反而流入多,到 2010 年,流出人口高达 90 万余人;贵州省 2000 年流出人口 218 万余人,2010 年时为 761 万余人;广西壮族自治区 2000 年流出人口为 375 万余人,2010 年流出人数达 640 万余人,十年时间流出人数增加了 200 多万人。

表 3-2 西南地区 2000 年和 2010 年流动人口综合统计表　　　　　　（单位：人）

省(区、市)	流入人口 2000年	流入人口 2010年	流出人口 2000年	流出人口 2010年	净流动人口 2000年	净流动人口 2010年	总流动人口 2000年	总流动人口 2010年
四川省	536246	1128573	2204905	10691839	-1668659	-9563266	2741151	11820412
重庆市	403159	945194	783038	5248869	-379879	-4303675	1186197	6194063
云南省	1164402	1236549	-152350	900846	1316752	335703	1012052	2137395
贵州省	408519	763294	2183041	7615123	-1774522	-6851829	2591560	8378417
广西壮族自治区	428188	841806	3759427	6409756	-3331239	-5567950	4187615	7251562

(3) 由图 3-1 可知，2000 年，西南五省(区、市)流入人口由多到少依次是云南省、四川省、广西壮族自治区、贵州省、重庆市。到 2010 年，该数据依次是云南省、四川省、重庆市、广西壮族自治区、贵州省。虽然云南省流入人口数最多，2000 年时就有 116 万余人流入，但到 2010 年，才 123 万流入人口，十年间仅增加了 7 万人左右，流入人口增速最慢。至 2010 年，重庆市的流入人口跃居第三，超过广西、贵州，也足以体现重庆市身为直辖市的地位。重庆市的户籍人口为西南地区最少，仅 3315 万人，但流入人口增加最多，增速快，2000 年流入人口为 40 多万人，2010 年为 94 万余人，十年来流入人口数量翻了一番以上。人口流入的增加为重庆的发展带来了很大的契机，当然也离不开国家政策的扶持，吸引了大量人员前来发展。

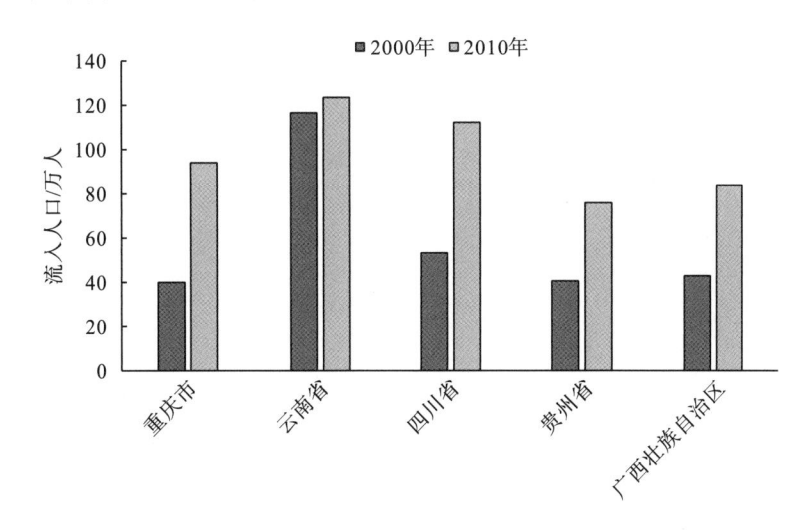

图 3-1 西南地区 2000 年和 2010 年流入人口数据统计图

(4) 从图 3-2 可以看出，西南五省(区、市)流出人口均有增加，而增加最多的是四川省，四川流出人口从 2000 年的 220 万余人增加到 2010 年的 1069 万余人，人口输出非常严重。四川省不仅是人口大省，还是人口输出大省，户籍人口居西南地区首位，流出人数也居西南地区首位。到 2010 年，四川的流出人口已达 1069 万余人，而西南其他省(区、市)的流出人口均未超过千万人,最少的是云南省,仅有 90 万余人流出。贵州省流出人口由 2000 年的 2183041 人增加到 2010 年的 7615123 人;重庆市流出人口从 2000 年的 783038 人增加到 2010 年的 5248869 人,流出人口规模也非常庞大,且流出人口增速快;广西壮族自治区 2000 年的流出人口为 3759427 人,而 2010 年为 6409756 人。

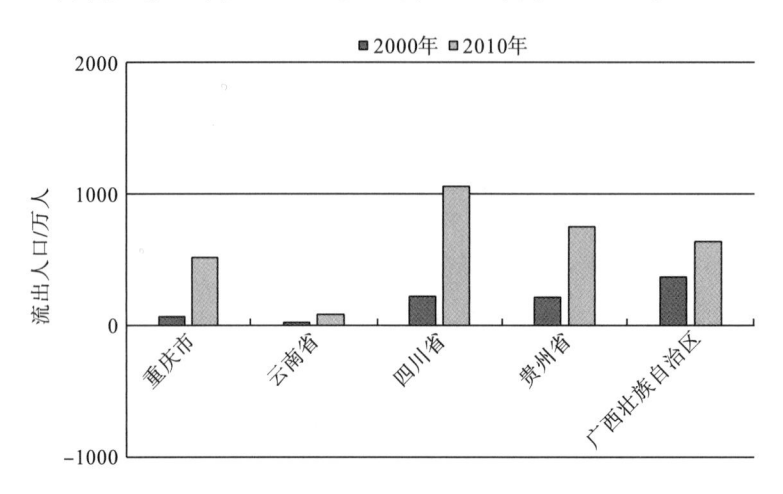

图 3-2 西南地区 2000 年和 2010 年流出人口数据统计图

(5)由图 3-3 可以看出,2000 年和 2010 年西南五省(区、市)净流动人口变化最大的依然是四川省,净流动人口最少的是云南省,除云南省外,其他四个省(区、市)都是流出人口多于流入人口。四川省的净流动人口由 2000 年的 -1668659 人增加到 -9563266 人,说明四川省人口流动尤其是人口输出十分严重。而云南省则是流入人口多于流出人口。由图 3-4 可以看出,西南五省(区、市)总流动人口最多的也是四川省,且增速快,2000 年总流动人口是 2741151 人,而 2010 年已达 11820412 人,人口流动频繁。总流动人口最少的是云南省,2000 年为 1012052 人,到 2010 年也只有 2137395 人,十年间总流动人口仅增加了 113 万人左右。2010 年云南省的总流动人口仅为四川省总流动人口的 1/5。

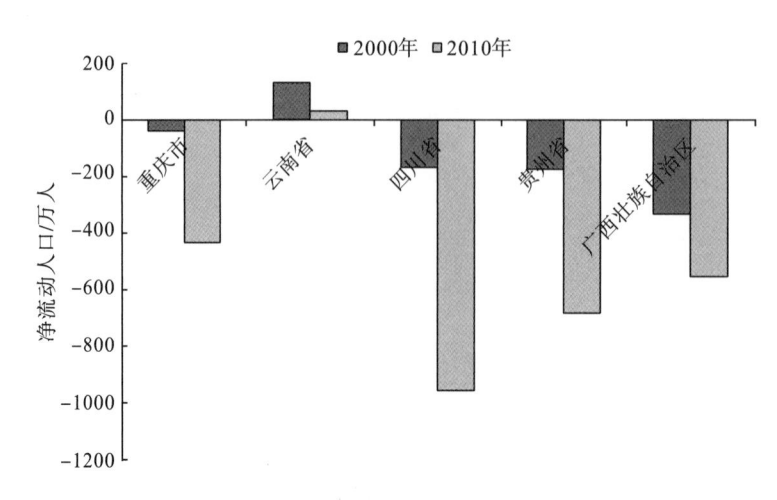

图 3-3 西南地区 2000 年、2010 年净流动人口变化情况

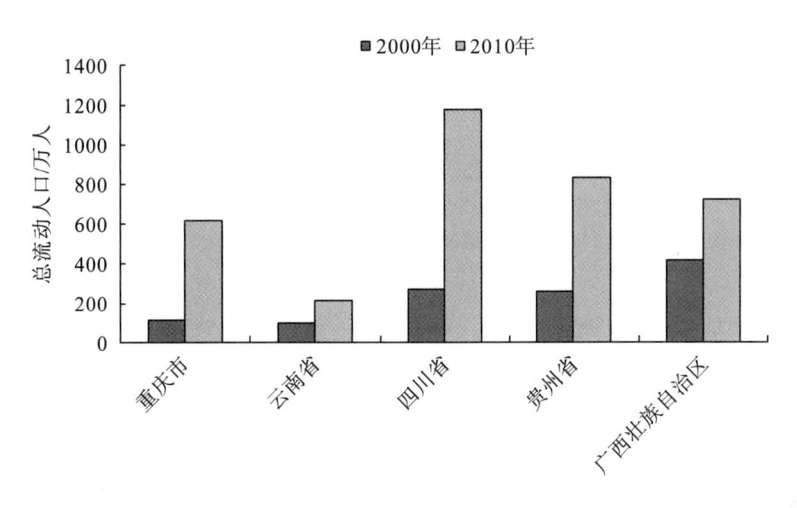

图 3-4 西南地区 2000 年、2010 年总流动人口变化情况

3.1.5 基于市州尺度的西南地区人口流动空间模式

本研究共涉及西南地区的 61 个市州,其中包括直辖市重庆,以及成都、昆明、贵阳、南宁四个省会城市。由于进行省级尺度分析时已经考虑重庆市,研究省内外流入人口时与其他省(区、市)情况不同,故本节研究省内外流入人口时未纳入重庆市数据。基于市州尺度的西南地区人口流动空间模式特征如下。

(1)西南地区各市州人口流入模式以省内流动为主,省外流入少于省内流入。但由于各市州的流入人口不一致,所以本研究只比较了各市州省内流入和省外流入的数值大小,以此判断其流动人口是以什么类型为主。由表 3-3 可以看出,2000 年除云南省省外流入大于省内流入外,其余三省都是以省内流入为主。到 2010 年时,四个省(区、市)均以省内流入为主。表 3-4 为 2000 年和 2010 年以省外流入人口居多的市州列举,可以看出,2000 年仅有 6 个市州以省外流入为主,而到 2010 年,只有 2 个市州即昭通市和阿坝州以省外流入为主。

表 3-3 西南四省(区)流入人口情况 (单位:人)

省(区)	2000 年		2010 年	
	省内流入	省外流入	省内流入	省外流入
云南省	1347837	1564402	2697944	1236549
广西壮族自治区	1415144	428188	2915532	841752
四川省	2256279	542044	1475876	331574
贵州省	844513	408519	1841377	763294

表 3-4　省外流入人口居多的市州　　　　　　　　　　　　　　　　（单位：人）

市州	2000 年		2010 年		流动人口类型	
	省内流入	省外流入	省内流入	省外流入	2000 年	2010 年
昆明市	554526	578757	1220317	446827	省外流入	省内流入
丽江市	14942	23177	62502	46679	省外流入	省内流入
文山壮族苗族自治州	25008	31993	71626	49595	省外流入	省内流入
玉溪市	65605	445098	144081	64351	省外流入	省内流入
昭通市	16602	28976	58556	61693	省外流入	省外流入
阿坝藏族羌族自治州	28151	4291	56126	13786	省内流入	省内流入
遂宁市	29516	124067	59206	11460	省外流入	省内流入

(2) 省内外人口流入城市主要为各省省会城市。2000 年，西南地区各市州省内流入人口最多的是成都市，其次是贵阳市、昆明市、南宁市，这几个市都为省会城市。至 2010 年，省内流入人口最多的城市依然是成都市，然后依次是贵阳市、昆明市、南宁市，但 2010 年的流入人数远远多于 2000 年。省外人口流入城市也主要是各省会城市，2000 年以昆明市为首，其次是成都市、遂宁市、贵阳市、南宁市等，其他市州的省外流入人口情况则以这些城市为中心向外扩散。2010 年省外流入人口以昆明市和成都市较多，贵阳市、南宁市次之。由此可见，2000 年和 2010 年西南地区的省内外流入人口变化特征为以省会城市为中心逐步向外扩散，尤其以昆明市和贵阳市两个省会城市的扩散最为明显。而西南地区的西北部即四川的甘孜州、阿坝州，云南的怒江州、迪庆州、丽江市一直都是流入人口的低值区。综合省内外流入人口情况，西南地区流入人口的高值区是成都市。

(3) 人口输出严重，且主要集聚于西南地区东北部，即四川东部和重庆市周边城市。西南地区流出人口城市主要集中于绵阳市至文山州一线以东地区，尤其以重庆市为中心的周边地区，人口输出严重。其中，2000 年以重庆市、遵义市、崇左市、玉林市、贵港市人口流出最多，2010 年则以重庆市为中心的周边市州人口流出最严重。根据西南地区 2000 年和 2010 年流出人口的空间分布情况，可以看出西南地区东部人口流出比西部人口流出严重得多，多数人流向外省，尤其是东部沿海地区。

3.1.6　基于县级尺度的西南地区人口流动空间模式

本节研究了西南地区 544 个县级城市的人口流动空间模式，其特征如下。

(1) 西南地区各县级城市流入人口与市州流入人口的特征一致，均以省内流动为主，省内迁入人口多于省外迁入人口。2000 年西南地区省内迁入人数最多的是金牛区，有 27 万多人；其次是官渡区，为 269948 人；最少的是灌阳县，仅 122 人。2000 年西南地区省外迁入人数最多的是官渡区，超过 30 万人；其次是西山区，为 92345 人；省外迁入人数最少的是北川县，仅 25 人。2010 年，武侯区和金牛区的省内迁入人口最多，都超过了 50

万人，省内迁入人数最少的是新龙县，仅 188 人。2010 年西南地区省外迁入人数最多的是九龙坡区，有 12 万多人，其次为武侯区，有 11 万多人，省外迁入人数最少的也是新龙县，仅 78 人。数据表明，新龙县人口迁入极少，可能与它的地理位置、经济发展密切相关，其位于四川省甘孜州，地理位置较为偏僻，经济较为滞后。两期数据对比，均是省内迁入人数多于省外迁入人数，迁入人口以本省户籍人口居多。西南地区各区县中迁入人口排名第一的是官渡区，达 602823 人；第二位是金牛区，达 325303 人；第三位是武侯区，有 252172 人；之后依次是南明区、云岩区、西山区、成华区和九龙坡区；迁入人口最少的是灌阳县，仅 233 人。

(2)流出人口主要集中于西南地区西北部和东南部。根据 2000 年和 2010 年全国人口普查数据显示，西南地区流出人口最多的是四川省、重庆市和广西壮族自治区辖区内的各区(县)，如开县(2016 年为开州区)、安岳县、云阳县、广安区、灵山县、简阳市、博白县、三台县、岳池县、南部县和仁寿县等。流出人口最多的县主要包括以重庆市为中心的各区(县)，以及东南部的部分区(县)。人口流出最严重的是重庆开县，达 504643 人，且十年变化巨大，人口输出较为严重。

3.1.7 基于市州和县级尺度的流动人口地域类型划分

根据地域类型划分方法,本研究对 2000 年和 2010 年西南地区市州尺度和县级尺度的流动人口进行了地域类型划分。市州尺度及 2010 年县级尺度的流动人口地域类型六大类俱全，而 2000 年县级尺度的流动人口地域类型仅有五大类。2000 年和 2010 年市州和县级尺度的流动人口地域类型都有明显的空间变化特征。

1. 基于市州尺度的流动人口地域类型划分

整体上看，2000~2010 年西南地区各市州的流动人口地域类型有着非常显著的变化。2000 年以非活跃型为主，其次是平衡活跃型，净流入型少于净流出型。2010 年，净流出型为主要类型，非活跃型和净流入型非常少。2000~2010 年，西南地区流动人口地域类型的变化主要体现在西部，即从绵阳市至文山州一线以西地区，从非活跃型转变为平衡活跃型。而东部地区的变化也很明显，主要体现在四川省东部和重庆市及贵州省的各市州，流动人口地域类型转变为大规模净流出活跃型。由此可见，2000~2010 年整个西南地区一直存在净流出人口多的现状，是人口输出比较严重的地区。从 2000 年和 2010 年西南地区的流动人口数据看，人口输出最严重的是贵州省的各市州，除贵阳市外，其他市州流动人口地域类型均为大规模净流出活跃型。

2000 年四川省的达州市、遂宁市、成都市和攀枝花市的流动人口地域类型为平衡活跃型。到 2010 年，经过十年的人口流动变化，四川省各市州的流动人口地域类型发生了很大变化。成都市由平衡活跃型演变为小规模净流入型，而四川东部各市如绵阳市、广元市、巴中市、南充市、达州市、绵阳市、资阳市和广安市等已经演变为大规模净流出型，并主要流向其他省(区、市)，通过以往的研究判断，主要流向东部沿海城市。

重庆市流动人口地域类型由2000年的非活跃型演变为2010年的大规模净流出活跃型。至2010年贵州省各市州的流动人口地域类型，除贵阳市外均为大规模净流出活跃型。云南省大部分市州的流动人口地域类型由2000年的非活跃型转变为2010年的平衡活跃型。其中保山市、临沧市和楚雄州一直是非活跃型。广西也有不少地区演变为净流出活跃型。

2000~2010年整个西南地区，有两个市的流动人口地域类型一直都为大规模净流入活跃型，分别是昆明市和贵阳市，表明这两个省会城市一直是人口流入城市。成都作为四川的省会城市，其流动人口地域类型仅为小规模净流入活跃型。广西首府南宁也一直处于平衡活跃型。经统计发现，贵阳市人口流入以本省其他市流入为主，而昆明市的省内流入和省外流入基本持平。究其原因，可能与气候条件有关，贵阳为避暑之都，为整个西南地区夏季最凉爽的地方，且为省会城市，吸引了不少外来人才寻求发展，另外贵阳的就业压力比一线城市小，也是吸引人才的原因之一；而昆明四季如春，其宜人的气候条件是吸引省内外劳动力的条件之一。

2. 基于县级尺度的流动人口地域类型划分

据统计数据得出，在西南地区县级尺度下，本研究采用的六个流动人口地域类型分类在2000年只有五个类型，分别是大规模净流入活跃型、小规模净流入活跃型、小规模净流出活跃型、平衡活跃型、非活跃型，2000年大规模净流出活跃型在县级尺度下缺失，表明2000年西南地区各区县的流出人数均超过50万人。

2000~2010年，西南地区县级尺度的流动人口地域类型变化非常明显，主要由非活跃型演变为平衡活跃型和小规模净流出活跃型。变化最明显的是西南地区的东北部和绵阳市至文山州一线以西。变化最大的是重庆市各县、四川省中部和东部各县、广西壮族自治区西北部和云南省及贵州省的大多数县。从省级角度看，西南地区变化最大的是四川和重庆。

从2000年和2010年的人口普查数据来看，2000~2010年西南地区各县的流动人口地域类型最明显的变化是由非活跃型演变为小规模净流出活跃型，这与市州尺度的变化基本一致。2000年，西南地区各县的流动人口地域类型以非活跃型为主，而绵阳市至文山州一线东侧的流动人口地域类型比较多样，以小规模净流出活跃型为主，主要集中在贵州省和广西壮族自治区。小规模净流入活跃型的县多集中于四川省东部、贵州省及广西部分县；而大规模净流入活跃型只有一个县，位于云南省昆明市。平衡活跃型主要是在云南省的南部即西双版纳州和普洱市的部分县，以及广西南宁的部分县。

2010年，西南地区流动人口地域类型主要是平衡活跃型和小规模净流出活跃型。平衡活跃型的县分布较广，主要集中于绵阳市至文山州以西地区。小规模净流出活跃型的县主要集中于绵阳市至文山州以东地区。大规模净流入活跃型只有两个区县,分别是金牛区和武侯区,2010 年武侯区流入人口达 117944 人、金牛区达 124131 人。大规模净流出活跃型只有一个县,即重庆市的开县,其流出人口超过 50 万人。截至 2010 年,整个西南地区 544 个县级城市中,仅金牛区和武侯区为人口净流入。

2000~2010 年,四川省流动人口地域类型变化显著,大部分由非活跃型演变为平衡活跃型,至 2010 年,色达县、九寨沟县、康定县、平武县、涪城区,以及成都市除金牛区和武侯区以外的其他区县均为小规模净流入活跃型。而四川省东部和南部以小规模净流出活跃型为主,这也符合四川省人口输出的实际情况,东部地区大多数人口外出务工,人口输出较为严重。

根据 2010 年人口普查数据,贵州省汇川区、红花岗区、钟山区、乌当区、南明区、花溪区为小规模净流入活跃型,威信县、威宁县、清镇市、都匀市、凯里市、碧江区为平衡活跃型,其他区县为小规模净流出活跃型。西南地区部分县由 2000 年的净流入活跃型转变为 2010 年的小规模净流出活跃型。结果表明,贵州省也是一个人口输出较为严重的省份。

2010 年,重庆市的流动人口地域类型以小规模净流出活跃型为主。重庆开县为大规模净流出活跃型,仅渝北区、江北区、南岸区、沙坪坝区、渝中区、九龙坡区、大渡口区为小规模净流入活跃型。永川区、璧山县、北碚区、巴南区、涪陵区为平衡活跃型,其他区县为小规模净流出活跃型。总体来看,重庆市也是以人口输出为主导。

2000~2010 年,云南省的流动人口地域类型主要由非活跃型转变为平衡活跃型,2010 年,其流动人口地域类型以平衡活跃型和非活跃型为主。2010 年,广西右江区、西乡塘区、江南区、兴宁区、青秀区、良庆区、柳北区、城中区、柳南区、裕丰区、叠彩区、七星区、象山区和秀峰区属于小规模净流入活跃型,其他区县以小规模净流出活跃型为主。

整体来看,从 2000~2010 年,西南地区的非活跃型县级城市有所减少,小规模净流出活跃型县级城市有所增多,2000 年以非活跃型为主导,2010 年以小规模净流出活跃型为主导,体现了人口流出规模逐渐增大。这符合西南地区人口输出的现状。

3.2 西南地区人口资源流失演化格局

我国人口众多,区域间的流动人口尤其多,导致这一现象的根本原因就是区域间发展不平衡(朱传耿等,2001)。人口在区域间流动迁移的过程中某区域人口减少就称该区域出现人口流失。人口流失影响区域的人口结构和规模,城市的人口流失易造成城市收缩,农村的人口流失易造成农村空心化(杨东峰等,2015;戚伟等,2017a)。本研究基于 2000~2015 年的 1%人口抽样调查和全国人口普查数据,测算出西南地区的人口流失量,从省级到市级尺度分析 2000 年以来西南地区人口流失的演化格局,然后对西南地区的人口流失空间演变进行分析,以了解西南地区人口流失的规律、地域类型。

3.2.1 研究数据

本研究数据主要来自 2000 年、2010 年全国人口普查数据以及 2005 年、2015 年全国 1%人口抽样调查数据。2000 年全国人口普查数据来源于《2000 年人口普查分县资料》(国务院人口普查办公室，2003)，2005 年全国 1%人口抽样调查数据来源于《2005 年全国 1%人口抽样调查资料》(国务院全国 1%人口抽样调查领导小组办公室，2007)，2010 年全国人口普查数据来源于《中国 2010 年人口普查分县资料》(国务院人口普查办公室，2012)，2015 全国年 1%人口抽样调查数据来源于《2015 年全国 1%人口抽样调查资料》(国务院全国 1%人口抽样调查领导小组办公室，2016)。在省际尺度上，本节统计 2000 年与 2010 年 5a 间迁移口径数据中使用了长表数据，长表数据使用了抽样调查，2000 年抽样比为 9.5%，2010 年抽样比为 10%；2005 年与 2015 年的所有数据都是抽样调查数据，2005 年抽样比为 1.325%，2015 年抽样比为 1.55%。

3.2.2 研究方法

本研究参考戚伟等(2017a、b)的研究方法，采用两个指标，分别是净迁移人口和净迁移强度。一个地区总迁入人口与总迁出人口的差值就是其净迁移人口，当迁入人口不能补偿迁出人口时，就出现了真正意义上的人口流失。人口净迁移的计算公式如下：

$$N_i = I_i - O_i = \sum_{j=1}^{n-1} I_{ji} - \sum_{j=1}^{n-1} O_{ij} \tag{3-6}$$

式中，N_i 表示 i 地区净迁移人口；I_i 表示 i 地区总的迁入人口；O_i 表示 i 地区总的迁出人口；I_{ji} 表示从 j 地区迁移到 i 地区的人口量；O_{ij} 表示从 i 地区迁移到 j 地区的人口量；n 表示地区数量。当差值为正时，说明人口没有出现流失；当差值为负时，说明人口出现流失现象，绝对值越大，流失越严重。

人口净迁移强度更能反映一个地区的人口流失强度。净迁移强度为净迁移人口与没有发生迁移人口的比值。计算公式如下：

$$\text{NR}_i = \frac{\text{NP}_i}{L_i} = \frac{I_i - O_i}{L_i} \tag{3-7}$$

式中，NR_i 表示净迁移强度；NP_i 表示 i 地区净迁移人口；I_i 表示 i 地区总的迁入人口；O_i 表示 i 地区总的迁出人口；L_i 表示本地未发生迁移的人口。未发生迁移的人口其实就是一个地区的常住人口减去这个地区的迁入人口。净迁移强度为正时，说明人口没有流失；为负值时，绝对值越大，说明流失强度越大。

以上数据都是基于全国人口普查与全国 1%人口抽样调查的数据，分别通过 5a 间的迁移口径和人户分离迁移口径统计。5a 间人口迁移是指"一个区域现在常住地人口与五年前常住人口不一致"。该数据在 2000 年和 2010 年全国人口普查与 2005 年和 2015 年全国

1%人口抽样调查"全国按照现住地与五年前的常住地所分的人口"的数据中提取,不同的是 2000 年与 2010 年人口普查使用的数据是长表中的数据,2000 年、2010 年的抽样比分别为 9.5%、10%;2005 年与 2015 年 1%人口抽样调查数据,2005 年、2015 年的抽样比分别为 1.325%、1.55%。5a 迁移口径的全国人口普查与 1%人口抽样调查结合起来,时间相对其他数据较为连贯,五年一次,但是抽样调查数据相对人口普查误差较大,所以数据间存在一定的误差。人户分离指的是"户籍登记地与现在常住地不相同的现象"。此数据在全国人口普查与 1%人口抽样调查中"全国按照户口登记地、现住地、在外省人口"的数据中提取,2000 年与 2010 年可以直接使用,而 2005 年与 2015 年都是抽样数据,需要用抽样比计算,抽样比分别为 1.325%和 1.55%。

3.2.3 西南地区流失人口演化格局分析

1.基于 31 个省的演化格局分析

(1)基于 5a 间迁移口径的对比分析。按 5a 间的迁移口径计算出 2000~2005 年、2006~2010 年和 2011~2015 年 31 个省(区、市)的净迁移人口和净迁移强度,结果见图 3-5 和图 3-6。从图 3-5、图 3-6 来看,2000~2015 年 31 个省(区、市)的净迁移人口数量与净迁移强度大于 0 的少于净迁移强度小于 0 的,净迁移人口数量与净迁移强度大于 0 表示该省(区、市)人口是净迁入,迁移人口数量与净迁移强度小于 0 表示该省(区、市)人口是净迁出,换言之人口净迁入的省份个数小于人口净迁出的省(区、市)个数。由于净迁移强度计算后数值比较小,不利于明显地看出差距,故将净迁移强度的所有数据同时乘以 100,这样有利于看出数据间的差距与变化,下述出现的净迁移强度也都是乘以 100 的。对比图 3-5 与图 3-6 不难发现,人口净迁移强度的变化相对于净迁移人口的数据变化更大,同时净迁移人口数据大的省(区、市)不一定净迁移强度的数据就大,净迁移人口数据小的省(区、市)也不一定净迁移强度的数据就小。净迁移强度能很好地反映一个地区人口迁入或者人口迁出的变化强度。2006~2010 年的净迁移人口数量与净迁移强度相对于 2000~2005 年总体呈现出急剧上升的趋势,但是 2011~2015 年净迁移人口数量和净迁移强度相较于 2000~2005 年的数据呈现下降趋势。2000~2005 年净迁移人口数量和净迁移强度大于 0 的省(区、市)共有 11 个,广东省净迁移人口数量高达 1028.11 万人,浙江省达到 402.09 万人,上海达 265.00 万人;净迁移强度上海市 17.98、北京市 14.60、广东省 12.88;净迁移人口数量与净迁移强度小于 0 的省(区、市)共有 20 个,其中净迁出人口最高的三个省分别是四川省(317.76 万人)、安徽省(316.52 万人)、河南省(315.36 万人),而净迁移强度绝对值最高的三个省分别是安徽省(-5.23)、江西省(-4.64)、湖南省(-4.51)。2006~2010 年净迁移人口数量与净迁移强度大于 0 的省(区、市)有 14 个,其中广东省仍然是净迁入人口数量最大的省份,为 1227.70 万人,其次是浙江省(706.71 万人)和上海市(453.26 万人),净迁移强度最大的三个省(市)是上海市、北京市、浙江省;净迁移人口数量和净迁移强度小于 0

的省(区、市)共有 17 个,其中净迁出人口最高的为河南省(499.88 万人),其次是安徽省(470.18 万人),四川省(393.27 万人)与湖南省(390.22 万人)都相对较高,净迁移强度绝对值最高的三个省为安徽省(-8.01)、江西省(-6.35)、贵州省(-6.11)。2011~2015 年净迁移人口大于 0 的省(区、市)共有 13 个,广东省的净迁入人口相对 2005~2010 年有所下降,但仍然是净迁入人口数量最大的省(815.35 万人),其次是浙江省(403.19 万人),排第三位的为北京市(331.31 万人),净迁移强度最高的为天津市(18.90)、北京市(18.82)、上海市(13.55);净迁移人口数量和净迁移强度小于 0 的省份共有 18 个,其中净迁出人口最高的是河南(405.41 万人),其次是安徽省(311.54 万人),第三是湖南省(247.26 万人),净迁移强度绝对值最大的三个省是安徽省(-5.15)、贵州省(-4.33)、河南省(-4.30)。基于 5a 间迁移口径的对比中可以发现,在西南五省(区、市)中净迁移人口数量排在后十位的省(区、市)有三个,分别是广西壮族自治区、贵州省、四川省,在净迁移强度排名中贵州省排倒数第二位,广西壮族自治区排倒数第五位,可见西南地区中贵州省、广西壮族自治区和四川省人口流失严重。

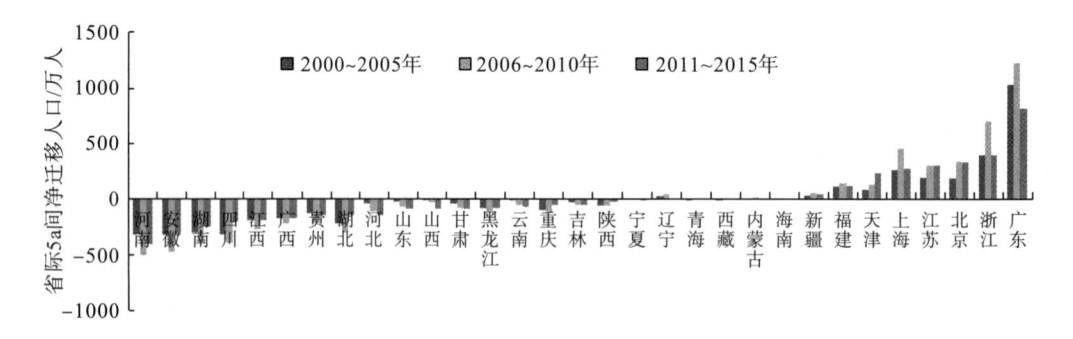

图 3-5 2000~2015 年基于 5a 间人口迁移口径分省(区、市)净迁移人口数量

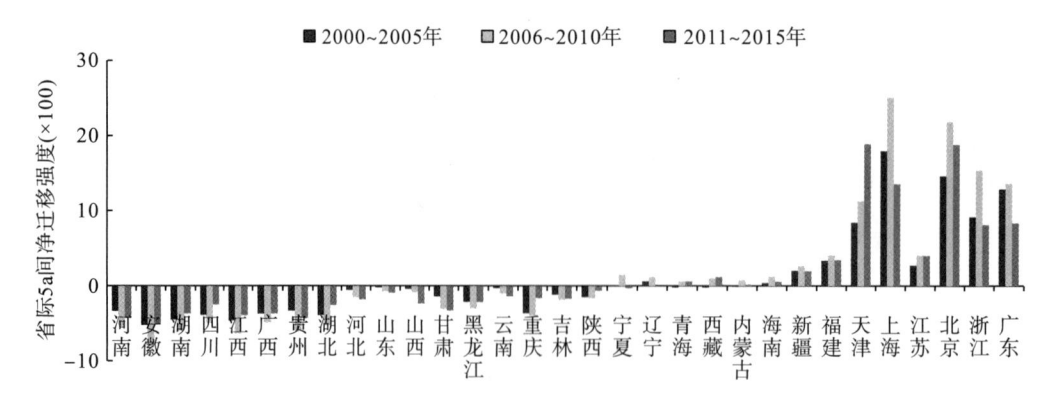

图 3-6 2000~2015 年基于 5a 间人口迁移口径分省(区、市)净人口迁移强度

(2)基于人户分离的迁移口径分析。通过人户分离的迁移口径计算出 2000 年、2005 年、2010 年和 2015 年四年 31 个省(区、市)的净迁移人口和净迁移强度,结果如图 3-7 和图 3-8 所示。净迁移人口数量与净迁移强度大于 0 表示该省(区、市)人口是净迁入,净迁移人口数

量与净迁移强度小于 0 表示该省(区、市)人口是净迁出。从 2000 年看,净迁移人口数量与净迁移强度大于 0 的省(区、市)共有 16 个。其中,广东省净迁移人口数量比其他省(区、市)的大得多,高达 1463.44 万人;排第二的是上海市,为 299.23 万人,与广东省相差 1000 多万人;排第三的是北京市,为 237.15 万人。从 2000 年的净迁移强度来看,排前三的依次是上海市(22.54)、北京市(21.35)、广东省(20.86)。2000 年,净迁移人口数量与净迁移强度小于 0 的省(区、市)共有 15 个,其中净迁出人口最高的三个省分别是四川省(640.15 万人)、安徽省(409.57 万人)、河南省(395.80 万人);净迁出强度排前三位的是江西省(-8.54)、四川省(-7.82)、安徽省(-6.97)。从 2005 年的数据来看,净迁移人口数量与净迁移强度大于 0 的省(区、市)共有 15 个,广东省仍然是净迁入人口最大的省,达到了 1588.15 万人,其次是浙江省(495.97 万人),上海居第三位(448.65 万人);净迁移强度最大的分别是上海市(34.15)、北京市(27.06),净迁移人口数量和净迁移强度小于 0 的省(区、市)共有 15 个,净迁出人口最高的三个省分别是安徽省(539.56 万人)、四川省(533.93 万人)、湖南省(433.40 万人),净迁出强度较大的三省(市)分别是安徽省(-8.88)、江西省(-8.06)、重庆市(-7.15)。

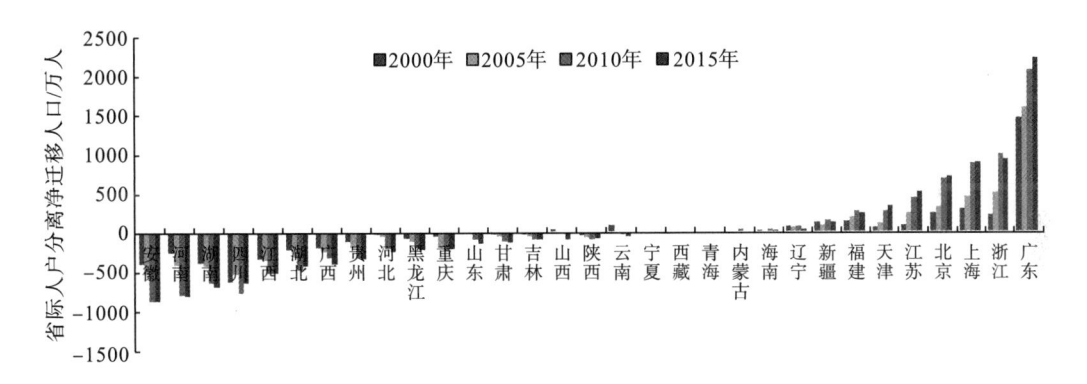

图 3-7 2000~2015 年基于人户分离迁移口径分省(区、市)的净迁移人口数量

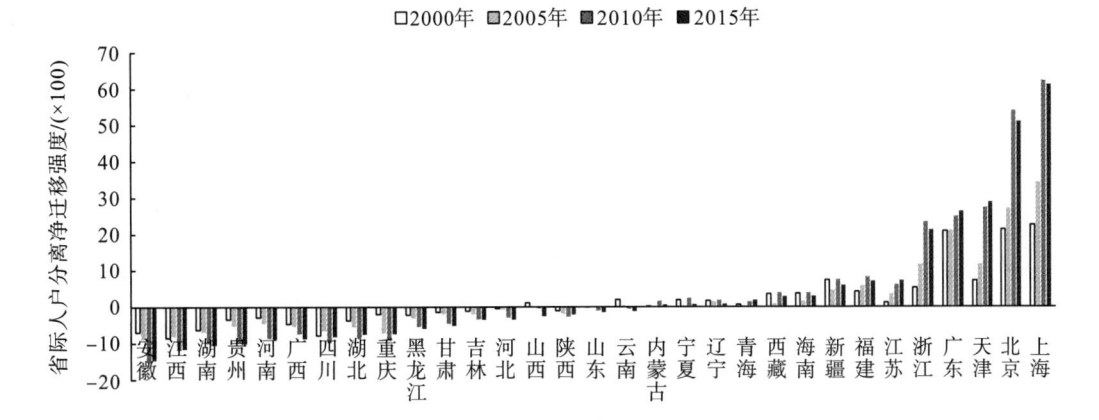

图 3-8 2000~2015 年基于人户分离迁移口径分省(区、市)的人口净迁移强度

从 2010 年的数据来看，净迁移人口数量与净迁移强度大于 0 的省(区、市)共有 14 个，净迁入人口数量最大的三个省(市)分别是广东省(2061.72 万人)、浙江省(997.00 万人)、上海市(872.67 万人)，净迁入强度最大的三个省(市)分别是上海市(62.15)、北京市(53.87)、福建省(27.33)；净迁移人口数量和净迁移强度小于 0 的省(区、市)共有 17 个，其中净迁出人口数量最高的三个省份分别是安徽省(890.51 万人)、河南省(803.41 万人)、四川省(777.66 万人)，净迁出强度最高的三个省份分别是安徽省(15.15)、江西省(11.80)、湖南省(10.01)。从 2015 年数据来看，净迁移人口和净迁移强度大于 0 的省份共有 14 个，其中净迁入人口最高的三个省(市)依然是广东省、浙江省、上海市，净迁入强度前三位分别为上海市、北京市、天津市；净迁移人口和净迁移强度小于 0 的省(区、市)共有 17 个，其中净迁出人口最高的三个省分别是安徽省(885.12 万人)、河南省(825.68 万人)、江西省(702.92 万人)，净迁出强度前三位分别是安徽省(-14.66)、江西省(-11.57)、湖南省(-10.50)。基于人户分离迁移口径的对比可以发现，云南省是西南五省(区、市)中唯一在某些年份净迁移人口数量与净迁移强度出现正值的省。在 2015 年净迁出人口数量中，四川省排第四位，广西壮族自治区排第七位，贵州省排第八位。在 2015 年净迁出强度中贵州省排第四位，广西壮族自治区排第六位，四川省排第七位。可见西南地区五省(区、市)人口总体上为净迁出，人口流失现象较为严重。

2.基于西南地区的演化格局分析

基于 5a 间的迁移口径和人户分离的迁移口径可得到西南五省(区、市)内部间的迁移人口、其他迁入的人口(西南五省(区、市)外的迁入人口总和减去西南五省(区、市)内部间的迁入人口总和)、迁往其他地区的人口(迁往其他省的人口总和减去西南五省(区、市)内部间的人口迁出总和)、净迁移人口、净迁移强度，具体数据见表 3-5。总体来看，无论 5a 间的人口迁移口径还是人户分离的迁移口径，大都呈现出上升趋势，部分年份出现下降。2000~2005 年、2006~2010 年、2011~2015 年 5a 间迁移口径西南地区五省(区、市)间内部的迁移人口分别为 79.79 万人、131.29 万人、163.57 万人，呈现出持续上升的趋势，表明西南地区五省(区、市)间人口的互相迁移越来越频繁；其他省(区、市)迁入的人口分别为 178.94 万人、230.37 万人、365.90 万人，呈现出持续上升的趋势，说明迁到西南地区的人越来越多；迁去其他省(区、市)的人口分别为 906.98 万人、1210.96 万人、1009.41 万人，呈现出先上升后下降的趋势，西南地区迁去其他省(区、市)的人口在 2000~2010 年逐渐上升，但 2011~2015 年呈现出移减少的趋势；净迁移人口分别是-728.04 万人、-980.59 万人、-643.51 万人，净迁移强度分别为-3.08、-4.20、-2.68。总体来看，西南地区五省(区、市)内部间的迁移越来越频繁，迁入人口逐渐增多，迁出人口呈先上升后下降的趋势，所以净迁移人口也先增加后减少，净迁移强度也相对地先增加后减少，西南五省(区、市)的人口流失比较严重，但是流失程度在近几年逐渐减轻。

表 3-5　2000~2015 年西南地区人口迁移的数量表

人口迁移口径	时期	五省(区、市)内部间的迁移人口/万人	其他省(区、市)迁入的人口/万人	迁往其他省(区、市)的人口/万人	净迁移人口数量/万人	净迁移强度(×100)
5a 间迁移	2000~2005 年	79.79	178.94	906.98	-728.04	-3.08
	2006~2010 年	131.29	230.37	1210.96	-980.59	-4.20
	2011~2015 年	163.57	365.90	1009.41	-643.51	-2.68
人户分离迁移	2000 年	162.90	131.15	1069.64	-938.49	-4.03
	2005 年	122.91	116.87	1271.78	-1154.91	-4.87
	2010 年	234.60	256.94	1978.16	-1721.22	-7.37
	2015 年	279.04	413.03	2099.09	-1686.06	-7.03

基于人户分离的迁移口径来看,2000 年、2005 年、2010 年和 2015 年西南五省(区、市)间内部的迁移人口分别为 162.90 万人、122.91 万人、234.60 万人、279.04 万人,总体呈逐渐上升的趋势,仅在 2005 年有所下降。其他省(区、市)迁到西南地区的人口分别为 131.15 万人、116.87 万人、256.94 万人、413.03 万人,总体呈逐渐上升的趋势,同样在 2005 年出现了下降。西南地区迁到其他省(区、市)的人口分别为 1069.64 万人、1271.78 万人、1978.16 万人、2099.09 万人,呈现出上升的趋势,但 2015 年的上升幅度与 2010 年上升幅度相比较小。西南地区净迁移人口分别为-938.49 万人、-1154.91 万人、-1721.22 万人、-1686.06 万人,净迁移强度分别为-4.03、-4.87、-7.37、-7.03。2005~2010 年,相关数据呈逐渐上升的趋势,2015 年有所下降,这是因为迁入人口增加较快,迁出人口增加缓慢,所以西南地区 2015 年的净迁移人口与净迁移强度才会有所下降。在 2000~2015 年西南地区人口流失严重,但 2015 年流失人口有减少的趋势。

3.基于西南地区五省(区、市)的演化格局分析

从 2000~2015 年来看,除了 2000 年与 2005 年基于人户分离迁移口径云南省出现了人口净迁入外,其余省(区、市)的不管是 5a 间迁移口径还是人户分离迁移口径都出现人口流失现象,而且有三个省(区、市)的人口流失量在 100 万人以上,可见西南地区人口流失较为严重。通过西南地区五省(区、市)总的净迁移人口数量与净迁移强度计算出西南地区平均净迁移人口数量与净迁移强度。2000~2005 年、2006~2010 年、2011~2015 年 5a 间迁移口径,西南地区的平均净迁移人口数量分别为:-317.76 万人、-393.27 万人、-204.03 万人,平均净迁移强度分别为:-4.96、-2.53、-3.91。2000 年、2005 年、2010 年和 2015 年人户分离迁移口径,西南地区的平均净迁移人口数量分别为:-187.70 万人、-230.99 万人、-344.24 万人、-337.21 万人,平均净迁移强度分别为:-3.18、-4.78、-7.32、-7.12。

从 5a 间迁移口径看,西南地区 2000~2010 年的人口流失呈先上升后下降的趋势,2000~2010 年逐渐上升,2011~2015 年突然下降。广西壮族自治区、贵州省、四川省的净迁移人

口数量高于西南五省(区、市)的平均值,其中四川省最高,2000~2005 年、2006~2010 年、2011~2015 年的净迁移人口数量分别为:-317.76 万人、-393.27 万人、-204.03 万人,净迁出人口最少的云南省三个阶段的净迁移人口数量分别为:-13.21 万人、-45.69 万人、-65.80 万人。云南省 2011~2015 年的净迁移人口变化与其他省(区、市)不同,其他省(区、市)呈下降趋势,而云南呈上升趋势。四川省 2011~2015 年的净迁移人口出现了急剧下降,但依然是西南五省(区、市)中最高的。从净迁移强度来看,2000~2005 年,在西南地区平均水平以上的有四个省(区、市),依次是四川省、广西壮族自治区、重庆市和贵州省。2006~2010 年西南地区人口净迁移强度变化较大,在平均值以上的省(区、市)只有三个,分别是贵州省、四川省、广西壮族自治区。2010~2015 年,西南五省(区、市)人口净迁移强度除云南以外其他省(区、市)都呈下降趋势,并且平均值以上的只有两个省(区、市),分别是贵州省和广西壮族自治区(图3-9、图3-10)。

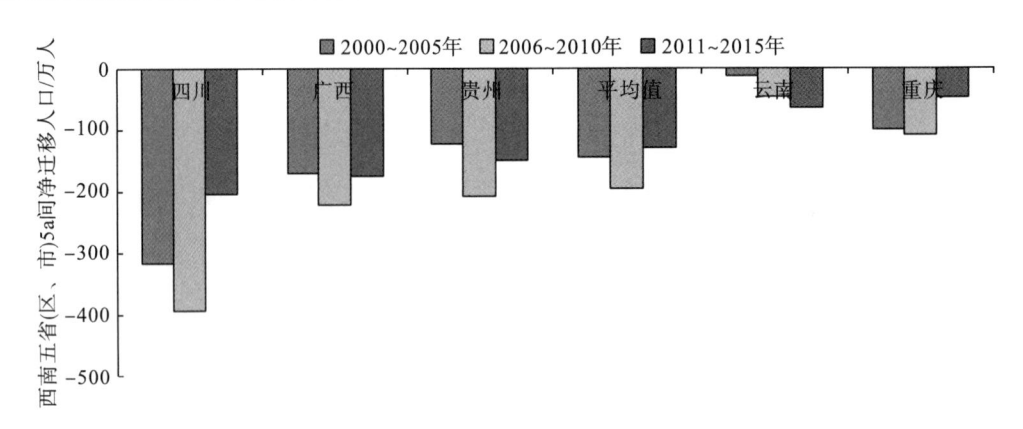

图 3-9　2000~2015 年基于 5a 间人口迁移口径西南五省(区、市)净迁移人口数量

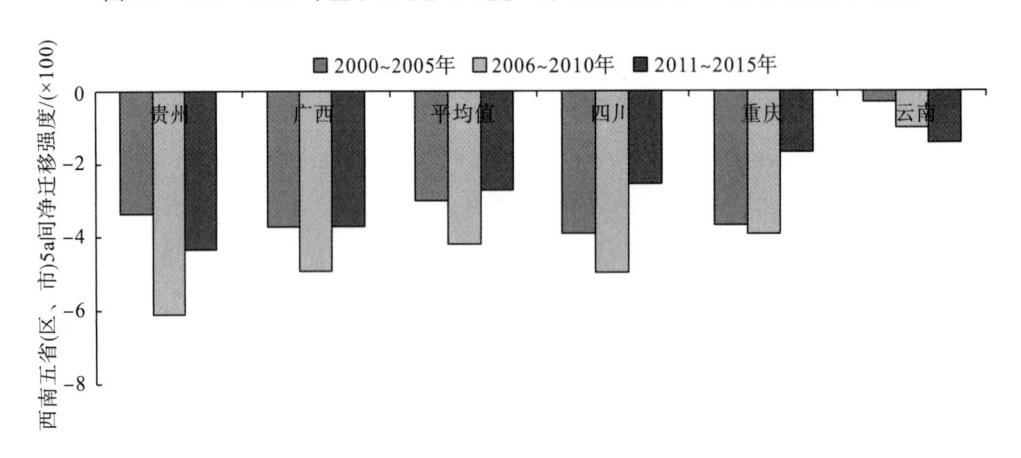

图 3-10　2000~2015 年基于 5a 间人口迁移口径西南五省(区、市)人口净迁移强度

从人户分离迁移口径看,2000 年和 2005 年西南地区的净迁移人口数量只有云南省出现了正值,说明只有云南省出现人口净迁入,其他省(区、市)的人口都是净迁出,有三个

省(区)(贵州省、广西壮族自治区、云南省)出现了逐渐上升的趋势,其他两个省(市)都有波动。从西南地区净迁移人口平均值来看,呈现出先上升后下降的趋势,2000~2010年净迁出人口持续上升,而在2015年出现了小幅下降。从人户分离迁移口径看,四川省依然是人口净迁出大省,2005年净迁出人口最少,但是也高于其他四省任意一年的净迁出人口,表明四川省是西南地区主要的人口流出。云南省是西南地区市中人口净迁出最少的省份,甚至还出现过人口净迁入,但是云南也逐渐出现了人口流失现象,而且目前还在加剧。2000年净迁移人口高于平均值的有两个省(区),分别是四川省和广西壮族自治区,而2015年有三个省(区)的净迁移人口高于平均值,分别是贵州省、四川省和广西壮族自治区。从净迁移强度来看,与净迁移人口数量相比变化较大,比较明显的是贵州省,其净迁移人口的数量变化不大,但是净迁移强度明显变大,尤其是2015年净迁移强度是西南五省(区、市)中最大的。这是因为贵州省净迁移人口相对变化不大,但是迁入人口减少,迁出人口增多导致的。贵州省、广西壮族自治区和云南省的人口流失依然在加剧,而四川省、重庆市在2015年后人口也出现了流失,但有所减缓(图3-11、图3-12)。

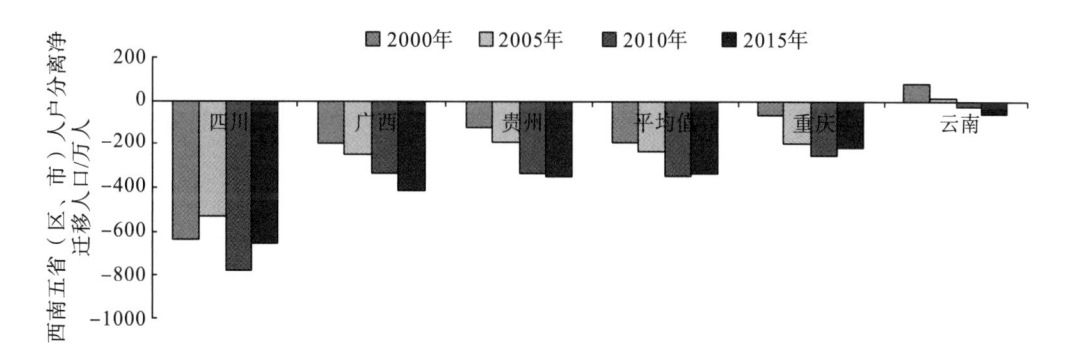

图3-11 2000~2015年基于人户分离迁移口径西南五省(区、市)净迁移人口数量

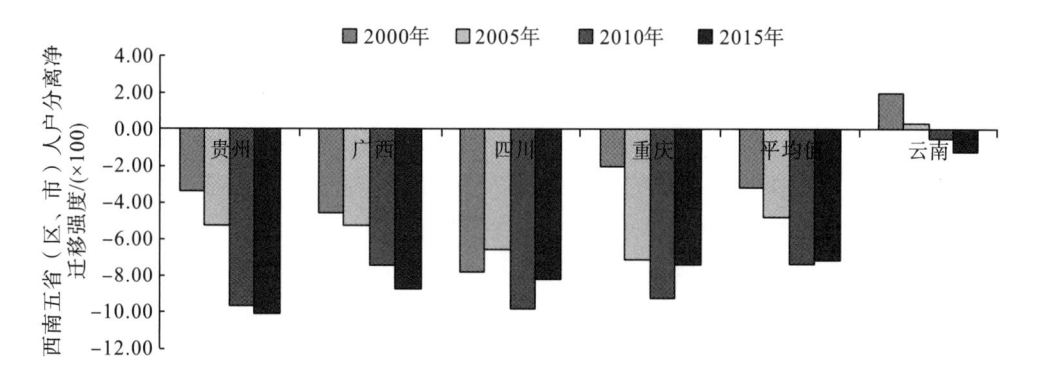

图3-12 2000~2015年基于人户分离迁移口径西南五省(区、市)净迁移强度

在全国人口流失问题中,最严重的三个省份均不在西南地区。西南地区人口流失最严重的是四川省,其次是广西壮族自治区,然后是贵州省,人口流失最少的是云南省,但云南省人口流失在加剧,其他几个省份虽然人口流失严重,但有减缓的趋势。

3.2.4 西南地区人口资源流失原因及影响分析

1. 人口资源流失的原因

我国各区域间的经济发展很不均衡,如东部沿海地区的经济相对发达,而西部地区的经济发展相对滞后。经济发展失衡是造成人口流失最根本的原因。从人户分离迁移口径看,2015年西南地区人口流向最多的两个省份是:广东省(651226人)、浙江省(423677人),可见西南地区的人口主要流向东部沿海地区。广东省、上海市、浙江省等是人口迁入大省,根据2015年统计年鉴数据,这三个省份2015年的人均地区生产总值分别为67503元、103796元、77644元。四川省、广西壮族自治区和贵州省是西南五省(区、市)中的人口迁出大省,这三个省份的人均地区生产总值分别为36775元、35190元、29847元,广东省、上海市和浙江省的人均地区生产总值是四川省、广西壮族自治区和贵州省人均地区生产总值的2~3倍,并且各省份的人均地区生产总值平均值为53083.81元,西南地区五省(区、市)中没有一个省份能够达到,可见西南地区人均地区生产总值较低,经济欠发达是导致人口流失的一个重要原因。此外,东部沿海地区经济发达,工资水平高,工厂较多且规模大,相对的就业岗位就多,就业机会就大,这也是造成西南地区人口流失原因之一。

2. 人口资源流失的影响

(1)劳动力流失,老龄化严重。2010年、2015年西南地区总人口分别为:236002781人、243982516人,2015年比2010年的总人口增长了3.38%;15~64岁劳动力人口分别为:166184892人、171443807人,2015年比2010年的劳动力人口增长了3.16%;65岁及以上的老年人口分别为:22971551人、26756903.23人,2015年比2010年的老年人口增长了16.48%。由以上数据可以看出,2011~2015年西南地区劳动力人口出现了流失,并且老年人口比重在上升。国际上有规定,一个地区65岁及以上的人口比重只要达到了7%,就意味着这个地区进入了老龄化社会。2015年,西南地区五省(区、市)65岁及以上的老年人口比重:广西壮族自治区9.76%、重庆市13.29%、四川省12.94%、贵州省9.48%、云南省8.41%,表明西南地区已经出现了人口老龄化问题,其中重庆市和四川省最为严重。

(2)人口增长结构受影响。2000~2015年的净迁移人口数据表明,西南地区净迁入人口远小于净迁出人口。迁出人口没有迁入人口补偿,就会使人口流失持续加剧,造成自然增长率降低,甚至出现负增长的现象。

(3)造成人才外流。有才能、有技术的人都希望自己的付出得到更高的回报,同等条件下,大多数人会选择到经济发达的地区发展;还有很多西南地区的学生选择去东部沿海城市就读大学,毕业以后就留在了当地,使得西南地区基础教育的投入得不到回报。

3.3 西南地区迁入人口的空间格局

3.3.1 迁入人口研究概述

近40年来中国人口长距离、大规模、跨区域的流动,对区域人口的结构及布局、生产力的分布变化、产业结构的调整与优化等产生了深刻的影响(叶裕民和黄壬侠,2004;曾明星和张善余,2013;朱孟珏等,2018)。

在时间尺度上,中国人口迁移的显著特点是由短期的人口流动转向真正的人口迁移(曾明星和张善余,2013)。在空间尺度上,中国人口迁移的显著特点为以省内人口迁移为主,以省际人口迁移为辅,并呈现出逐年增加的趋势。本研究运用第六次全国人口普查数据,对中国省际人口迁移的空间分布进行了分析,发现省际人口的迁移呈现出明显的空间集聚态势。

由于中国东部地区经济较为发达,使得人口持续向东部地区集聚,近年来,集聚逐渐放缓;加之中、西部地区具有土地、空间等自然资源较为丰富的优势,进而人口在中、西部的部分地区会有所回归(王桂新和潘泽瀚,2013)。

在已有的对于人口迁移空间格局的研究中,主要集中在省际人口迁移的空间格局及其演变过程的研究,基于县级与市级尺度的人口迁移研究较少。本研究利用2000年与2010年的全国人口普查数据,从三个尺度——县级、市级与省级,以及两个角度——省内与省外对西南地区迁入人口的空间格局及其演化过程进行研究。

3.3.2 研究数据与方法

本研究所研究的范畴是县级、市级和省级尺度省内与省外的人口迁入,为了便于理解,县际人口迁入即为县级尺度上省内与省外的迁入人口,市际人口迁入即为市级尺度上省内与省外的迁入人口,省际人口迁入即为省级尺度上省内与省外的迁入人口(张耀军和岑俏,2014)。县际与市际的迁入人口参考敖荣军等(2016)的县际数据处理方法。本研究中市际迁入人口指的是市州之间的迁入人口变化。

迁入人口指"居住在本县内、乡镇内及街道内半年及以上,而户口却在外县、乡镇及街道"和"在本县内、乡镇内及街道内居住不满半年,并且离开户口的登记地半年及其以上"登记时在本地区居住的人口。县际与市际迁入人口包括省内的其他县或市与外省的迁入人口,省际的迁入人口则包括省内与省外的迁入人口(敖荣军,2016)。迁入人口数据来源于《2000年人口普查分县资料》(国务院人口普查办公室,2003)和《中国2010年人口普查分县资料》(国务院人口普查办公室,2012)。2000~2010年,由于西南地区行政区划调整较为频繁,因而在统计西南地区县际、市际及省际迁入人口数据时有所出入,如在统计西南地区省际迁入人口时,2000年迁入人口总量为1881.24万人,2010年迁入人口总量为3415.11万人,而统计2000年与2010年市际迁入人口总量则分别为1901.13万人和3393.58万人,2000年与2010年县际迁入人口总量分别为1838.14万人和3379.66万人。故在后续计算中,县际、市际与省际所需数据分别对应其相应尺度的数据。

本研究通过计算西南地区县际迁入人口中省内与省外迁入人口分别占整个地区县际迁入人口总数的比重,以及市际迁入人口中省内与省外迁入人口分别占整个地区市际迁入人口总数的比重,并将其比重分为相应的四个等级,另计算西南五省省际迁入人口中省外与省内迁入人口分别占整个地区省际迁入人口总数的比重,并利用GIS软件,分析迁入人口分布的时空差异性。

3.3.3 西南地区省级尺度下省内和省外迁入人口的时空变化

近年来,西南地区的人口流动较为活跃,迁入人口呈现持续上升的趋势。西南地区省际迁入人口呈现出持续上升的趋势,并且以省内迁入人口的增加为主(表3-6)。2000年,西南地区省际迁入人口总数为1881.24万人,占西南地区常住人口总数的8.02%,其中省内迁入人口为630.11万人,占西南地区常住人口总数的2.69%,省外迁入人口为294.05万人,占西南地区常住人口总数的1.25%。

表3-6 西南地区2000年与2010年县际、市际、省际的迁入人口及常住人口统计表 (单位:万人)

年份	省际迁入人口			市际迁入人口			县际迁入人口			常住人口
	省内	省外	迁入人口总数	省内	省外	迁入人口总数	省内	省外	迁入人口总数	
2000	630.11	294.05	1881.24	634.22	294.63	1901.13	600.36	291.08	1838.14	23444.12
2010	1509.91	491.54	3415.11	1507.39	490.98	3393.58	1484.31	492.31	3379.66	23538.90

2010年,西南地区省际迁入人口总数为3415.11万人,占西南地区常住人口总数的14.51%,其中省内迁入人口为1509.91万人,占西南地区常住人口总数的6.41%,省外迁入人口为491.54万人,占西南地区常住人口总数的2.09%。

由此得出,2000~2010年,省内迁入人口增加了879.80万人,增加幅度为139.63%;省外迁入人口增加了197.49万人,增加幅度为67.16%。

2000~2010年整个西南地区以四川省的迁入人口增加量最多,为506.95万人,然后依次为广西壮族自治区(305.73万人)、重庆市(281.57万人)、贵州省(221.41万人)、云南省(218.22万人)。其中,省外迁入人口增加量最多的依然为四川省(59.23万人),然后依次为重庆市(54.20万人)、广西壮族自治区(41.36万人)、贵州省(35.48万人)、云南省(7.21万人)。省内迁入人口增加量最多的依旧为四川省(357.32万人),然后依次为广西壮族自治区(150.03万人)、重庆市(137.75万人)、云南省(135.01万人)、贵州省(99.69万人)。

但以迁入人口的增加幅度看,2000~2010年,重庆市的迁入人口增加幅度为107.26%,

然后依次为广西壮族自治区(94.52%)、贵州省(91.66%)、四川省(76.05%)、云南省(56.36%)。其中省外迁入人口增加幅度最大的省份为重庆市(134.45%),然后依次为四川省(110.46%)、广西壮族自治区(96.60%)、贵州省(86.84%)、云南省(6.20%)。而省内迁入人口增加幅度最大的省份依然为重庆市286.08%,然后依次为四川省161.53%、贵州省(118.04%)、广西壮族自治区(106.02%)、云南省(100.17%)。

由此可知,2000~2010年西南五省(区、市)中四川省的迁入人口虽然持续增加,且全省迁入人口增加量、省内迁入人口增加量及省外迁入人口增加量都远超于其他四个省(区、市),但增加速度不及重庆市。重庆市2010年的迁入人口增加量为2000年的2倍多,省内迁入人口增加速度与省外迁入人口增加速度都超过其他四个省(区、市)。云南省迁入人口增加速度为五省(区、市)中最低,省外迁入人口增加速度低至6.20%,与其他四个省(区、市)迁入人口的增加速度差距十分显著。

2000~2010年,四川省一直为西南地区人口迁入的主要省份,人口迁入量高,居首位。2000年,人口迁入量排名第二的省份为云南省,排名第三的省份为广西壮族自治区。在2010年,两省份人口迁入量次序互换,广西壮族自治区跃居为第二,云南省则为第三。重庆市和贵州省保持末尾的两个次序不变。

省内迁入人口对比中,四川省的迁入人口占西南地区省际迁入人口的比例最高,而省外迁入人口对比中,云南省的迁入人口占西南地区省际迁入人口的比例最高。2000年西南五省(区、市)省内与省外迁入人口占整个西南地区省际迁入人口比例对比:①省内迁入人口,四川省迁入人口占西南地区省际迁入人口的比例最高,为11.76%,然后依次为广西壮族自治区(7.52%)、云南省(7.16%)、贵州省(4.50%)、重庆市(2.60%);②省外迁入人口,云南省迁入人口占西南地区省际迁入人口的比例最高,为6.19%,然后依次为四川省(2.85%)、广西壮族自治区(2.28%)、贵州省(2.17%)、重庆市(2.14%)。

2010年西南五省(区、市)省内与省外迁入人口占整个西南地区省际迁入人口比例对比:①省内迁入人口,四川省迁入人口占西南地区省际迁入人口的比例最高,为16.94%,然后依次为广西壮族自治区(8.54%)、云南省(7.90%)、重庆市(5.44%)、贵州省(5.39%);②省外迁入人口,云南省迁入人口占西南地区省际迁入人口的比例最高,为3.62%,然后依次为四川省(3.30%)、重庆市(2.77%)、广西壮族自治区(2.46%)、贵州省(2.23%)。

西南地区省内人口迁入状况对比,2000年各省迁入人口所占西南地区省际迁入人口的比例大小与2010年的一致。而在西南地区省外迁入人口对比中,2010年,各省(区、市)迁入人口所占西南地区省际迁入人口比例大小的顺序,重庆市跃居为第三,代替广西。

3.3.4 西南地区市州尺度下省内和省外的迁入人口时空变化

西南地区市际迁入人口的空间分布较不均衡。2000年,西南地区的市际迁入人口总数为1901.13万人,占西南地区常住人口总数的8.11%,其中,省内迁入人口为634.23万人，占西南地区常住人口总数的2.71%，省外迁入人口为294.63万人，占西南地区常住人口总数的1.26%。迁入人口超过70万人的城市有重庆市、成都市与昆明市，迁入人口为64万～170万人的城市有贵阳市、南宁市与柳州市。迁入人口少于10万人的城市有迪庆藏族自治州、怒江傈僳族自治州、阿坝藏族羌族自治州、甘孜藏族自治州、德宏傣族景颇族自治州、丽江市、文山壮族苗族自治州、保山市、昭通市、铜仁市、贺州市、崇左市与防城港市。贵州省各市州之间的市际迁入人口差异较小，分布较为均衡，无迁入人口量大于170万人的城市，仅有铜仁市人口迁入量小于7万人。整体而言，西南地区西北部为市际迁入人口总量的"短板"，结合该地自然地理环境——横断山区，地形较为崎岖，不难理解该区域人口迁入量远不及中部地区的现状。除昭通市外，西南地区中部为主要的市际迁入人口区。

2010年，西南地区市际迁入人口总数为3393.58万人，占西南地区常住人口总数的14.42%，其中，省内迁入人口为1507.39万人，占西南地区常住人口总数的6.40%，省外迁入人口为490.98万人，占西南地区常住人口总数的2.09%。人口迁入量超过460万人的城市有重庆市与成都市，相较于2000年，迁入人口量迅速增加。迁入人口为150万～460万人的城市有贵阳市、昆明市和南宁市，是2000年同等级城市迁入人口量的2倍多。迁入人口少于23万人的城市有甘孜藏族自治州、阿坝藏族羌族自治州、雅安市、唐山市、巴中市、广安市、迪庆藏族自治州、怒江傈僳族自治州、丽江市、德宏傣族景颇族自治州、保山市、临沧市、铜仁市、崇左市、来宾市、贺州市以及防城港市。其中，云南省、四川省和广西壮族自治区迁入人口的"两极分化"较为明显，四川省的市际迁入人口依旧为东部与西部差异较为显著，云南省市际迁入人口西北部与中东部差异较为显著，而广西壮族自治区则无明显的地区差异。贵州省依旧为市际迁入人口分布较为均衡的省份。对于整个西南地区市际迁入人口的特征而言，大致上呈现中部迁入人口较多，周边迁入人口较少的特点。西南地区2000年的市际迁入人口分布状况与2010年相比无较大差异。

西南地区省外迁入人口的市际差异较为明显(表3-7)。2000年，省外迁入人口占西南地区市际迁入人口比例在0.4%以上的市州共有8个，为成都市、重庆市、遂宁市、贵阳市、曲靖市、红河哈尼族彝族自治州、柳州市和南宁市，其占西南地区市际迁入人口总数的6.34%。其中省外人口迁入的城市主要为成都市与重庆市，占西南地区市际迁入人口的比例为3.10%。省外迁入人口占西南地区市际迁入人口比例在0.2%以下的市州有44个，其占西南地区市际迁入人口总数的6.80%。2010年，省外人口迁入的城市主要为重庆市、成都市和昆明市。省外迁入人口占西南地区市际迁入人口比例在0.4%以上的市州减少为6个，分别为成都市、重庆市、贵阳市、昆明市、南宁市与桂林市，相较于2000年，变动较大。其占西南地区市际迁入人口总数的7.76%。省外迁入人口占西南地区市际迁入人口比例在0.2%以下的市州增加为49个，其占西南地区市际迁入人口总数的5.07%。由此可知，西南地区省外迁入人口更加明显地向少数经济较为发达的城市聚集，省外迁入人口的市际差异在2000～2010年持续扩大。

表 3-7　西南地区迁入人口市州分布的集中性

年份	类别	占比区间/%	迁入总量/人	占整体比例/%	市州/个
2000年	省外	>0.4	1204937	6.34	8
		0.2~0.4	448966	2.36	9
		<0.2	1292382	6.80	44
	省内	>0.4	3714574	19.54	19
		0.2~0.4	953826	5.02	18
		<0.2	2284353	8.80	24
2010年	省外	>0.4	2632438	7.76	6
		0.2~0.4	556238	1.64	6
		<0.2	1721118	5.07	49
	省内	>0.4	1440999	14.50	19
		0.2~0.4	1920751	5.66	21
		<0.2	8231530	24.26	21

西南地区省内迁入人口的市际差异较小，且趋于平衡（表3-7）。2000年，省内迁入人口占西南地区市际迁入人口比例在0.4%以上的市州有19个，其占西南地区市际迁入人口总数的19.54%。其中省内人口迁入的城市主要有重庆市、贵阳市、柳州市、南宁市以及昆明市，占西南地区市际迁入人口的比例为11.65%。省内迁入人口占西南地区市际迁入人口比例在0.2%以下的市州有24个，其占西南地区市际迁入人口总数的8.80%。2010年，省内人口迁入的城市主要为贵阳市、柳州市、绵阳市、遵义市和桂林市，占西南地区市际迁入人口总数的7.46%。省内迁入人口占西南地区市际迁入人口比例在0.4%以上的市州依旧为19个，但其占西南地区市际迁入人口的比例减少为14.50%。省内迁入人口占西南地区市际迁入人口比例在0.2%以下的市州减少至21个，但其占西南地区市际迁入人口总数的比例增加为24.26%。由此可知，2000~2010年，西南地区市州尺度下省内迁入人口的空间分布差异明显小于省外迁入人口的空间分布差异，空间格局渐趋于均衡。

3.3.5　西南地区县级尺度下省内和省外迁入人口的时空变化

西南地区县际迁入人口的分布集中于少数区县，差异十分明显。2000年，县际迁入人口超过80万人的区县仅有1个，为昆明市的官渡区。至2010年，县际迁入人口超过40万人的区县有7个，分别为成都市的金牛区、武侯区和双流区，重庆市的渝北区和九龙坡区、贵阳市的云岩区以及南宁市的西乡塘区。西南地区县际迁入人口整体上集中于中部少数县区，并存在县际迁入人口逐渐由少数集中区县向周边区县扩散的趋势。

西南地区省外县际迁入人口的空间格局整体上差异十分显著。2000年，省外县际迁入人口占西南地区县际迁入人口比例在0.1%以上的区县有29个，占西南地区县际迁入人口总数的7.49%。至2010年，省外县际迁入人口占西南地区县际迁入人口比例在0.1%以上的区县增加至30个，但所占西南地区县际迁入人口总数的比重减少为6.06%（表3-8）。

表 3-8　西南地区迁入人口县际分布的集中性

年份	类别	占比区间/%	迁入总量/人	占整体比例/%	区县/个
2000 年	省外	>0.1	1376765	7.49	29
		0.03~0.1	971765	5.29	131
		<0.03	562303	3.06	384
	省内	>0.1	3665554	19.94	65
		0.03~0.1	1885546	10.26	217
		<0.03	452495	2.46	262
2010 年	省外	>0.1	2048628	6.06	30
		0.03~0.1	1741897	5.16	120
		<0.03	1132585	3.35	394
	省内	>0.1	11326801	33.51	92
		0.03~0.1	2362239	6.99	155
		<0.03	1154039	3.41	297

2000 年，省外县际迁入人口占西南地区县际迁入人口比例在 0.03%以下的区县有 384 个，占西南地区县际迁入人口总数的 3.06%。2010 年，省外县际迁入人口占西南地区县际迁入人口比例在 0.03%以下的县区增加为 394 个，占西南地区县际迁入人口总数的比重增加为 3.35%。

总体来看，2000~2010 年，西南地区省外县际迁入人口的总量不断上升，但县际的迁入人口分布差异却在不断下降。西南五省(区、市)中，云南省的省外县际迁入人口分布差异较小，整体上的空间分布格局较其他四省(区、市)更均衡，但其省外县际迁入人口的空间差异在不断增大，具体表现为县际省外迁入人口向少数区县聚集。四川省为西南地区县级尺度下省外迁入人口空间分布差异最大的省份，2000 年，省外县际迁入人口占西南地区县际迁入人口比例在 0.03%以上的区县有 23 个，其中有 1 个县的迁入人口比例大于 0.3%，为遂宁市的射洪县。其余区县的迁入人口比例均小于 0.03%。2010 年，四川省省外县际迁入人口占西南地区县际迁入人口比例在 0.03%以上的区县增加为 30 个，其中成都市金牛区和武侯区的迁入人口比例大于 0.3%。重庆市省外县际迁入人口的空间分布差异也在不断增大。

西南地区省内县际迁入人口的空间分布格局整体差异较小。2000 年，西南地区省内县际迁入人口占西南地区县际迁入人口比例在 0.1%以上的区县有 65 个，占西南地区县际迁入人口总数的 19.94%。西南地区主要的人口迁入区县有 19 个，占西南地区县际迁入人口总数的 11.96%。2010 年，省内县际迁入人口占西南地区县际迁入人口比例在 0.1%以上的区县增加至 92 个，占西南地区县际迁入人口总数的比值增加为 33.51%。主要的人口迁入的区县增加为 37 个，占西南地区县际迁入人口总数的比重增加为 23.97%。省内县际迁入人口继续向绵阳市涪城区、成都市金牛区、青羊区等县区集中,并向其周边区县扩展。

2000~2010 年,省内县际迁入人口占西南地区县际迁入人口比例在 0.03%以下的区县由 262 个增加为 297 个,占西南地区县际迁入人口总数的比重由 2.46%增加至 3.41%。省内县际迁入人口与省外县际迁入人口的空间分布变化相比,呈现县际差异有所上升的趋势。

3.4 本章小结

本章整理统计了西南地区五个省(区、市)第五、六次全国人口普查的数据,对西南地区流动人口空间变化、地域类型进行了分析,采用修正复合指标法对西南地区县域流动人口的地域类型进行划分,主要研究结论如下。

(1)西南地区省级尺度的流动人口总体特征为:流动人口入不敷出,流出人口数量庞大。总流动人口各省均超过百万人,流入、流出人数均多。云南省流入人口居首位,但增速慢,重庆市增速最快。四川为人口输出大省,流出人数多且增速快,也是流动人口大省。

(2)西南地区市州、县级尺度的流动人口总体特征为:西南地区各市州的人口流入模式主要以省内流动为主,省外流入少于省内流入;省内外流入人口主要向省会城市聚集;人口输出的地区主要以西南地区东北部为主,即四川东部和重庆市周边。西南地区各区县的人口流入特征与市州的人口流入特征一致,均以省内流动为主,省内迁入人口多于省外迁入人口。人口输出的地区主要集中于西南地区西北部和东南部。

(3)2000~2010 年,西南地区市州、县级尺度的流动人口地域类型有着极为显著的变化。①市州尺度流动人口地域类型 2000 年以非活跃型为主,其次是平衡活跃型,净流入型少于净流出型。2010 年,净流出型为主要类型,非活跃型与净流入型分布极少。2000~2010 年,西南地区流动人口地域类型的变化主要体现在西部,即绵阳市至文山州一线以西地区,从非活跃型演变为平衡活跃型。而东部地区的变化主要体现在四川省东部和重庆市及贵州省各市州,流动人口地域类型演变为大规模净流出活跃型。整个西南地区,有两个市为大规模净流入活跃型,分别是昆明市和贵阳市。②2000~2010 年,西南地区县级尺度流动人口地域类型主要由非活跃型演变为平衡活跃型和小规模净流出活跃型,其变化最明显的是西南地区的东北部和绵阳市至文山州一线以西地区。尤其是重庆市各区县、四川省中部和东部各县、广西壮族自治区西北部和云南省的大部分县及贵州省大多数县。从省级角度来看,变化最大的省份是四川和重庆。

(4)西南地区省级尺度人口流失的总体特征为:先上升后下降的趋势,2000~2010 年出现持续上升的趋势,2011~2015 年出现了下降的趋势。净迁移人口大多数省超过百万人,云南省是唯一一个人口净迁入的省份,但已开始出现人口流失现象,并且在逐渐加剧。四川省是最大的人口净迁出省,但 2015 年有所减缓。

(5)西南地区市州尺度人口流失的总体特征为:人口流失严重的范围越来越大,人口流失数量也逐渐增大。人口流失严重区主要位于西南地区东北部，即四川东部和重庆市周边城市。

(6)西南地区迁入人口的空间分布格局为中部地区迁入人口量普遍上升，西北部地区人口迁入量远不及中部地区。西南地区省际迁入人口主要以省内人口迁入为主。五省(区、市)中，四川省省际迁入人口的增加量最多，但重庆市省际迁入人口的增加速度遥遥领先于其余四个省(区)。西南地区市际与县际省外迁入人口的空间分布差异十分显著，省内迁入人口的空间差异不明显，且逐渐趋于均衡分布。

为促进西南地区迁入人口均衡分布及降低其空间集聚程度，对于重庆、成都等中心城市而言，应当大力改善就业环境和居住环境，可由中心城市带动周边城市。对于其他吸引力不足的城市，应大力发展经济，促进城镇化，提高城市规模，促进区域的协调可持续发展，调整产业结构等，提高对于省内以及省外人口的吸引程度。

第4章 西南地区人口年龄结构

4.1 西南地区人口老龄化研究

4.1.1 研究数据

本研究数据主要为 2000 年和 2010 年的全国人口普查分县资料(国务院人口普查办公室，2003，2012)。其余数据来自《中国人口与就业统计年鉴》(2002~2017 年)。通过整理统计，多尺度分析西南地区人口年龄结构和人口老龄化现象的时空格局特征。划分年龄组的国际通用方法是将总人口分为三大类：0~14 岁为少年儿童；15~64 岁为青年和壮年；65 岁及以上为老年。近年来，联合国人口司对这一划分方式进行了一定调整，即将 0~14 岁调整为 0~19 岁；将 15~64 岁调整为 20~64 岁，但由于历史数据的制约，本研究在计算中仍然沿用原有的划分方式。

4.1.2 研究方法

1. 人口老龄化率与老龄化类型划分

人口老龄化率是指老年人口(≥65 岁)数量占总人口数量的比例，是衡量本地区人口老龄化程度的主要标准。其计算公式为(王录仓等，2017)

$$人口老龄化率 = \frac{老年人口数量}{总人口数量} \times 100\% \tag{4-1}$$

参考世界卫生组织对于人口年龄类型的划分方法，老年人口在总人口中所占比例小于 4.0%的为年轻型；4.0%~7.0%的为成年型；大于 7.0%的为老年型。在此基础上，结合林琳和马飞(2007)的研究，将人口年龄类型分为年轻型(低于 4.0%)、成年型Ⅰ期(4.0%~5.5%)、成年型Ⅱ期(5.5%~7.0%)、老年型Ⅰ期(7.0%~10.0%)、老年型Ⅱ期(10.0%~14.0%)、老年型Ⅲ期(超过 14.0%)六个。

2. 标准差椭圆方程

标准差椭圆(standard deviational ellipse，SDE)是能够精确展示要素空间分布特征的一种统计方法(赵作权，2009)。SDE 主要参数的计算公式如下。

平均中心：

$$\overline{X}_W = \frac{\sum_{i=1}^{n} W_i X_i}{\sum_{i=1}^{n} W_i} \tag{4-2}$$

$$\overline{Y}_W = \frac{\sum_{i=1}^{n} W_i Y_i}{\sum_{i=1}^{n} W_i} \tag{4-3}$$

旋转角：

$$\tan\theta = (A+B)/C \tag{4-4}$$

$$A = \left(\sum_{i=1}^{n} \overline{X}_i^2 - \sum_{i=1}^{n} \overline{Y}_i^2\right) \tag{4-5}$$

$$B = \sqrt{\left(\sum_{i=1}^{n} \overline{X}_i^2 - \sum_{i=1}^{n} \overline{Y}_i^2\right) + 4\left(\sum_{i=1}^{n} \overline{X_i Y_i}\right)} \tag{4-6}$$

$$C = 2\left(\sum_{i=1}^{n} \overline{X_i Y_i}\right) \tag{4-7}$$

x 轴标准差：

$$\sigma_x = \sqrt{\frac{\sum_{i=1}^{n}\left(\overline{X}_i \cos\theta - \overline{Y}_i \sin\theta\right)^2}{n}} \tag{4-8}$$

y 轴标准差：

$$\sigma_y = \sqrt{\frac{\sum_{i=1}^{n}\left(\overline{X}_i \sin\theta - \overline{Y}_i \cos\theta\right)^2}{n}} \tag{4-9}$$

式中，(X_i, Y_i) 表示研究对象 $i(i=1, 2, 3, ..., n)$ 的坐标；W_i 表示权重；θ 表示椭圆的方位角；$\overline{X}_i$、$\overline{Y}_i$ 分别表示从每个研究对象的位置到平均中心的坐标偏差；σ_x、σ_y 分别表示沿 x 轴、y 轴的标准差。

3.老年人口集聚度

集聚度是指一个地区相对于整个地区的人口集中程度，与人口丰沛度具有同等的意义。将其应用于老年人口的空间集中度分析，可用全区域1%国土面积上集聚的全区域老年人口的比重(%)来表示(刘睿文等，2010)。计算公式为

$$JJD_i = \frac{(p_i/p_n) \times 100\%}{(A_i/A_n) \times 100\%} = \frac{p_i/A_i}{p_n/A_n} = \frac{p_i \times A_n}{p_n \times A_i} \tag{4-10}$$

式中，JJD_i 是 i 县的人口集聚度；p_i 是 i 县的老年人口数量，人；A_i 是 i 县的土地面积，km^2；A_n 是全区域总面积，km^2；p_n 是全区域老年人口总数，人。

根据刘睿文等(2010)的全国人口集疏程度分级评价标准，对西南五省县级尺度上的老年人口密集程度进行划分，可以分为高密区(JJD≥8)、中密区(4≤JJD<8)、低密区(2≤JJD<4)、均上区(1≤JJD<2)、均下区(0.5≤JJD<1)、相对稀疏区(0.2≤JJD<0.5)、绝对稀疏区(0.05≤JJD<0.2)和极端稀疏区(JJD<0.05) 8个级别。

4. 逐步回归分析

逐步回归是线性回归模型的一种，即把每个变量一次代入模型，并且每个变量都要进行 F 检验。再对入选的变量进行 T 检验，当原本入选的变量因后面入选的变量而变得不再显著时，则剔除。确保每次入选新变量之前回归方程中只有显著性变量。依次反复，使最后得到的变量集是最具有显著性的。

4.1.3 基于县级尺度的西南地区人口老龄化率的时空格局

作为经济社会发展的重要产物，人口老龄化问题越来越受到学界的关注。作为全国经济发展相对滞后省份，西南五省(区、市)的社会经济发展，急需探索一条适合各自省情的发展道路。本研究利用第五次和第六次全国人口普查分县数据，利用 ArcGIS10.3 软件分析县域尺度下西南五省(区、市)人口老龄化率的空间格局与区域差异。旨在为新时代和新国情背景下，及时而又科学地综合应对我国人口老龄化问题提供科学依据。

由于 2000~2008 年西南五省(区、市)内县级行政区划发生了一些改变，数据出现缺失或不匹配的现象，因此根据实际数据情况，对研究区内部分易产生歧义的县级行政区划进行更名、合并或删除处理，结果见表 4-1。

表 4-1 县级行政区划变更及处理说明

所属省(区、市)	县区名称	变更说明	处理方式
广西壮族自治区	青秀区	2005 年南宁市新城区更名为青秀区	更名
	西乡塘区	西乡塘区是原城北区、永新区撤销后新组建的城区	合并
	良庆区	原属邕宁县	合并
	福绵区	原属玉州区	合并
	龙圩区	原属苍梧县	合并
	长洲区	2003 年撤销梧州市郊区，设立梧州市长洲区	更名
	覃塘区	原属港北区	合并
	右江区	2002 年撤销县级百色市，设立右江区	更名
	八步区	2002 年撤销县级贺州市，设立八步区	更名
	蝶山区	2013 年撤销梧州市蝶山区，并入万秀区	合并
	平桂管理区	2007 年设立贺州市平桂管理区，原属贺州市	合并
	金城江区	2002 年撤销县级河池市，设立金城江区	更名

续表

所属省(区、市)	县区名称	变更说明	处理方式
广西壮族自治区	兴宾区	兴宾区即原来的宾县	更名
	江州区	2002年撤销崇左县,设立江州区	更名
	南宁市郊区	2001年撤销南宁市市郊区,将原郊区划归南宁市新城区、兴宁区、城北区、永新区、江南区管辖	删除
	柳州市郊区	2002年撤销柳州市郊区.将原郊区划归柳州市柳北区、鱼峰区、柳南区、城中区管辖	删除
重庆市	万盛区	2011年撤销綦江县、万盛区,设立綦江区	合并
	双桥区	2011年将大足县与双桥区合并,成立大足区	合并
四川省	昭化区	2013年元坝区更名为昭化区	更名
	达川区	2013年撤销达县,设立达州市达川区	更名
	安州区	2016年撤销安县,设立绵阳市安州区	更名
	恩阳区	原属巴州区	合并
	前锋区	原属广安区	合并
	船山区	原属遂宁市市中区	合并
	安居区	原属遂宁市市中区	合并
贵州省	观山湖区	原大部属乌当区	合并
	小河区	2012年撤销贵阳市花溪区、小河区,设立新的花溪区	合并
	播州区	原属遵义县	合并
	七星关区	原属毕节市辖区	合并
	碧江区	2011年县级铜仁市更名为碧江区	更名
	汇川区	原属遵义县	合并
云南省	隆阳区	2001年县级保山市改为县级隆阳区	更名
	昭阳区	2001年撤销县级昭通市成立县级昭阳区	更名
	古城区	原属丽江纳西族自治县	合并
	玉龙纳西族自治县	原属丽江纳西族自治县	合并
	宁洱哈尼族彝族自治县	2007年普洱哈尼族彝族自治县更名为宁洱哈尼族彝族自治县	更名
	临翔区	2003年撤销临沧县,设立县级临翔区	更名
	芒市	2010年潞西市更名为芒市	更名
	香格里拉县	2001年中甸县更名为香格里拉县	更名

注：更名，即将旧名更改为新名，数据保持不变；合并，即将新县数据合并至旧区，保证数据完整；删除，即由于数据原因，将该县区所有数据在计算中剔除。

由表4-2可知，整体上西南地区县域人口老龄化空间格局呈现出西北—东南走向，长轴偏向正北(正南)方向,两期方位角分别为147.49°和151.42°,增加3.932301°。而西南五省(区、市)内，除云南省长轴呈正西—正东方向外，其余均为东北—西南走向，这与整体上表现出的走向相反。究其原因，可以发现在空间展布上西南五省(区、市)也呈现出西北—东南走向，并且相对而言，四川省对其椭圆构建的影响力更大，将整体拉伸至这一方向上。同样的情况也体现在两期中心坐标的变化上。十年间西南地区椭圆中心坐标由2000年的

(105°26′9.684″E，26°51′28.348″N)变化为2010年的(105°28′32.763″E，27°25′36.372″N)，向东北方向偏移。而重庆、云南和广西向西北偏移，四川和贵州向东北偏移，四川和贵州在空间展布上的影响力大于其他三省(区、市)。西南五省(区、市)整体构建的椭圆在长轴和短轴方面分别缩短了4.98km和10.78km，长短轴之差由-95.05km增长为-89.25km，表明数据的离散程度较大，并且方向性增强。

表4-2 西南地区县域人口老龄化标准差椭圆主要数据

区域	年份	中心坐标 x	中心坐标 y	长轴/km	短轴/km	方位角/(°)
重庆	2000	107°28′58.268″E	29°27′50.495″N	196.85	107.21	62.29
	2010	107°19′25.951″E	29°58′1.472″N	200.56	107.69	60.74
四川	2000	104°8′39.607″E	29°55′56.872″N	296.63	238.86	60.04
	2010	104°17′0.384″E	30°13′34.575″N	303.18	227.93	54.35
云南	2000	101°57′30.245″E	24°35′24.046″N	294.99	255.51	96.89
	2010	101°47′57.928″E	25°3′41.554″N	294.93	255.54	86.79
贵州	2000	107°8′42.094″E	26°28′58.637″N	217.93	143.88	60.05
	2010	107°11′5.173″E	26°54′40.797″N	216.09	146.12	58.82
广西	2000	109°1′58.361″E	23°22′0.02″N	249.56	181.93	59.98
	2010	109°0′46.821″E	23°52′45.647″N	250.95	182.56	62.75
西南五省(区、市)	2000	105°26′9.684″E	26°51′28.348″N	456.27	551.32	147.49
	2010	105°28′32.763″E	27°25′36.372″N	451.29	540.54	151.42

1. 县级尺度的重庆市人口老龄化率时空格局

重庆市下辖38个区县(自治县)(2011年将原万盛区并入綦江区、原双桥区并入大足区)，在经济社会快速发展的同时，人口年龄结构也发生着重大变化。

由表4-3可以看出，2000年，重庆市县域人口老龄化类型以老年型Ⅰ期为主(30个)；其次为成年型Ⅱ期(7个)，分别是大足区、黔江区、开县、城口县、云阳县、巫溪县和彭水苗族土家族自治县；全市只有一个老年型Ⅱ期，即渝中区；无年轻型和成年型Ⅰ期——表明重庆市在2000年时已经步入老年型社会，出现了较为严重的人口老龄化问题。到了2010年成年型Ⅱ期也全部消失，全市以老年型Ⅱ期为主(28个)，老年型Ⅰ期仅剩8个区县，即大渡口区、江北区、沙坪坝区、九龙坡区、南岸区、渝北区、黔江区和城口县；出现两个人口老龄化率超过14%的区县：江津区和铜梁区，这两个区是重庆市人口老龄化问题最为突出的地区。2000~2010年，重庆市县域人口老龄化类型整体上升了一个等级，成年型消失，加重了老龄化社会程度。从县域人口老龄化率极值角度来看，2000年时极值存在于城口县(5.85%)和渝中区(10.56%)，分属于成年型Ⅱ期与老年型Ⅱ期；2010年时极值则存在于沙坪坝区(8.28%)和铜梁区(14.73%)，分属于老年型Ⅰ期与老年型Ⅲ期。老年型Ⅲ期的江津区的人口老龄化率为14.38%。

表 4-3　2000 年和 2010 年重庆市人口老龄化程度及其类型变化

人口老龄化类型	2000 年		2010 年	
	县域数量/个	主要分布区	县域数量/个	主要分布区
成年型Ⅱ期	7	大足、黔江、开县、城口、云阳、巫溪、彭水	0	—
老年型Ⅰ期	30	重庆大部	8	大渡口、江北、沙坪坝、九龙坡、南岸、渝北、黔江、城口
老年型Ⅱ期	1	渝中	28	重庆大部
老年型Ⅲ期	0	—	2	江津、铜梁

在 ArcGIS10.3 中将重庆市 2000~2010 年的人口老龄化率平均增速按自然断点法分为五类，其中，增速为-0.051%~0.060%的共有 5 个区，即渝中区、沙坪坝区、南岸区、大渡口区和江北区，其中仅有渝中区出现负值(-0.051%)，人口老龄化程度在缓慢下降；增速为 0.061%~0.278%的共 6 个区县，即渝北区、九龙坡区、秀山土家族苗族自治县、北碚区、永川区和酉阳土家族苗族自治县；增速为 0.279%~0.424%的有 11 个区县；增速为 0.425%~0.520%的有 10 个区县；增速为 0.521%~0.632%的有 6 个区县，即开县、垫江县、武隆区、云阳县、潼南区和铜梁区。整体上，重庆市各县人口老龄化率增速保持在每年 0.279%~0.520%，增速较快，这表明重庆市人口老龄化问题亟待寻找适合的解决方法，降低人口老龄化率的平均增速，使其保持在合理范围内。

从表 4-4 中可以看出，在 2000~2010 年重庆老龄人口高速增长的情况下，重庆市人口老龄化水平整体上提升了一个等级，其中跨越一个等级的区县有 24 个，跨越两个等级的区县有 7 个。而未实现跨越的区县有 7 个，分别是沙坪坝区、南岸区、大渡口区、江北区、渝北区、九龙坡区和渝中区。在类型转化上以老年型Ⅰ期转化到老年型Ⅱ期为主，全市共有 22 个区县，其次为成年型Ⅱ期转化为老年型Ⅱ期，共 5 个区县，其余类型转化的区县均只有 2 个。截至 2010 年，成年型在重庆市完全消失。

表 4-4　2000~2010 年重庆市人口老龄化类型变化数量及分布区

2000 年类型	2010 年类型	跨越级数	数量/个	主要分布区
成年型Ⅱ期	老年型Ⅰ期	1	2	黔江、城口
成年型Ⅱ期	老年型Ⅱ期	2	5	大足、开县、云阳、巫溪、彭水
老年型Ⅰ期	老年型Ⅱ期	1	22	万州、涪陵、北碚、綦江、巴南、长寿、合川、永川、南川、璧山、潼南、荣昌、梁平、武隆、丰都、垫江、忠县、奉节、巫山、石柱、秀山、酉阳
老年型Ⅰ期	老年型Ⅲ期	2	2	江津、铜梁

可以看出，2000~2010 年重庆市各区县之间的数据离散程度增强，数据展布范围变广，数据方向性越来越明显，人口老龄化向心力减弱。

2. 县级尺度的四川省人口老龄化率时空格局

四川省是西南地区行政区划最为复杂的一个省份，截至 2018 年，下辖 21 个市州（18 个地级市、3 个自治州），包括 183 个县级行政区（55 个市辖区、19 个县级市、105 个县、4 个自治县）。本节将数据存在问题的恩阳区并入原行政区划巴州区，将前锋区并入原行政区划广安区，将船山区和安居区合并为原行政区划遂宁市中区后，最终得到 180 个研究区（表 4-5）。

表 4-5　2000 年和 2010 年四川省人口老龄化程度及其类型变化

人口老龄化类型	2000 年 县域数量/个	2000 年 主要分布区	2010 年 县域数量/个	2010 年 主要分布区
年轻型	9	金阳、昭觉、越西、甘洛、普格、西区、布拖、美姑、喜德	0	—
成年型Ⅰ期	22	乡城、甘孜、木里、九龙、茂县、雅江、巴塘、炉霍、红原、马边、万源、理塘、汶川、稻城、盐源、黑水、康定、道孚、雷波、小金、九寨沟、东区	9	金阳、乡城、昭觉、越西、甘洛、理塘、美姑、康定、喜德
成年型Ⅱ期	47	青川、利州、金口河、色达、开江、松潘、盐边、通川、白玉、德格、石渠、壤塘、金川、朝天、筠连、理县、南江、涪城、若尔盖、宁南、西昌、冕宁、屏山、会东、宣汉、阿坝、巴州、平武、米易、通江、武侯、华蓥、仁和、北川、德昌、剑阁、昭化、平昌、新龙、丹巴、马尔康、得荣、珙县、峨边、邻水、旺苍、苍溪	19	甘孜、木里、九龙、色达、雅江、巴塘、德格、石渠、炉霍、普格、若尔盖、红原、布拖、稻城、盐源、黑水、道孚、雷波、九寨沟
老年型Ⅰ期	101	四川大部	47	锦江、青川、利州、茂县、松潘、石棉、盐边、泸定、通川、白玉、成华、壤塘、金川、郫都、筠连、理县、南江、双流、西区、涪城、新都、宁南、西昌、冕宁、屏山、会东、阿坝、米易、马边、武侯、仁和、翠屏、汉源、德昌、汶川、古蔺、新龙、顺庆、丹巴、金堂、龙泉驿、马尔康、金牛、得荣、小金、峨边、东区
老年型Ⅱ期	1	泸县	101	四川大部
老年型Ⅲ期	0	—	4	盐亭、乐至、井研、青神

整体上，四川人口老龄化类型分布呈现明显的集聚现象，老年型Ⅰ、Ⅱ期主要集中分布在四川东南部的成都平原上，年轻型则主要分布在西部、北部地区。巨大的地域差异，使得四川省成为西南地区人口老龄化类型最全的一个省份，上下共跨越 5 种人口老龄化类型。与 2000 年相比，2010 年四川省县域人口老龄化类型整体上升了一个等级，主要类型由老年型Ⅰ期转化为老年型Ⅱ期。在 2000 年，四川省老年型Ⅰ期共有 101 个区县，占四川省区县总数的一半以上；其次为成年型Ⅱ期，共有 47 个区县；再次为成年型Ⅰ期，有

22个区县；仅有泸县为老年型Ⅱ期；年轻型共有9个区县，分别是金阳县、昭觉县、越西县、甘洛县、普格县、西区、布拖县、美姑县和喜德县，均为川西经济较滞后的区县。2010年，四川省主要的人口老龄化类型为老年型Ⅱ期，区县数量由原来的1个增长至101个，人口老龄化发展十分迅速；其次为老年型Ⅰ期，区县数量由101个降至47个；成年型Ⅱ期降至19个；川内出现4个老年型Ⅲ期的区县，分别是青神县、盐亭县、乐至县、井研县；2010年四川省人口老龄化程度最轻的类型为成年型Ⅰ期，有9个区县，即金阳县、乡城县、昭觉县、越西县、甘洛县、理塘县、美姑县、康定市、喜德县，仍主要分布在川西高原上的甘阿凉地区，年轻型在四川省内消失。

本节通过自然断点法将2000~2010年四川省各区县人口老龄化率平均增速划分为五类，增速也表现出"东快西慢"的特征。通过统计，四川省增速为-0.071~0.144的共有33个区县，其中新都区、锦江区、石渠县为负增长区域；增速为0.145~0.264的有36个区县；增速为0.265~0.386的共有50个区县；增速为0.387~0.528的有47个区县；增速为0.529~0.754的有14个区县——表明2000~2010年四川省的人口老龄化率平均增速主要集中在0.145~0.528，较西南地区其他四省（区、市）的增速明显更高。进一步表明，四川省的人口老龄化问题在加速深化，如不采取必要的措施来遏制高增长率，四川省将面临严重的人口老龄化问题，届时将会对社会经济发展造成严重阻碍。

上述提及2000~2010年四川省的人口老龄化率平均增速居西南前列，具体表现在人口老龄化类型转变的巨大差异上。从表4-6中可以看出，四川省人口老龄化类型存在多级跨越的现象，尤其是存在西区和万源县两个跨越三个等级的县区，分别从年轻型转变为老年型Ⅰ期，由成年型Ⅰ期转变为老年型Ⅱ期。跨越一个等级的区县有129个，其中金阳县、昭觉县、越西县、甘洛县、美姑县、喜德县由年轻型转变为成年型Ⅰ期；九寨沟县、稻城县、九龙县、甘孜县、雅江县、红原县、巴塘县、木里藏族自治县、雷波县、道孚县、炉霍县、盐源县、黑水县由成年型Ⅰ期转变为成年型Ⅱ期，有27个区县由成年型Ⅱ期转变为老年型Ⅰ期，有83个区县由老年型Ⅰ期转变为老年型Ⅱ期。跨越两个等级的区县有27个，其中普格县和布拖县由年轻型转变为成年型Ⅱ期，马边彝族自治县、汶川县、茂县、小金县、东区由成年型Ⅰ期转变为老年型Ⅰ期，有16个区县由成年型Ⅱ期转变为老年型Ⅱ期，而盐亭县、乐至县、井研县、青神县由老年型Ⅰ期变为老年型Ⅲ期。全省180个研究区中，发生变化的就有158个，变化量之大，变化范围之广，在西南地区十分少有，这与四川省社会经济的迅速发展存在重大联系。

表4-6　2000~2010年四川省人口老龄化类型变化数量及分布区

2000年类型	2010年类型	跨越级数	数量/个	主要分布区
年轻型	成年型Ⅰ期	1	6	金阳、昭觉、越西、甘洛、美姑、喜德
年轻型	成年型Ⅱ期	2	2	普格、布拖
年轻型	老年型Ⅰ期	3	1	西区

续表

2000年类型	2010年类型	跨越级数	数量/个	主要分布区
成年型Ⅰ期	成年型Ⅱ期	1	13	甘孜、木里、九龙、雅江、巴塘、炉霍、红原、稻城、盐源、黑水、道孚、雷波、九寨沟
成年型Ⅰ期	老年型Ⅰ期	2	5	茂县、马边、汶川、小金、东区
成年型Ⅰ期	老年型Ⅱ期	3	1	万源
成年型Ⅱ期	老年型Ⅰ期	1	27	青川、利州、松潘、盐边、通川、白玉、壤塘、金川、筠连、理县、南江、涪城、宁南、西昌、冕宁、屏山、会东、阿坝、米易、武侯、仁和、德昌、新龙、丹巴、马尔康、得荣、峨边
成年型Ⅱ期	老年型Ⅱ期	2	16	金口河、开江、朝天、宣汉、巴州、平武、通江、华蓥、北川、剑阁、昭化、平昌、珙县、邻水、旺苍、苍溪
老年型Ⅰ期	老年型Ⅱ期	1	83	丹棱、大安、叙永、阆中、广安、宜宾、高县、游仙、东坡、内江市市中区、崇州、五通桥、射洪、大邑、什邡、蓬溪、南溪、兴文、名山、长宁、蓬安、青羊、合江、会理、广汉、梓潼、富顺、贡井、安岳、纳溪、沐川、宝兴、营山、威远、犍为、乐山市中区、自流井、大英、中江、都江堰、隆昌、温江、资中、新津、岳池、安州、雨城、蒲江、仁寿、沿滩、彭山、邛崃、旌阳、江阳、西充、天全、芦山、遂宁市中区、嘉陵、大竹、三台、荥经、峨眉山、武胜、高坪、渠县、简阳、龙马潭、夹江、江油、雁江、仪陇、彭州、青白江、洪雅、东兴、沙湾、绵竹、江安、荣县、达川、罗江、南部
老年型Ⅰ期	老年型Ⅲ期	2	4	盐亭、乐至、井研、青神

对两期数据的集散程度进行分析，结果表明：四川省2000~2010年的展布方向始终保持在东北—西南方向上，平均中心向东北方向移动。长轴由296.63km增加到303.18km，其增量为6.55km；短轴由238.86km缩短为227.93km，减少了10.93km，长短轴之差进一步扩大，增加了17.48km，扁率增大。方位角向正北方向回正了5.69°。这体现出2000~2010年四川省各县域之间数据主趋势上的离散程度加强，展布范围缩小，具有明显的方向性，而整体上数据呈现的向心力越发明显。

3. 县级尺度的云南省人口老龄化率时空格局

本节将数据缺失的古城区和玉龙纳西族自治县并入原行政单元丽江纳西族自治县，最终得到126个县级研究区(表4-7)。2000~2010年云南省的人口老龄化进程较为均一，除边远地区人口老龄化程度较低外，大部分地区的人口老龄化程度都处于高水平且集中连片分布。从类型上看，2000年时成年型Ⅱ期的区县(58个)占云南省区县数量的一半左右，其次为成年型Ⅰ期(33个)和老年型Ⅰ期(32个)，仅有西盟佤族自治县、沧源佤族自治县、耿马傣族佤族自治县、瑞丽市、孟连傣族拉祜族佤族自治县五县市为年轻型。2010年，云南全省大部区县的人口老龄化类型为老年型Ⅰ期(87个)，其次为成年型Ⅱ期(34个)，成年型Ⅰ期仅剩西盟佤族自治县、勐腊县、呈贡区、瑞丽市、贡山独龙族怒族自治县和孟连傣族拉祜族佤族自治县，仅有东川区步入老年型Ⅱ期。整体上云南省的人口老龄化程度较西南地区其他四省(区、市)低，这与云南省有大量少数民族人口聚居密切相关。少数民族聚居地区由于物质生活条件较差,在生育观念和预期寿命方面较非少数民族聚居地区存在较大差距,使得人口老龄化程度较低。

表 4-7 2000 年和 2010 年云南省人口老龄化程度及其类型变化

人口老龄化类型	2000 年 县域数量/个	2000 年 主要分布区	2010 年 县域数量/个	2010 年 主要分布区
年轻型	5	西盟、沧源、耿马、瑞丽、孟连	0	—
成年型Ⅰ期	33	思茅、绿春、盈江、富源、开远、官渡、砚山、广南、泸水、镇康、元阳、昭阳、勐腊、维西、芒市、镇雄、鲁甸、彝良、澜沧、金平、大关、香格里拉、丘北、福贡、河口、景洪、陇川、宁蒗、江城、贡山、师宗、红河、双江	6	西盟、勐腊、呈贡、瑞丽、贡山、孟连
成年型Ⅱ期	58	云南大部	34	思茅、绿春、盈江、勐海、富源、官渡、砚山、沧源、广南、泸水、元阳、昭阳、维西、芒市、耿马、镇雄、鲁甸、彝良、澜沧、金平、蒙自、兰坪、大关、香格里拉、丘北、福贡、河口、景洪、陇川、宁蒗、江城、师宗、红河、双江
老年型Ⅰ期	32	石林、大姚、禄丰、昌宁、隆阳、澄江、马关、施甸、云龙、牟定、富民、红塔、石屏、弥渡、盘龙、呈贡、姚安、嵩明、东川区、通海、宜良、晋宁区、江川区、祥云、易门、永仁、龙陵、宁洱、禄劝、西畴、五华区、峨山	87	云南大部
老年型Ⅱ期	0	—	1	东川区

本节按照自然断点法将云南省 2000~2010 年人口老龄化率平均增速情况分为五类,其中增速为-1.969~0.117 的有 26 个区县,其中屏边苗族自治县、呈贡区和盘龙区出现负增长;增速为 0.118~0.139 的有 29 个区县;增速为 0.140~0.157 的有 22 个区县,增速为 0.158~0.187 的有 24 个区县;增速为 0.188~0.290 的有 27 个区县。这表明云南省人口老龄化率增长速度较为多样,无明显的增长极。

2000~2010 年,云南省在人口老龄化类型转变方面较为特殊,具体表现为:正向跨越一级的有 33 个县市,其中西盟佤族自治县、瑞丽市和孟连傣族拉祜族佤族自治县由年轻型转变为成年型Ⅰ期,东川区由老年型Ⅰ期转变为老年型Ⅱ期,还有 29 个区县由成年型Ⅰ期转变为成年型Ⅱ期。正向跨越两个等级的有 4 个县市,分别是耿马傣族佤族自治县和沧源佤族自治县由年轻型转变为成年型Ⅱ期,开远市和镇康县由成年型Ⅰ期转变为老年型Ⅰ期。西南五省(区、市)仅有云南省的呈贡区负向跨越了两个等级,由老年型Ⅰ期转变为成年型Ⅰ期。排除自然干扰后,该区内影响人口老龄化率下降的社会因素值得深入挖掘,可为其他地区解决人口老龄化问题提供借鉴(表 4-8)。

表 4-8　2000~2010 年云南省人口老龄化类型变化数量及分布区

2000 年类型	2010 年类型	跨越级数	数量/个	主要分布区
年轻型	成年型Ⅰ期	1	3	西盟、瑞丽、孟连
年轻型	成年型Ⅱ期	2	2	沧源、耿马
成年型Ⅰ期	成年型Ⅱ期	1	29	思茅、绿春、盈江、富源、官渡、砚山、广南、泸水、元阳、昭阳、维西、芒市、镇雄、鲁甸、彝良、澜沧、金平、大关、香格里拉、丘北、福贡、河口、景洪、陇川、宁蒗、江城、师宗、红河、双江
成年型Ⅰ期	老年型Ⅰ期	2	2	开远、镇康
老年型Ⅰ期	成年型Ⅰ期	-2	1	呈贡
老年型Ⅰ期	老年型Ⅱ期	1	1	东川

2000~2010 年云南省区域人口老龄化水平分布较为统一。主趋势方向保持在近正东—正西方向,平均中心向西北方向移动。长轴由 294.99km 缩短至 294.93km,减小量为 0.06km;短轴则由 255.51km 增长到 255.54km,增量为 0.03km,长短轴之差进一步缩小了 0.09km,缩小至 39.39km,这表明 2000~2010 年云南省各县域之间主趋势上数据的离散程度减小,数据展布范围增大,数据的方向性减弱,整体数据的离散程度加强。

4. 县级尺度的贵州省人口老龄化率时空格局

贵州省下辖 9 个市(自治州)88 个县(区、自治县),将数据缺失的遵义市汇川区并入原行政单元遵义县,将贵阳市观山湖区并入乌当区,最终得到 86 个县级研究区。2000~2010 年,贵州省人口老龄化程度整体上升且发展迅速,空间分布较为均一,相对而言,东部较高,中部次之,西部较低。与 2000 年相比,2010 年贵州省的人口老龄化类型整体上升了一个等级,由成年型为主转变为以老年型为主,多个县域步入老年型Ⅱ期,年轻型消失。通过统计(表 4-9),2000 年全省的人口老龄化类型以成年型Ⅱ期为主(65 个),其次为成年型Ⅰ期(13 个),而年轻型(1 个)和老年型Ⅰ期(7 个)较少,整体处于成年期。而 2010 年全省的人口老龄化类型以老年型Ⅰ期(60 个)为主,其次为老年型Ⅱ期(24 个),成年型Ⅱ期只有两个区县,总体上进入老年型社会。

从贵州省县域人口老龄化率极值角度看,2000 年极值存在于钟山区(3.29%)和万山特区(9.49%),分别属于年轻型和老年型Ⅰ期。老年型Ⅰ期还包括习水县(7.01%)、天柱县(7.17%)、黄平县(7.23%)、碧江区(7.27%)、玉屏侗族自治县(7.69%)、赤水市(8.52%)。2010 年极值存在于威宁彝族回族苗族自治县(5.58%)和万山特区(13.61%),分别属于成年型Ⅱ期和老年型Ⅱ期。该省成年型Ⅱ期还包括钟山区(5.80%)。

表 4-9 2000 年和 2010 年贵州省人口老龄化程度及其类型变化

人口老龄化类型	2000年 县域数量/个	2000年 主要分布区	2010年 县域数量/个	2010年 主要分布区
年轻型	1	钟山	0	—
成年型Ⅰ期	13	白云、册亨、德江、凤冈、赫章、红花岗、盘州、清镇、榕江、水城、望谟、织金、威宁	0	—
成年型Ⅱ期	65	贵州大部	2	钟山、威宁
老年型Ⅰ期	7	碧江、赤水、黄平、天柱、万山、习水、玉屏	60	贵州大部
老年型Ⅱ期	0	—	24	岑巩、赤水、丹寨、道真、都匀、独山、黄平、江口、锦屏、罗甸、麻江、平塘、三穗、施秉、天柱、桐梓、万山、务川、印江、余庆、玉屏、长顺、镇远、正安

为了探究 2000~2010 年贵州省各区县人口老龄化率的平均增长速度，利用 ArcGIS10.3 软件采用自然断点分类法将平均增速分为五类，通过统计可得，增速为 0.097~0.182 的区县共有 8 个；增速为 0.183~0.259 的区县共有 21 个；增速为 0.260~0.335 的区县共有 19 个；增速为 0.336~0.412 的区县共有 26 个；增速为 0.413~0.512 的区县共有 12 个。这表明 2000~2010 年贵州省整体上的人口老龄化率增速保持在每年 0.183~0.412。人口老龄化程度逐年上升所带来的问题也日趋严重，急需探寻一条适合贵州的发展道路。并结合国家人口生育政策，在贵州省社会保障水平下适当鼓励生育，降低人口老龄化增长速度。

本节将贵州省各县 2000 年和 2010 年的人口老龄化类型进行对比(表 4-10)，可以明显看出：贵州省的人口老龄化类型整体上升了一个等级。其中跨越一个等级的有 52 个县；跨越两个等级的有 32 个县，未跨越等级的有 2 个区县，分别是习水县和碧江区。这表明 2000~2010 年贵州省的人口老龄化率增速较快，但与发达地区相比，未实现三级及以上的类型转化。类型转变上以成年型Ⅱ期转变为老年型Ⅰ期为主，全省共有 46 个县域；其次为成年型Ⅱ期转变为老年型Ⅱ期，总共有 19 个县域；年轻型转变为成年型Ⅱ期、成年型Ⅰ期转变为成年型Ⅱ期的都只有一个县域。由此表明，在 2000~2010 年，贵州省的人口老龄化类型主要由成年型转变为老年型。年轻型在贵州消失。

表 4-10 2000~2010 年贵州省人口老龄化类型变化数量及分布区

2000 年类型	2010 年类型	跨越级数	数量/个	主要分布区
年轻型	成年型Ⅱ期	2	1	钟山
成年型Ⅰ期	成年型Ⅱ期	1	1	威宁

续表

2000年类型	2010年类型	跨越级数	数量/个	主要分布区
成年型Ⅰ期	老年型Ⅰ期	2	12	白云、册亨、德江、凤冈、赫章、红花岗、盘州、清镇、榕江、水城、望谟、织金
成年型Ⅱ期	老年型Ⅰ期	1	46	安龙、遵义、从江、大方、福泉、关岭、贵定、花溪、惠水、剑河、金沙、开阳、凯里、雷山、黎平、荔波、六枝、龙里、湄潭、纳雍、南明、平坝、普安、普定、七星关、黔西、晴隆、仁怀、三都、石阡、思南、松桃、绥阳、台江、瓮安、乌当、西秀、息烽、兴仁、兴义、修文、沿河、云岩、贞丰、镇宁、紫云
成年型Ⅱ期	老年型Ⅱ期	2	19	岑巩、丹寨、道真、都匀、独山、江口、锦屏、罗甸、麻江、平塘、三穗、施秉、桐梓、务川、印江、余庆、长顺、镇远、正安
老年型Ⅰ期	老年型Ⅱ期	1	5	赤水、黄平、天柱、万山、玉屏

从表4-2可以看出，2000~2010年贵州省县域人口老龄化标准差椭圆的平均中心坐标向东北方向移动，由此说明高度人口老龄化区域向东北方向扩展；椭圆长轴缩短了1.84km，短轴增加了2.24km，展布范围有所增加，但其增加值比较小，由此表明人口老龄化的高值区域表现出较小的空间分散趋势；椭圆的偏角从60.05°减为58.82°，减少1.23°，变化也同样较小，但长短轴之差由74.05km减少到69.97km，由此表明人口老龄化空间分布在这十年间始终呈东北—西南走向，但方向性在减弱。上述变化均表明，贵州人口老龄化出现了方向性减少、向心力减弱的趋势，其空间分布集聚性也有所减弱。

5. 县级尺度的广西人口老龄化率时空格局

广西下辖14个市州，111个县（区、自治县），本研究将城北区和永新区并入新设行政单元西乡塘区，将庆良区并入原行政区划邕宁县（2005年3月南宁市部分行政区划调整，邕宁撤县设区），将福绵区并入原行政区划玉州区，将龙圩区并入原行政区划苍梧县，将覃塘区并入原行政区划港北区，将蝶山区并入万秀区，将平桂管理区并入八步区；由于南宁市郊区和柳州市郊区经拆分后难以计算，便将其删除，各项数据均不参与计算，最终得到106个县级研究区。

广西人口老龄化高值区集中在东北—西南一线上。由表4-11可以看出，2000年广西以老年型Ⅰ期（66个）为主，其次为成年型Ⅱ期（31个），成年型Ⅰ期仅有9个县域，分别是七星区、鱼峰区、江南区、西林县、青秀区、乐业县、隆林各族自治县、南丹县、合山市。到2010年时仍以老年型Ⅰ期（60个）为主，但老年型Ⅱ期从无到有，增加至40个，成年型Ⅱ期由原来的31个骤降为6个，即兴宁区、西乡塘区、港口区、凭祥市、七星区、西林县。这表明广西的人口老龄化尚处于老年型Ⅰ期阶段，但类型转变的增速较快，分异较大。

表 4-11　2000 年和 2010 年广西人口老龄化程度及其类型变化

人口老龄化类型	2000 年 县域数量/个	2000 年 主要分布区	2010 年 县域数量/个	2010 年 主要分布区
成年型Ⅰ期	9	七星、江南、鱼峰、合山、南丹、西林、隆林、乐业、青秀	0	—
成年型Ⅱ期	31	海城、田林、田东、北流、西乡塘、博白县、象山、柳南、柳江、天峨、巴马、凤山、秀峰、宁明、港口、凌云、凭祥、富川、钟山、陆川、东兰、银海、宾阳、柳北、环江、玉州、港北、江州、金城江、右江、兴宾	6	七星、西乡塘、港口、凭祥、西林、兴宁
老年型Ⅰ期	66	广西大部	60	广西大部
老年型Ⅱ期	0	—	40	恭城、柳城、昭平、靖西、兴安、龙州、马山、蒙山、铁山港、阳朔、忻城、全州、隆安、都安、三江、容县、上林、兴业、象州、龙胜、罗城、荔浦、大新、资源、那坡、天等、融安、横县、金秀、东兰、武鸣、平乐、田阳、灵川、灌阳、永福、万秀、德保、环江、融水

按照自然断点法将广西 2000~2010 年的人口老龄化率平均增速分为五类，其中，平均增速无明显的集中区域，增速为 -0.081~0.002 的县域有 6 个，其中城中区、兴宁区、雁山区、长洲区、西乡塘出现负增长；增速为 0.003~0.142 的县域有 14 个；增速为 0.143~0.220 的县域有 39 个，增速为 0.221~0.313 的县域有 33 个，增速为 0.314~0.515 的县域有 14 个。这表明广西人口老龄化率平均增长速度主要集中在 0.143~0.313，增速较快。

将广西各县 2000 年和 2010 年的人口老龄化类型进行对比(表 4-12)可以看出：广西的人口老龄化程度整体上升了一个等级。跨越一个等级的有 66 个县，其中七星区和西林县由成年型Ⅰ期转变为成年型Ⅱ期，有 26 个县由成年型Ⅱ期转变为老年型Ⅰ期，有 38 个县由老年型Ⅰ期转变为老年型Ⅱ期；跨越两个等级的有 9 个县，其中江南区、鱼峰区、合山市、南丹县、隆林各族自治县、乐业县、青秀区由成年型Ⅰ期转变为老年型Ⅰ期，东兰县和环江毛南族自治县由成年型Ⅱ期转变为老年型Ⅱ期；负向跨越一个等级的仅兴宁区一个。这表明 2000~2010 广西的人口老龄化率增速较快，分异较大。

表 4-12　2000~2010 年广西人口老龄化类型变化数量及分布区

2000 年类型	2010 年类型	跨越级数	数量/个	主要分布区
成年型Ⅰ期	成年型Ⅱ期	1	2	七星、西林
成年型Ⅰ期	老年型Ⅰ期	2	7	江南、鱼峰、合山、南丹、隆林、乐业、青秀

续表

2000年类型	2010年类型	跨越级数	数量/个	主要分布区
成年型Ⅱ期	老年型Ⅰ期	1	26	海城、田林、田东、北流、博白、象山、柳南、柳江、天峨、巴马、凤山、秀峰、宁明、凌云、富川、钟山、陆川、银海、宾阳、柳北、玉州、港北、江州、金城江、右江、兴宾
成年型Ⅱ期	老年型Ⅱ期	2	2	东兰、环江
老年型Ⅰ期	成年型Ⅱ期	-1	1	兴宁
老年型Ⅰ期	老年型Ⅱ期	1	38	恭城、柳城、昭平、靖西、兴安、龙州、马山、蒙山、铁山港、阳朔、忻城、全州、隆安、都安、三江、容县、上林、兴业、象州、龙胜、罗城、荔浦、大新、资源、那坡、天等、融安、横县、金秀、武鸣、平乐、田阳、灵川、灌阳、永福、万秀、德保、融水

从表 4-2 可以看出,2000~2010 年广西县域人口老龄化标准差椭圆的主趋势方向保持在近东北—西南方向上,平均中心向西北方向移动。方位角由 59.98°增大到 62.75°。长轴由 249.56km 增长至 250.95km,增量为 1.39km;短轴则由 181.93km 增长到 182.56km,增量为 0.63km,长短轴之差进一步增长了 0.76km,变为 68.39km。表明 2000~2010 年广西人口老龄化主趋势上数据的离散程度增大,数据展布范围增大,数据的方向性增强,整体数据的离散程度加大。

4.1.4 基于县级尺度的西南地区人口老龄化集疏类型的时空格局

老年人口集聚度是指某一个地区相对于全区域老年人口的集聚程度,与人口丰沛度具有同等意义。本研究基于县级尺度,以 2000 年、2010 年中国县域老年人口数据为基础,参照封志明等的人口集疏程度划分标准,绘制出西南地区 538 个县人口老龄化的空间集疏类型图,并对其进行汇总统计(表 4-13 和表 4-14)。

2000~2010 年,西南地区县域老年人口密集程度从高密区到极端稀疏区都有分布,整体上呈"东密西疏",其中高密区主要分布在成都平原和重庆市的西北部;极端稀疏区型则主要分布在川西高原地区,呈现连片的密集分布状态。这与前述提及的市州尺度上四川人口老龄化明显的"三型区域",即成都平原地区型、甘阿凉地区型与其他地区型表现出同样的分布特征。西南地区其他四省(区、市)县域老年人口的集疏类型主要为人口均值区型。从西南地区老年人口各集疏类型所分布的县域数量上看,2010 年时,高密区有 27 个,中密区有 46 个,低密区有 88 个,相对于 2000 年,高密区增加 6 个,中密区减少 2 个,低密区减少 4 个,人口密集区整体保持 161 个不变。2010 年时均上区有 99 个,均下区有 157 个,较 2000 年时分别下降 12 个和增长 15 个,人口均值区整体上增加 3 个。2010 年时相对稀疏区为 75 个,绝对稀疏区为 19 个,极端稀疏区为 27 个,较 2000 年时分别下降 2 个、0 个和 1 个,人口稀疏区整体下降 3 个(表 4-13)。

表 4-13 2000～2010 年西南地区县级尺度老年人口集疏类型汇总表

类型		阈值	2000 年数量/个	2010 年数量/个
人口密集区	高密区	JJD≥8	21	27
	中密区	4≤JJD<8	48	46
	低密区	2≤JJD<4	92	88
人口均值区	均上区	1≤JJD<2	111	99
	均下区	0.5≤JJD<1	142	157
人口稀疏区	相对稀疏区	0.2≤JJD<0.5	77	75
	绝对稀疏区	0.05≤JJD<0.2	19	19
	极端稀疏区	JJD<0.05	28	27

通过汇总分析表明，2000～2010 年西南地区老年人口集疏类型发生变化的共有 64 个县。为了更加精确地度量这 64 个县老年人口集疏类型的转化过程，本研究构建了 2000～2010 年西南地区县级尺度老龄人口集疏类型转移矩阵。由表 4-14 可以看出在这十年间，2000 年时已经步入高密区的县域未发生转变。中密区有 6 个转变为高密区，分别是广西的城中区，四川省的温江区、郫都区、新都区、东区以及云南省的五华区；另有 6 个转变为低密区，分别是重庆市的长寿区和四川省的中江县、广安区、雁江区、乐至县、简阳市。低密区中有 10 个转变为中密区，即广西的青秀区和西乡塘区，重庆市的渝北区，四川省的贡井区、西区、东坡区，贵州省的白云区、钟山区以及云南省的盘龙和西山区；另有 6 个转变为均上区，即广西的邕宁区、灵山县、容县，四川省的高县，云南省的呈贡区、嵩明县。均上区有 5 个转变为低密区，即广西的兴宁区和长洲区，四川省的珙县、通川区和平昌县，另有 13 个转变为均下区，即广西的灵川县、兴安县、苍梧县、蒙山县、隆安县、忻城县，重庆市的巫山县，四川省的剑阁县，贵州省的关岭布依族苗族自治县、松桃苗族自治县，云南省的西畴县、祥云县、施甸县。均下区中仅有广西的江南区转变为低密区；另有 3 个转变为相对稀疏区，即贵州省的万山区，云南省的峨山彝族自治县和武定县。相对稀疏区中有 6 个转变为均下区，分别为四川省的金口河区、荥经县、宁南县和贵州省的施秉县、黎平县、罗甸县；另有 3 个转变为绝对稀疏区，即四川省的泸定县和云南省的景谷傣族彝族自治县、兰坪白族普米族自治县。绝对稀疏区中仅有 4 个转变为相对稀疏区，即四川省的昭觉县、喜德县、美姑县和云南省的西盟佤族自治县。极端稀疏区仅有四川省的黑水县转变为绝对稀疏区。

从省间数量上看，四川省发生类型转变的县域数量最多，共有 25 个，占西南地区总转变县数的 39.1%，占四川省县域数量的 13.9%；其次为广西，共有 15 个，占西南地区总转变县数的 23.4%，占广西县域数量的 14.2%，省内变化最为显著；云南省有 13 个县发生类型转变，占西南地区总转变县数的 20.3%，占云南省县域数量的 10.2%；贵州省有 8 个县发生类型转变，占西南地区总转变县数的 12.5%，占贵州省县区数量的 9.3%；重庆市仅有 3 个县发生类型转变,转变数量最少,占西南地区总转变县数的 4.7%,占重庆市县域数量的 7.9%。从跨越等级而言,向高密区转变的县共有 33 个,其中跨越一个等级的有 32 个,跨越两个等级的仅有一个;向极端稀疏区转变的县有 31 个,均只下降了一个等级。这表明西南地区老年人口集疏类型间存在一定的动态平衡关系。

表 4-14 2000~2010 年西南地区县级尺度老年人口集疏类型转移矩阵

类型	高密区	中密区	低密区	均上区	均下区	相对稀疏区	绝对稀疏区	极端稀疏区	2000 年
高密区	21	0	0	0	0	0	0	0	21
中密区	6	36	6	0	0	0	0	0	48
低密区	0	10	76	6	0	0	0	0	92
均上区	0	0	5	93	13	0	0	0	111
均下区	0	0	1	0	138	3	0	0	142
相对稀疏区	0	0	0	0	6	68	3	0	77
绝对稀疏区	0	0	0	0	0	4	15	0	19
极端稀疏区	0	0	0	0	0	0	1	27	28
2010 年	27	46	88	99	157	75	19	27	538

4.1.5 西南地区人口老龄化影响因素分析

人口老龄化是自然因素与社会因素多方面耦合而导致的一种现象,最直接的影响因素便是出生率与死亡率。人口出生率的降低表现为新生人口的减少,老年人口占比增加,即相对老龄化,而死亡率的下降则体现为实际老年人口数量的增加,即绝对老龄化(林琳和马飞,2007)。这两个直接因素受到了其他间接因素多方面的影响。陈仁爱等(2012)基于多元线性回归模型研究发现,国家医疗卫生支出和人口密度是我国人口老龄化最重要的两大正向影响因子;李乐乐(2017)利用 FGLS 估计法实证检验了全国、东部、西部和中部的人口老龄化影响因素,研究表明人均 GDP、城市化率、文盲率对人口老龄化进程具有显著的正向影响,而出生率对人口老龄化进程有显著的负向影响。由于人口老龄化是一个复杂的开放系统,影响因素众多,因此完整地给出并分析所有影响因素是不可能的。本研究博采众家之长,综合考虑县级数据实际情况,选取了逻辑关联较强的一些因素(表 4-15),利用逐步回归法分析影响西南五省人口老龄化进程的关键性因素,计量模型估计结果见表 4-16。

表 4-15 变量基本统计信息

编码	变量	单位	样本数量	均值	标准差	最小值	最大值
X_1	出生率	%	1076	13.47	4.47	4.41	27.67
X_2	死亡率	%	1076	6.58	1.51	1.49	12.21
X_3	总和生育率	%	1076	1.60	0.45	0.60	3.37
X_4	总人口性别比	人	1076	107.69	5.44	84.49	169.36
X_5	少儿比	%	1076	22.74	5.92	8.37	39.52

续表

编码	变量	单位	样本数量	均值	标准差	最小值	最大值
X_6	非农人口比重	%	1076	18.97	16.24	2.36	94.81
X_7	少数民族人口比重	%	1076	33.99	34.68	0	99.28
X_8	人口密度	人/km^2	1076	373.62	1206.94	1.99	21695.28
X_9	6 岁以上文盲率	%	1076	10.69	10.042	0.84	74.66

注：总人口性别比指每 100 名女性所对应的男性人口数量

表 4-16　计量模型估计结果

变量	西南地区	分省份模型					
		重庆	四川	云南	贵州	广西
X_1	−9.44	—	−4.24	−5.27	−6.54	—
X_2	9.98	4.20	6.25	4.70	7.16	7.79
X_3	12.26	3.72	8.54	3.85	4.10	9.61
X_4	−13.64	−7.44	−8.89	−9.25	−6.99	−3.84
X_5	−14.18	−4.97	−11.29	−5.56	−9.10	−11.54
X_6	−5.43	—	−3.75	−4.95	−2.96	−2.64
X_7	−2.82	—	−4.39	−7.68	4.35	−2.58
X_8	—	—	—	—	—	—
X_9	−12.38	—	−2.61	−2.23	−3.28	−3.11
N	1073	75	357	255	171	211
调整 R^2	0.61	0.72	0.78	0.70	0.74	0.67
F	210.58	49.38	157.50	76.56	60.75	61.80

　　模型估计显示，就西南地区整体而言，人口老龄化程度主要受到出生率、死亡率、总和生育率、总人口性别比、少儿比、非农人口比重和 6 岁以上文盲率的影响。其中，死亡率与总和生育率为正向影响因素，即人口死亡率和总和生育率越高，人口老龄化程度越高。这与人类的自然属性存在很大关联，一般而言，年龄越大的人群，死亡的概率会高于青壮年和少年儿童。理论上，总和生育率与少儿比、出生率一样，同人口老龄化之间表现出较强的负相关，但在结果中却显示出明显的正相关性。这或与人口再生产对老年人口长期的动态补偿有关，还需进一步研究。其余要素除区域人口密度外，均与人口老龄化之间表现出明显的负相关性，尤其是少儿比最为显著。其中，总人口性别比与人口老龄化之间呈现出的负相关也再次验证了前述提及的"人口性别比拐点"。由于男女之间的自然差异，一般进入老年阶段时，男性数量会低于女性数量，使得人口性别比下降。当老年人口不断增加时，就会促成总人口性别比的下降，这也从另一方面表征出了人口老龄化的进程。非农人口比重、少数民族人口比重和 6 岁以上文盲率则代表了物质条件和思想文化条件的发展。随着三者的不断降低，人们物质生活和精神生活条件逐步改善，滞后的生育观念和平均寿命将得到改善与提高，这就促进了人口老龄化程度的不断加深。

　　从分省份模型上看，死亡率、总和生育率、总人口性别比和少儿比都与各省人口老龄化明显相关。其中重庆、云南最大的影响因素为总人口性别比(-7.44、-9.25)；四川、贵州和广西最大的影响因素为少儿比(-11.29、-9.10和-11.54)。相对于西南地区其他省份而言，重庆市的相关性因素最少，仅有死亡率、总和生育率、总人口性别比和少儿比四个，这一方面与重庆市早在2000年便已步入老年型社会，并不断加深相关，另一方面也可能与重庆市参与模型计量的样本数量较少有关，还不足以表现出一些关联性较小的要素。

4.2 西南地区人口"三化"研究

4.2.1 人口"三化"研究概述

21世纪初，我国基本上进入老年型社会，人口老龄化进程加快，在这个大背景下研究西南地区人口"三化"问题，主要分析其时空演变特征。本研究的人口"三化"是指老龄化、高龄化和独居化。人口老龄化是指老年人口占总人口的百分比日益提高的现象(祁峰，2010)。国际上衡量人口老龄化的指标一般有两个，一是60岁及其以上的老年人口所占比重超过10%；二是65岁及其以上的老年人口所占比重超过7%(曾通刚等，2017)。结合人口普查数据的实际情况，本研究选取前者作为衡量指标。由于科教文卫事业的快速发展，人口平均寿命增长，高龄人口增加，规模扩大，人口高龄化现象凸显。人口高龄化是指一个国家或地区在一定时期内高龄人口(≥80岁)占老年人口(≥60岁)的相对比例趋于上升的过程(罗淳，2002)。随着家庭空巢少子化趋势的发展，独居老人规模不断扩大(黄加成，2015)。目前人口独居化有两种情况，一种是指单身老人独自居住；另一种是指家中只有一对老年夫妇居住，身边没有子女或他人照顾。结合人口普查数据，本研究提及的人口独居化是指老年人一个人生活，身边没有子女或他人照料(彭亮和王裔艳，2010)。

随着社会经济、文化、教育以及医疗卫生水平的提高，使得人口的寿命延长，老年人口数量增加，人口老龄化现象加重。近年来，国内外的研究机构和学者高度关注人口老龄化这一问题，相关的研究和文章也越来越多。人口老龄化问题是人口学、经济学、社会学以及地理学等众多学科的研究热点。关于人口老龄化的研究，目前集中于人口老龄化对经济发展的影响，在宏观层面，采用分要素预测法和人均GDP分解法分析中国老年人口的现状和特征，并探讨其对社会经济发展所产生的影响(郑伟等，2014)；在微观层面，以县域人口老龄化为对象，通过构建索洛模型，运用哈罗德中性模型探讨人口老龄化对县域经济发展的影响(刘国斌和杜云昊，2015)，使用灰色理论系统的相关模型研究人口年龄结构与居民消费结构变化的灰色关联度(赵周华和王树进，2018)；以某一省区为例，运用定量研究方法，分析人口老龄化发展现状并预测其发展趋势，如运用灰色理论体系的模型预测某一地区短期内人口老龄化趋势并分析其成因(贾静涛等，2017；蒋诗泉，2014)，或者根据人口老龄化现状，以不同的预测方案对其发展趋势进行探究(段玉珊等，2013)；从时间和空间的维度，基于不同的尺度对人口老龄化进行区域分布差异、演化机制以及影响因素的研究(林琳和马飞,2007;张开洲和陈楠,2014;易卫华等,2015)。此外,还涉及老年人养老模式和健康问题(任勤和黄洁,2015)等方面的研究,研究内容多元,研究方法多样。随着学者对人口老龄化这一问题的高度关注,人口高龄化和人口独居化也逐渐进入人们视野,与其相关的研究也慢慢增多。人口高龄化是人口老龄化的延续和演变(罗淳,2002),其研究包括高龄化人口的特征、发展前景及其空间格局的发展(姜向群,1994;央吉和韦宇红,2003;曾通刚等,2017)。相对于人口老龄化和高龄化,对人口独居化的研究略少,主要是从人口学和社会学的领域,对独居老人的社保状况,高龄独居人口的现状和发展趋势(杨海晖,2017)等进行研究。

人口老龄化、人口高龄化和人口独居化三者之间既有联系又有区别。高龄人口是老年人口的组成部分,是老年人口内部微观的年龄结构变化,能更好地反映老年人口群体的动态变化特征;独居化反映了老年人口和高龄人口的客观现象,其重要性逐渐凸显。现有研究一般都只是针对"三化"中的某一内容进行分析,忽略了三者的联系。老年人口结构演化是人口结构变化的重要内容,在一定程度上能反映社会经济的发展情况。本研究以西南五省(区、市)为研究对象,运用2010年全国人口普查数据和2015年全国1%人口抽样调查资料,分析西南地区的人口"三化"问题,揭示区域人口结构的发展和空间分布规律,以期为地方政府制定合理的人口政策提供参考依据。

4.2.2 研究数据

本研究所使用的数据主要来自西南地区三省一区一市2010年全国人口普查分县资料和2015年全国1%人口抽样调查资料(国务院人口普查办公室和国家统计局人口和就业统计司,2012;国务院全国1%人口抽样调查领导小组办公室,2016),2010年全国人口普查长表的抽样比为10%,2015年全国人口普查的抽样比为1%,在进行数据收集和处理时已经做出总体推算。以市州为基本研究单元,在ArcGIS10.3软件中将2010年和2015年两期人口统计数据与西南地区各市州行政区划图相关联,建立人口"三化"的地理数据库,从省级和市州尺度实现其可视化。

4.2.3 研究方法

1. 人口老龄化指数

人口老龄化是指一个国家或者一个地区在一定时期内,老年人口(≥60岁)数占总人口数的百分比,其指数的变化能反映出老年人口数量的变化,在一定程度上可以衡量该国家或地区是否进入老龄化社会。其计算公式(曾通刚等,2017)为

$$人口老龄化指数(P) = (60岁及以上老年人口数/总人口数) \times 100\% \tag{4-11}$$

2. 人口高龄化指数

人口高龄化是指一定时期，某区域高龄人口(≥80岁)数量占老年人口(≥60岁)数的百分比，能反映出老年人群体内部的人口结构。其计算公式(曾通刚等，2017)为

人口高龄化指数(X)＝(80岁及以上老年人口数/60岁及以上老年人口数)×100%   (4-12)

3. 人口独居化指数

人口独居化是指一定阶段，某地区独居老年人口(≥60岁)数占老年人口(≥60岁)总数的百分比，其指数能在一定程度上反映出某一阶段老年人口的生活状况。其计算公式为

人口独居化指数(Z)＝(60岁及以上独居老年人口数/60岁及以上老年人口总数)×100%

(4-13)

4. 空间自相关分析

现实的区域之间在空间上存在相关性，导致社会人口数据之间也存在一定的空间相关性。空间自相关是用来判断某一地理数据是否与空间存在相关及其相关程度如何的统计方法。其指数通常用来表示变量与空间之间的关联性，包括全域空间自相关和局域空间自相关。本研究以局域空间自相关分析为重点，通过指标分析每个区域与周边区域的空间差异程度及其显著性。热点分析是一种对高低值聚类状态的描述，可以识别不同空间单元的聚类情况和异常值。其算法原理是利用所有属性的平均值对整体数据进行评估分析，用于识别局部空间自相关。

5. 标准差椭圆分析方法

标准差椭圆是一种对地理数据的方向和分布进行分析的一种经典算法，能有效地识别某一地理数据的方向以及分布趋势，由三要素组成：长轴标准差、短轴标准差以及转角。圆的长半轴表示数据分布的方向，短半轴表示数据分布的范围，利用 ArcGIS10.3 实现计算，其计算公式详见文献(金淑婷等，2015)。

4.2.4 西南地区老年人口"三化"分析

1. 西南地区人口老龄化时空特征

1) 西南地区市州尺度人口老龄化分异特征

我国在 1999 年进入老龄化社会，第五次、第六次全国人口普查数据表明我国老年人口增长速度快于全国人口增长速度，老年人口数量增加，规模扩大，人口老龄化问题不断凸

显，同样西南地区也面临着人口老龄化带来的一系列问题。由于每个省以及市州的实际情况不同，导致西南地区 60 个市州的人口老龄化结构存在一定差异。本节借助 ArcGIS10.3 分析软件，采用自然断点法，对西南地区 2010 年和 2015 年各市州人口老龄化水平进行可视化处理。总的来看，西南地区的人口老龄化具有以下特征。

(1)西南地区各省市人口老龄化水平差异显著。2010 年西南地区各省市的人口老龄化水平差异大，贵州省、重庆市和广西壮族自治区三省(区、市)所有市州的人口老龄化率均高于 10%，都已进入老龄化社会。而四川省的内江市、遂宁市和甘孜州，云南省的迪庆州、怒江州、德宏州、昭通市和西双版纳州的人口老龄化率低于 10%。因此，云南省和四川省是部分地区进入老龄化社会。具体来看，四川省各市州的人口老龄化水平差距大，人口老龄化率最高的为资阳市，高达 20%，而最低的为遂宁市，其人口老龄化率不足 4%；广西壮族自治区的人口老龄化率基本在 12%左右，即处于老龄化社会的初期，其人口老龄化率差异小。相比其他省的各市州而言，云南省各市州的人口老龄化率较低，迪庆州、怒江州、德宏州和西双版纳州的人口老龄化率均低于 10%，其原因是边境地区地理环境复杂，少数民族居多，国家对其实行特殊的计划生育政策，即对部分边境少数民族农村地区实施二孩或者三孩政策，人口出生率高于西南地区其他省市，有效地缓解了人口老龄化状况；而贵州省，有 9 个市州的人口老龄化率已超过 10%，最高的遵义市接近 15%，其人口老龄化率平均值在西南地区处于较高的水平，但是与重庆市和四川省相比，贵州省的经济发展水平和城市化水平并不突出，出现了"未富先老"的现象，必须高度重视这一问题，以免其带来严重的负面影响。

(2)西南地区各省市老年人口数量增多，规模扩大，人口老龄化速度加快。相比 2010 年，2015 年西南地区 61 个市州中除昭通市外都进入了老龄化社会，人口老龄化地域分异明显，仍旧存在人口老龄化水平差异，但差距进一步缩小。就人口老龄化率而言，西南地区超过一半的地区人口老龄化率为 10%~13.83%，属于老龄化社会初期。西南地区东北部人口老龄化率高于其他地区，重庆市以及四川省的南充市、绵阳市和内江市等 13 个市州的人口老龄化率都高于 20%；特别是自贡市，其人口老龄化率高达 25%，人口老龄化发展速度快。贵州省 2015 年的人口老龄化率仍处于较高水平，但是人口老龄化速度较慢。2010~2015 年西南地区的人口老龄化率变化幅度大，最高值达到 18%，最低值为负值，变化程度较大的是西南地区偏北部的内江市和遂宁市，变化率超过 15%；云南省文山州的人口老龄化变化率为负值，反映出人口老龄化率下降，人口老龄化状况缓解。2010~2015 年省四川省除自贡市、内江市、遂宁市和绵阳市四个地区的人口老龄化率变化幅度超过 5%以外，其余地区的变化幅度相对较小。为预防人口老龄化给社会经济发展带来的影响，应采取相关措施应对。

2)西南地区人口老龄化空间自相关分析

热点分析是分析局域空间自相关的有效方法，通过整体数据的平均值来衡量整体的分布特征，能清晰地展示局部区域与周围区域之间的相关性。本研究运用热点分析的计算公式推算西南地区各市州人口老龄化的局部关联性，按照热点指数将西南地区分成热点地区、次热点地区、次边缘区和边缘区四个类型。总体上看，2010~2015 年西南地区人口老龄化的热点地区呈扩张的状态，热点区主要分布在西南地区东北部的各市州，边缘区的数量增加，面积扩大，次边缘区数量减少，而次热点区呈现缩小的情况。具体来看，2010年的热点区主要是四川省德阳市、广元市、遂宁市、成都市、资阳市、广安市、南充市、内江市及巴中市9个地区；2015年，人口老龄化的热点区整体向东北部扩张，重庆市和四川省除甘孜州、凉山州、阿坝州和攀枝花市以外的各市州，以及贵州省的遵义市上升至热点区或者次热点区。2010年，边缘区主要集中在云南省的各市州，不存在空间相关性不显著的地区。2015年，边缘区扩大，广西壮族自治区的南宁市、柳州市，贵州省的黔东南州和黔南州由边缘区下降至次边缘区，攀枝花市、曲靖市、六盘水市、安顺市、黔西南州转变成空间相关性不显著的区域。人口老龄化热点区由西南地区的东部向北移动，集中在成渝地区周围，边缘地区则在东南和西南部扩张，呈现出人口老龄化以热点地区为中心，逐渐向外扩散的半包围结构。热点地区主要集中在成渝地区，由此向西南部扩散，从西南地区的东北部到西南部依次形成热点区、次热点区、次边缘区、边缘区。随着社会经济的发展，西南地区人口老龄化的热点区会继续向四周扩张，次热点区和次边缘区的面积会减少，相应地边缘区的面积会继续增大。

2.西南地区人口高龄化时空特征

人口老龄化是国内外学者关注的热点问题，随着医疗技术的发展和进步，老年人的寿命增长，高龄老人不断增多。在人口老龄化的背景下，"人口高龄化"一词也逐渐被人们所熟悉。西南地区人口高龄化日渐突出，存在较大的空间差异。根据2010年全国人口普查资料和2015年全国1%人口抽样调查数据计算（表4-17），西南地区人口高龄化指数的标准差从2010年的0.05%降低到2015年的0.03%，极差从2010年的27.64%降低为2015年的17.07%，表明西南地区人口高龄化朝着稳定增长的趋势发展。具体来看，2010年人口高龄化指数最高的前五个市州为成都市（28.63%）、梧州市（15.06%）、来宾市（14.90%）、防城港市（14.89%）和贵港市（14.68%）；指数最低的五个市州是贵阳市（3.21%）、遵义市（6.36%）、黔东南州（6.58%）、黔南州（6.63%）、攀枝花市（6.96%）。2015年人口高龄化指数最高的五个地级市是北海市（17.22%）、贺州市（16.70%）、梧州市（16.05%）、防城港市（15.87%）和来宾市（15.71%）；指数最低的五个市州是内江市（0.15%）、遂宁市（0.16%）、巴中市（8.18%）、广元市（8.58%）、阿坝州（9.01%）及遵义市（9.25%），表明2010~2015年西南地区人口高龄化水平不断提高，区域差异也随之扩大（表4-17）。2010年西南地区各市州平均高龄化指数是11.38%，而2015年上涨到11.57%，变化幅度较小，但仍旧是上升的趋势。就省级地区而言，广西的人口高龄化率平均值最高，共有21个市州的人口高龄化指数高于10%，区域人口高龄化水平差异小；虽然人口高龄化指数最大值是四川省的成都市，但是存在攀枝花市等人口高龄化指数较小的地区，省内各市州人口高龄化水平差距大，使其平均值不及广西。从时间上看，2010~2015年，西南地区人口高龄化指数总体上呈上升趋势,但仍旧有不少市州的人口高龄化指数下降,如阿坝州、南宁市、成都市等。

表 4-17 2010 年和 2015 年西南地区各市州人口高龄化指数及变化率(%)

地区	2010 年	2015 年	变化率	地区	2010 年	2015 年	变化率
阿坝州	10.42	9.01	-1.41	玉溪市	11.62	11.72	0.10
绵阳市	10.79	11.00	0.21	柳州市	12.50	13.94	1.44
广元市	8.80	8.58	-0.22	普洱市	10.73	10.40	-0.33
甘孜州	10.21	11.20	0.99	红河州	11.15	12.12	0.97
巴中市	9.68	8.18	-1.50	文山州	11.38	11.99	0.61
达州市	9.45	9.31	-0.14	梧州市	15.06	16.05	0.99
德阳市	12.03	10.87	-1.16	贵港市	14.68	14.76	0.08
遂宁市	12.67	0.16	-12.51	来宾市	14.90	15.71	0.81
成都市	28.63	12.16	-16.47	崇左市	12.56	13.44	0.88
雅安市	12.70	13.92	1.22	玉林市	13.61	14.36	0.75
南充市	11.07	9.58	-1.49	南宁市	12.65	11.67	-0.98
广安市	10.10	9.72	-0.38	钦州市	14.63	14.93	0.30
资阳市	13.26	11.98	-1.28	西双版纳州	11.03	12.30	1.27
眉山市	13.32	12.26	-1.06	防城港市	14.89	15.87	0.98
内江市	13.61	0.15	-13.46	北海市	15.96	17.22	1.26
重庆市	7.41	11.17	3.76	曲靖市	11.33	11.69	0.36
乐山市	12.52	12.54	0.02	毕节市	8.01	10.13	2.12
自贡市	12.82	12.52	-0.30	六盘水市	8.01	10.44	2.43
凉山州	8.74	9.40	0.66	大理州	11.01	11.73	0.72
宜宾市	12.28	12.59	0.31	楚雄州	10.49	10.87	0.38
迪庆州	9.35	11.30	1.95	安顺市	7.43	10.97	3.54
泸州市	12.25	11.17	-1.08	黔西南州	11.27	11.11	-0.16
遵义市	6.36	9.25	2.89	保山市	12.91	12.89	-0.02
昭通市	11.09	12.17	1.08	河池市	12.79	14.34	1.55
怒江州	11.31	12.80	1.49	桂林市	13.55	14.11	0.56
丽江市	9.87	10.43	0.56	贺州市	14.18	16.70	2.52
铜仁市	7.38	10.00	2.62	百色市	11.43	12.57	1.14
黔东南州	6.58	11.12	4.54	临沧市	11.05	11.54	0.49
黔南州	6.63	11.08	4.45	昆明市	11.92	11.39	-0.53
贵阳市	3.21	11.15	7.94	德宏州	10.13	11.66	1.53
攀枝花市	6.96	10.53	3.57				
黔东南州	6.58	11.12	4.54				
玉溪市	11.62	11.72	0.10				
柳州市	12.50	13.94	1.44				
普洱市	10.73	10.40	0.33				

为了更直观地反映西南地区人口高龄化水平的空间演化特征，本研究结合西南地区的实际情况利用AcrGIS的自然断点法划分2010年与2015年西南地区人口高龄化水平区域分布，并将其划分为四级：第一级 $X \geqslant 15\%$、第二级 $12\% \leqslant X < 15\%$、第三级 $8\% \leqslant X < 12\%$、第四级 $X < 8\%$。整体来看，2010~2015年，西南地区人口高龄化空间格局呈现扩张的演变特征。具体而言，第一级和第三级水平区明显呈扩张趋势，第二级水平区的市州数量有较小的增加，而第四级水平区的市州数量有所减少，范围缩小。2010年，属于第一级的市州只有1个，2015年增加到5个，由位于沿海地区向内陆地区扩张，空间范围变大，增幅略小；而第四级水平区的范围缩小，至2015年只剩2个市州位于此范围，西南地区东北部的市州都上升至第三级水平区，导致第三级水平区明显扩大，增幅明显大于其他水平区间。具体来看，不管是2010年还是2015年，广西壮族自治区的人口高龄化率整体水平都高于西南地区其他省份，整体上基本处于第二级水平区；2015年，高龄人口继续增加，北海市、防城港市、贺州市、梧州市、来宾市五个市州上升为第一级水平区，除南宁以外的其余市州均处于第二级水平区；相反，贵州省各市州的人口高龄化率略低于西南地区其他省份，在2010年，全省9个市州基本上都处于第四级水平区，随着经济社会的发展，区域人口平均寿命延长，五年之后，上升到第三级水平区。西南地区的人口高龄化水平差异既存在于各省(区、市)之间，也存在于各市州之间。相比2010年，2015年西南地区人口高龄化指数有上升的趋势，各省(区、市)及市州之间的差距缩小，但由于各地区的自然条件和社会经济状况的差异，人口高龄化水平始终会存在地域差异。

3. 西南地区人口独居化时空特征

随着人口出生率的下降，人口老龄化现象凸显，独居老人的数量也越来越多。关于独居老人目前没有一个统一的概念。对于独居老人的理解存在两种不同的情况，一种是指一个老人单独生活，强调数量上的单独；另一种是一对老年夫妇独自生活，身边没有子女或是他人照顾。本研究将独居老人界定为老年人独自生活。本研究从2010年全国人口普查资料和2015年全国1%人口抽样调查资料中收集两期60岁以上的独居老人数据，利用电子表格，对其进行计算和分析。2010年和2015年西南地区独居老年人口数量分别为3539089人和4916830人，表明2010~2015年西南地区的独居老年人口数量有所增加，规模扩大(表4-18)。受社会经济因素的影响，城市与农村独居老年人口状况千差万别，就城市和农村独居老年人口的数据来看，2010年西南地区除攀枝花市、六盘水市、毕节市及昆明市外的市州城市独居老年人口均少于农村独居老年人口，可以将其简单归结为经济发展的影响。相比城市，农村可以提供的就业机会少，农村居民主要发展农业，由于农业发展可容纳的劳动力有限，为了获得生活来源或者更高的消费水平，大部分青年男女外出务工，为了方便照顾子女，也将子女带到工作的地方，导致很多农村都只剩下年迈的老人独自生活。城市独居老年人口最少的是迪庆州，只有140人，而最多的是重庆市，达到了

24万多人；农村独居老年人口最少的是六盘水市，仅有680人，而最多的是重庆市，但独居老年人口占老年人口总量的比例较小，超过一半的市州所占比例不足1%。2010年西南地区各市州的独居老年人口数量较少，地区差异较小，但城乡之间存在一定的差异。2015年，独居老年人口数量进一步增长，城乡独居老年人口也呈现增长的趋势，老年人口独居化率大幅增加，同时差异逐渐缩小，城市老年独居人口最少的是怒江州，仅有600人，而农村独居老年人口最少的是迪庆州，为2000人，城乡之间的老年人口独居化率差异减小。就地区而言，2015年老年人口独居化率最高的是资阳市，高达20.29%，而最低的遂宁市，其老年人口独居化率只有0.24%，两者的差值大于20个百分点，可见各市州间的老年人口独居化水平进一步扩大。

表4-18 2010年和2015年西南地区老年人口独居化指数

地区	2010年 总人数/人	城市人口/人	农村人口/人	独居化率/%	2015年 总人数/人	城市人口/人	农村人口/人	独居化率/%
阿坝州	572	1926	3794	0.59	8000	2400	5600	6.44
绵阳市	122327	38158	84169	1.53	198200	60800	137400	18.32
广元市	44379	11092	33287	1.06	66700	21000	45700	13.19
甘孜州	7970	1713	6257	0.75	12100	5500	6600	10.26
巴中市	40987	9850	31137	0.76	75700	13600	62100	11.08
达州市	95550	22656	72894	1.04	137600	36500	101100	12.30
德阳市	84150	20200	63950	1.35	115200	50900	64300	15.16
遂宁市	66894	19881	47013	1.21	133000	31200	101800	0.24
成都市	187796	98495	89301	0.93	336700	213400	123300	13.09
雅安市	21962	8541	13421	0.94	29400	10600	18800	10.77
南充市	137789	36442	101347	1.21	202300	54300	148000	13.97
广安市	84726	12941	71785	1.40	129200	20200	109000	18.07
资阳市	115546	25832	89714	1.57	168300	36000	132300	20.29
眉山市	67179	16666	50513	1.17	83000	26700	56300	12.36
内江市	80784	28921	51863	1.27	157300	50600	106700	0.25
重庆市	687785	247307	440478	1.37	706329	149241	557089	11.11
乐山市	62990	20497	42493	1.10	100600	39100	61500	14.11
自贡市	46406	15762	30644	0.93	124700	35500	89200	17.99
凉山州	39066	13899	25167	0.83	47700	16100	31600	9.42
宜宾市	72877	20793	52084	1.06	117200	37500	79700	14.05
迪庆州	1147	140	1007	0.30	2800	800	2000	4.72
泸州市	68780	22218	46562	1.00	107500	32100	75400	13.23
遵义市	82363	79048	3315	0.93	101400	33400	68000	7.39
昭通市	44810	9161	35649	0.90	62100	14700	47400	9.60
怒江州	2619	399	2220	0.54	4100	600	3500	6.10

续表

地区	2010年 总人数/人	城市人口/人	农村人口/人	独居化率/%	2015年 总人数/人	城市人口/人	农村人口/人	独居化率/%
丽江市	6248	1488	4760	0.45	10700	3400	7300	5.22
铜仁市	51846	50704	1142	1.14	59600	11600	48000	8.90
黔东南州	44178	42422	1756	0.87	58900	14000	44900	7.93
黔南州	38524	36994	1530	0.85	48100	14800	33300	7.24
贵阳市	47633	31044	16589	0.93	70100	52400	17700	8.20
攀枝花市	11865	7890	3975	0.68	25800	20900	4900	12.08
曲靖市	50933	22407	28526	0.81	73200	30300	42900	8.70
毕节市	86180	82358	3822	1.21	100900	23600	77300	9.92
六盘水市	43130	42450	680	1.36	62400	17200	45200	12.95
大理州	22124	8895	13229	0.54	34000	15800	18200	5.58
楚雄州	18081	7377	10704	0.55	30800	11300	19500	6.35
安顺市	29258	28309	949	0.99	49600	17500	32100	10.46
黔西南州	28257	26901	1356	0.88	37600	10600	27000	7.72
保山市	10749	3881	6868	0.34	19700	8200	11500	4.25
河池市	39446	7352	32094	0.84	60600	4200	56400	9.29
桂林市	70810	20212	50598	1.01	106300	14200	92100	9.93
贺州市	18972	5522	13450	0.75	28500	2200	26300	8.00
百色市	29475	5888	23587	0.63	43900	2400	41500	6.63
临沧市	7470	2649	4821	0.29	13700	4300	9400	3.75
昆明市	75210	51184	24026	0.97	108800	72800	36000	9.57
德宏州	4476	1729	2747	0.40	6300	2500	3800	3.69
玉溪市	23305	10014	13291	0.80	30100	11900	18200	7.17
柳州市	39943	17969	21974	0.81	56000	22300	33700	7.92
普洱市	12074	4124	7950	0.43	25700	10300	15400	6.44
红河州	26885	12674	14211	0.55	35300	20200	15100	5.20
文山州	9423	3308	6115	0.25	21700	7500	14200	3.94
梧州市	45689	14219	31470	1.27	68800	14300	54500	13.35
贵港市	62524	20647	41877	1.20	72100	4700	67400	10.01
来宾市	26055	6299	19756	0.92	36700	1800	34900	8.36
崇左市	22833	5406	17427	0.80	37100	2100	35000	8.86
玉林市	87702	27125	60577	1.31	65600	4500	61100	7.11
南宁市	89000	30873	58127	1.04	99700	24100	75600	8.20
钦州市	52316	9134	43182	1.36	53000	1800	51200	10.48
西双版纳州	4970	1942	3028	0.47	5800	3200	2600	4.03
防城港市	7904	2518	5386	0.81	10100	1600	8500	7.39
总计	3539089	1442763	2096326	—	4916830	1481541	3435289	—

4. 西南地区老年人口"三化"的离散特征

本研究采用标准差椭圆的方法来分析 2010～2015 年西南地区市州尺度人口"三化"的空间分布和发展问题。2010 年人口老龄化、高龄化以及独居化的椭圆重心都在贵州省的毕节地区，而 2015 年的椭圆重心分别朝着西北方和东南方移动，表明老年人口和独居老年人口向西北方向扩散，而高龄人口朝着东南方向扩散，总体来看，人口"三化"指数增长方向为西北—东南方向。对比 2010 年和 2015 年的人口"三化"标准差椭圆，其短轴和长轴均出现缩短的趋势，但是两者的值差则呈现递增的趋势，即椭圆的扁率越大，数据的方向性越明显，随着长短轴数值逐渐变小，其展布的范围也有所减少，说明人口老龄化、高龄化、独居化的情况出现空间集聚的状态。椭圆的偏角总体上来说呈现增大的趋势，但是增大的幅度较小。西南地区市州人口"三化"标准差椭圆偏角增大的幅度均不超过 5°，变化范围小，变化程度低，表明人口"三化"空间分布始终呈西北—东南走向。综上所述，西南地区市州尺度下人口"三化"空间分散趋势减弱，出现了明显的集聚性。

4.3 本章小结

人口年龄结构作为人口地理学重要的研究内容，在人口老龄化问题日益严峻的当今，更加值得深入研究。本研究利用历次全国人口普查数据、全国 1%人口抽样调查资料，基于省—市—县多尺度研究了我国西南地区的人口年龄结构，并深入探讨了人口老龄化的空间格局与影响因素。基于 2010 年和 2015 年的全国人口普查数据和全国 1%人口抽样调查数据，采用人口老龄化、人口高龄化、人口独居化指数，运用热点分析以及标准差椭圆等方法分析和探究了西南地区人口"三化"的空间分布格局。主要结论如下。

（1）从县级尺度上看，2000～2010 年西南五省人口老龄化程度在不断加深，差异性增强。重庆市、四川省和广西壮族自治区的人口年龄结构一直以老年型为主，并逐步进入深度老年型社会；云南省与贵州省则是由成年型社会过渡至老年型社会。

（2）基于"五普""六普"数据划分西南地区县级老年人口集疏类型，显现出老年人口"东密西疏"的分布模式，尤其集中分布在成都平原，而极端稀疏区主要分布在川西高原。在类型上呈现出"中间多，两极少"的模式，主要为"均下区"和"均上区"。总量上十年间变化较小，只有 64 个县的老年人口集疏类型发生变化，33 个向高密方向上升，31 个向极端稀疏方向下降，存在一定的动态平衡关系。

（3）利用逐步回归分析得到影响西南五省人口老龄化最主要的因素是死亡率、总和生育率、总人口性别比和少儿比，其中前两个为正向影响因素，后两个为负向影响因素。各省之间略有差异，但整体上都很相近，既存在共同的发展规律，又存在一定的发展差异。

（4）西南地区各省市老年人口数量增多，规模扩大，人口老龄化速度加快；并且省际和省内各地市的人口老龄化水平地域差异大。2010~2015 年，西南地区部分地区人口老龄化率从低于 10%增长到 10%以上，增长速度快，增长幅度大，人口老龄化率呈现明显的上升趋势。各省之间的人口老龄化率在最低值和最高值的比较上，反映出较大的差异，而各市州人口老龄化率的最大差距高达 20%，西南地区东北部各市州的人口老龄化率高于其他市州。

(5) 2010~2015 年西南地区，人口老龄化热点区由东部向北移动，人口老龄化呈以热点地区为中心，逐渐向外扩散的半包围结构，热点地区主要集中在成渝地区，由此向西南部扩散，从西南地区的东北部到西南部形成依次为热点区、次热点区、次边缘区、边缘区的形态。

(6) 从时间上看，2010~2015 年西南地区人口高龄化指数呈现上升的趋势，但仍旧存在下降的情况。从发展水平看，2010~2015 年，西南地区人口高龄化空间格局总体呈现扩张的趋势。具体而言，第一级和第三级水平区明显呈扩张趋势，第二级水平区的市州数量有较小的增加，而第四级水平区的市州数量减少，范围缩小。

(7) 从两期数据看，2010 年西南地区各市州的独居老年人口数量较少，地区差异较小，但城乡之间存在显著的地域差异。2015 年独居老年人口数量有所增长，城乡独居老年人口也呈现增长的趋势，老年人口独居化率大幅增加，城乡差距逐渐缩小。

(8) 应用标准差椭圆法分析人口"三化"的离散特征得出，2010~2015 年，西南地区人口"三化"椭圆重心由贵州省毕节市分别向西北和东南方向移动，椭圆面积呈现减小的趋势，人口"三化"空间分散趋势减弱，出现了明显的集聚性。由于短轴和长轴的差距变大以及椭圆偏角小幅增大，表明西南地区人口"三化"空间分布始终呈西北—东南走向。

第 5 章　西南地区人口城镇化

5.1　西南地区人口城镇化和半城镇化特征研究

5.1.1　人口城镇化和半城镇化研究概述

　　近年来，我国的城镇化建设速度大大加快，出现超前现象，由此产生了半城镇化问题。半城镇化人口则是半城镇化问题中最为典型的表现，是城镇化进程中产生的一种新的社会人口现象。城镇化，是指经济的主体发生改变，从以农业为主的经济向以工业为主的经济逐渐转变的历史过程。具体表现在城镇中大量聚集了非农产业，大量人口由从事农业活动向从事非农业活动转移，使得城镇的规模和数量逐渐扩大，人们的生产生活方式由乡村型向城市型转变(王婧和李裕瑞，2016)。城镇化的发展水平，被用来衡量社会进步的水平，同时城镇化也是社会发展的必然趋势。20 世纪 90 年代，我国的城镇化建设快速发展，进入了高速发展的新时期。城镇化发展，有利于促进经济结构调整，实现产业转型(杨勇和杨忍，2014)。但在城镇化发展进程中，由于追求高速度的发展模式，出现了诸多问题，如土地大量用于城镇化建设、发展工业等，使得其超前于人口城镇化。由于人口普查数据工作的欠缺，没有区分常住人口和户籍人口之间的关系，使得常住人口城镇化与户籍人口城镇化存在着巨大差距，呈现出明显的人口半城镇化现象(刘欢等，2017)。为了研究这一地理现象，一些学者提出了人口半城镇化的概念，它是指人口从农村向城镇流动的过程中，由于政策等诸多因素的共同制约，无法真正融入城镇而存在的一种不完全城镇化的流动人口，并由此类人口共同产生的社会人口现象(何为和黄贤金，2012；韩增林等，2017)。半城镇化人口与城镇化人口最大的区别在于是否拥有本地城镇户籍。半城镇化人口是常年居住在本地却没有本地城镇户籍的人口，主要区分为人口学方面的半城镇化人口和地理学方面的半城镇化人口。在本研究中，半城镇化人口是指人口学方面的半城镇化人口。

　　由于城镇化建设的速度较快，进城务工人员处在城镇和乡村之间游走的状态。在计算人口城镇化时，他们都被视为城镇人口，是城镇化率增长速度较快的因素之一。但对于他们来说，城镇化发展对于他们是不公平的，无法享受城镇化带来的好处，不能享受与城镇人口相同的福利制度(刘汉初等，2015)。半城镇化现象，是一种不稳定的、动态的现象，表现出较为复杂的特征，具有明显的过渡性，因此，近年来，成为地理学、经济学和规划学等领域学者的关注重点。对半城镇化进行研究，在城市区域发展、社会经济研究、生态研究等诸多方面都有非常重要的意义(陈贝贝，2012)。在经济快速发展的背景下，对西南地区人口城镇化和半城镇化特征进行研究，对于协调区域发展和城市化进程，促进城乡一体化协同发展具有重要的指导意义。

近年来,城镇化和半城镇化问题被诸多学者所关注,成为经济学家、社会研究学者重点研究的问题,研究的成果越来越多。

从学者对人口城镇化的研究来看,主要有三个方面。①在城镇化进程方面,王亚力等(2014)以洞庭湖区域内的人口城镇化与经济城镇化为研究对象,发现2001年以来,该区域的城镇化发展速度较快,但在这个过程中,对人口城镇化的带动效益较低,使得人口城镇化处于较低水平,明显低于全国人口城镇化的平均水平,且人口城镇化的速度在2007年以后滞后加剧;余凤龙等(2014)利用在城镇化进程中的人口城镇化指数和经济结构发展中的旅游经济收入数据,研究了城镇化进程与旅游经济发展之间的关系,以及城镇化建设是否是旅游经济总收入增长的影响因素,研究表明城镇化是旅游经济发展的基础,城镇化水平与旅游经济发展水平成正比,但城镇化并不能直接推动旅游经济的增长;在时空背景下,孟祥林(2006)以城市和城市群的发展为研究的主要内容,研究了城镇化进程的差异和发展方向,结果表明我国未来城镇化发展的必然选择是以充分发展中小城镇为依托。②在城镇化特征及影响因素方面,刘欢等(2017)研究了长江经济带的人口城镇化时空格局特征,并分析其影响因素,研究发现,该区域内人口城镇化发展极不协调,存在明显的空间分异,产业构成、城镇面积等因素会造成人口城镇化的空间差异;杨勇和杨忍(2014)研究了河南省经济欠发达的农业区域内城镇化的时空变化特征,寻找形成现有特征的因素,研究发现,河南省的城镇化,总体差异程度降低,社会经济发展的水平差距、区位条件和产业结构是造成城镇化空间差异的主要因素;王婧等(2016)以县域为研究尺度,对我国县域城镇化的发展格局和影响因素进行了研究,发现2000~2010年,我国县域城镇化的基本格局呈现出东部地区以及省会城市的城镇化水平较高的特征,全国的人口城镇化发展水平并未发生变化,影响我国县域城镇化空间分异的因素众多,尤其以区域间的经济发展水平差距与三大产业结构之间的比例特征最为突出。③在城镇化道路方面,刘钊军和胡木春(2012)以特定区域海南省的城镇化发展为实证,结合海南省的地理位置及旅游优势,提出海南省的城镇化建设,要走具有海南特色的城镇化道路;黄娟(2015)认为在城镇化建设中,应充分与生态环境建设相结合,走新型的生态城镇化发展道路;中国人口与发展研究中心课题组(2012)对中国人口城镇化未来发展趋势进行分析后,指出了造成中国人口城镇化滞后的因素,认为提高城镇化建设中的人口城镇化水平,是中国人口城镇化的改革之路。

人口半城镇化的概念主要以人口学和社会学为基础。对于人口半城镇化的研究较少。王春光(2006)针对农民工问题,最早提出了人口半城镇化的概念,是指在农业人口向城镇流动的过程中,由于政策等多方面的原因,他们无法融入城镇,从而出现的人口不完全城镇化现象。人口半城镇化是当下社会发展过程中存在的典型问题,一些学者从成因、现象和特征等方面进行了对此研究。在成因方面:认为人口半城镇化是由城乡二元结构导致的,这种现象虽然普遍,但已经有下降趋势(吴华安和杨云彦,2011);在现象方面:认为人口半城镇化产生了一种新的地域类型,即"似城非城"的区域,主要原因在于城乡政策的不一致性，这种新形成的社会现象，会对社会进步和发展产生制约作用，不利于建设和谐社会(刘盛和等，2004；廖富洲和廖原，2012)。

城镇化和半城镇化的研究成果越来越多，但由于某些原因，这些研究具有一定的局限性。首先在研究范围上，主要集中在全国、全省或者特征区域，很少从西南地区县域尺度和市州尺度进行城镇化和半城镇化的研究；其次，在研究方法上，主要利用回归分析对各个区域做孤立对比分析，很少从大范围尺度分析城镇化与半城镇化的空间联系，忽视了城镇化与半城镇化是社会发展必然产生的问题，它们之间具有明显的空间关联性。

由于城镇化和半城镇化是社会发展的必然产物，同时相关研究较少，因此，本研究从地理学的空间视角出发，研究西南地区人口城镇化与半城镇化的空间格局特征及其影响因素，为西南地区的城镇化发展提供思路指导，并为因地制宜解决城镇化进程中产生的人口半城镇化问题提供理论依据。

5.1.2 研究数据

根据 2000 年和 2010 年全国人口普查分县资料(国务院人口普查办公室和国家统计局人口和就业统计司，2003，2012)，本研究从中提取了西南地区 61 个市州和 544 个县的常住人口、非农人口比重和城镇人口数据，计算西南地区的人口半城镇化率；并结合相应年份的区域经济统计年鉴，提取研究所需的各类经济指标，从市州尺度研究西南地区人口半城镇化的空间分异因素。各市州的行政区划界线以 2010 年为准。

5.1.3 研究方法

1. 空间分析法

应用 ArcGIS10.3 软件的空间分析功能，呈现 2000 年和 2010 年西南地区人口城镇化与半城镇化的空间格局特征。

实际情况中，城镇常住人口由本地常住户籍人口和非本地城镇户籍人口组成。在本研究中，人口城镇化率为城镇总人口与常住总人口的比值；人口半城镇化率为城镇人口和非农业人口的差值与常住人口的比值。在人口普查数据中，对本地城镇人口、非农业人口的数据没有明确统计，只是笼统统计了所占比重，流动人口、城镇人口迁出等数据也没有统计(刘汉初等，2015)。但由于诸多原因，本地城镇人口可能会出现大规模的迁出，或者非本地人口迁入，成为本地常住人口，使得人口半城镇化率的计算结果可能会出现一定误差，甚至出现负值，但却不影响本研究对区域人口城镇化和半城镇化特征进行趋势分析，因为这些误差并不影响其可信度，具有研究价值。

2. 多元回归分析

充分考虑西南地区半城镇化发展过程中呈现的特征,以人口城镇化率和人口半城镇化率为因变量,从经济发展水平、产业结构、教育程度、人口聚集力、医疗卫生水平、城镇固定资产投资 6 个自变量类型中,选取人均 GDP、三大产业总产值、平均受教育年限、人口迁入率、每千人医院床位数、城镇固定资产投资额等数据,借助 SPSS 软件,构建多元回归模型,分析其影响因素。各类指标及算法见表 5-1。

表 5-1　人口城镇化与半城镇化发展格局模拟的自变量

自变量类型	自变量具体名称	计算方式
经济发展水平	人均 GDP/(元/人)	GDP/常住人口
产业结构	第一产业产值/亿元	第一产业总产值
	第二产业产值/亿元	第二产业总产值
	第三产业产值/亿元	第三产业总产值
教育程度	平均受教育年限/年	平均受教育年限
人口聚集能力	人口迁入率/%	(迁入总人数/常住人口)×100%
医疗卫生水平	每千人医院床位数/张	(医院床位数/常住人口)×1000
城镇固定资产投资	城镇固定资产投资额/亿元	城镇固定资产投资

为构建多元回归模型,分析影响西南地区人口城镇化和半城镇化的时空差异因素,现假设如下:①人均 GDP 与人口城镇化率、半城镇化率成正比;②第二、三产业产值越大,人口城镇化率、半城镇化率越高;③平均受教育年限越长,对工作要求越高,从而劳动者选择发达城市为工作地,人口城镇化率、半城镇化率越高;④人口的迁入能提供大量劳动力,但对城镇化建设的影响具有利弊关系,这可能是造成人口城镇化和半城镇化问题的重要因素;⑤固定资产投资是城镇建设的资金来源,城镇固定资产投资额越多,人口城镇化率和半城镇化率越高。

5.1.4　基于市州尺度的西南地区人口城镇化和半城镇化时空格局研究

人口城镇化和半城镇化的空间分布特征,在时间和空间方面的变化最为直观。为了更为直观地分析西南地区人口城镇化和半城镇化的变化规律和空间格局特征,应用 ArcGIS10.3 软件的空间可视化功能,将 2000 年和 2010 年西南地区 61 个市州的人口城镇化率进行空间可视化表达,分析其空间特征。

1. 西南地区市域人口城镇化特征

应用 2000 年和 2010 年全国人口普查分县数据，计算西南地区 61 个市州的人口城镇化率，并用 ArcGIS10.3 空间可视化功能中的自然间断点分级法，将人口城镇化率分为 5 个等级。

总体上，西南地区市域人口城镇化水平整体呈现出东高西低的空间格局特征，区域差异明显。西南地区省会城市人口城镇化率最高，而西部地区人口城镇化率较低，如四川等。云南省德宏州、西双版纳州，广西壮族自治区防城港市、北海市等地区，由于地处边境，对外联系广，人口城镇化率相对较高。而云南省迪庆州、怒江州，四川省甘孜州等地，处在青藏高原南侧的山麓地带，人口城镇化率较低，空间差异明显。

2000 年，西南地区的人口城镇化率偏低，区域间差异明显。其中，攀枝花市、昆明市、贵阳市和成都市四个城市的人口城镇化率较高，城镇化率在 45.77%以上，其他省会城市和邻近城市及边缘城市人口城镇化率相对较高，为 22.17%~45.77%，西部地区或者各省的西部城市人口城镇化率极低，在 15.45%以下，其余地区人口城镇化率为 15.46%~22.16%。

2010 年，西南地区人口城镇化率的空间分布与 2000 年相比，有较大差异，东部城市和省会城市的人口城镇化率明显高于西部城市。高城镇化率城市出现在各省的省会城市，另外，攀枝花市和柳州市也是高城镇化率城市，人口城镇化率在 48.28%以上。次一级的高城镇化率城市在省会城市周围，人口城镇化率为 30.73%~48.28%，受省会城市辐射影响，人口城镇化率较高。低城镇化率城市依旧在西部地区，中部地区昭通市、文山州也是低城镇化率城市，这些地区是自然条件较为恶劣的区域，受自然条件影响较大，人口城镇化率较低。

2000~2010 年，西南地区城镇化发展水平不断提高，总体呈增长趋势。2000 年和 2010 年的平均人口城镇化率分别是 25.07%和 35.24%，十年增长了 10.17 个百分点。总体趋势上，中部地区人口城镇化增长速度最快，其次是东部地区和西部地区。为了研究 2000~2010 年西南地区人口城镇化率的变化速度，使用 ArcGIS10.3 软件中的自然间断点分级法将人口城镇化率的变化值分为 5 个等级。

西南地区中部地区的人口城镇化率增长速度最快，其余地区相对较慢，西部地区增长速度最慢。东部地区重庆市人口城镇化率增长速度最慢，其余地区次之，由于该区域起点高，增长空间较小，同时受严格户籍制度的影响，农村人口在向城镇流动中，无法融入城镇人口中，不能享受与城镇人口相同的社会福利，制约了该地区人口城镇化水平提高的速度。中部地区和广西东部人口城镇化率增长速度最快，这是由于国家出台了中西部区域协调发展的政策，从而推动了中部地区人口城镇化的进程；广西东部地区，靠近经济发达省份，受其辐射带动，人口城镇化率的增长速度也较快；同时由于产业转移，中部城市地缘条件相对较好，资源丰富，承接了大量转移产业，促进了区域间人口的合理流动，使其人口城镇化水平显著提高。而西部地区人口城镇化率增长速度最慢,主要是受到自然环境和历史条件影响,人口城镇化水平起点低、经济基础非常薄弱,人口城镇化率虽在逐渐增加,但增长速度较为缓慢。

2. 西南地区市域人口半城镇化特征

为了更为直观地分析西南地区市域人口半城镇化的变化规律和空间格局特征,应用ArcGIS10.3 的空间可视化功能,将 2000 年和 2010 年西南地区 61 个市州人口半城镇化率进行空间可视化表达,分析其空格局特征。

总体上,西南地区市域人口半城镇化水平呈现出东高西低的空间格局特征,区域差异明显。五省(区、市)省会城市(包括自治区首府和直辖市中心城区)和广西东部城市人口半城镇化率最高,邻近省会的城市人口半城镇化率较高,由各省省会城市向四周分散,人口半城镇化率逐渐降低,这是由于省会城市及附近城市经济水平较高,人口大量向这些地方迁移,但又存在城镇户籍与农村户籍的差异。广西东部、重庆市、贵州省等地区人口半城镇化率较高,四川省东部、云南省东部等地的人口半城镇化率也相对较高,人口半城镇化率较低的区域集中在西部,呈现出明显的空间差异。

2000 年,西南地区市域人口半城镇化率较低。其中,各省(区、市)省会城市人口半城镇化率最高,在 15.73%以上。这些地区开发历史较早,经济发展水平高,大量人口向该区域迁移,因此人口半城镇化率最高。其次为省会城市附近的城市,人口半城镇化率为5.74%~15.73%。四川省阿坝州、甘孜州,云南省迪庆州、怒江州、保山市等西部城市人口半城镇化率最低,有些城市甚至出现了负值。由于这些城市地处西部大山地带,经济发展水平较低,人口大量迁出,而迁入人口较少,人口半城镇化率普遍偏低,同时城镇人口也有迁出,导致某些城市的人口半城镇化率出现负值。

2010 年,西南地区市域人口半城镇化率较 2000 年有所升高,最高值达到了29.85%,空间上存在几个高值区与低值区,空间差异明显。各省的省会城市依旧是人口半城镇化率的高值区,另外昆明市附近城市、广西东部城市也是人口半城镇化率的高值区域,人口半城镇化率为 19.73%~29.85%。这些城市依旧是经济发达区,迁入人口多,但受到户籍制度的制约,他们成为半城镇化人口,导致人口半城镇化率高。最低值区域出现在重庆市、六盘水市和甘孜州,人口半城镇化率为 2.78%~5.15%,重庆市在 2010 年时,行政区域发生了很大变化,很多农村地区并入城市,城镇人口增加,人口半城镇化率较低,甚至与2000 年相比也有所下降。六盘水市城镇化水平在不断提高,同时,工业发展速度放缓,少有人口迁往就业,人口半城镇化率低。其他区域城市,人口半城镇化率相对较高,为5.16%~19.72%,是高半城镇化率与低半城镇化率之间的过渡区域。

2000~2010 年,西南地区市域人口半城镇化率总体呈增长趋势。2000 年和 2010 年平均人口半城镇化率分别为 8.35%和 15.05%,十年间增长了近 7 个百分点,说明经济发展速度加快，人口的流动频率有所增加，但东部地区某些城市出现下降趋势。为了研究其变化特征，将2010年人口半城镇化率与2000年人口半城镇化率相减，得到变化值，由于整体上人口半城镇化率在下降，所以导致某些城市的变化值为负值。用ArcGIS10.3软件中的自然断点分级法将其分为5类，并进行空间可视化表达。

2000~2010年云南省、四川省和广西人口半城镇化率的增长速度较快，贵州省增长速度较慢，而重庆市人口半城镇化率降低速度最快。此外，云南省德宏州的人口半城镇化率下降速度也较快。西部地区城市人口半城镇化率在逐渐上升，上升幅度为2.99%~11.68%。原因在于国家实施了区域协调发展战略，经济滞后地区农业人口转移增加，大量农村人口前往生活条件好的城镇地区，但受到户籍制度的制约，造成人口半城镇化率增加速度较快。其余大多数地区的人口半城镇化率呈缓慢增长趋势。

5.1.5 基于县级尺度的西南地区人口城镇化和半城镇化时空格局研究

将计算出的2000年和2010年西南地区544个县域城市的人口城镇化率和半城镇化率，用ArcGIS10.3软件进行空间可视化表达，以研究县域人口城镇化和半城镇化的时空格局特征。

1. 西南地区县域人口城镇化特征

本节应用西南地区县级尺度人口统计数据，计算县域人口城镇化率，利用空间可视化功能进行研究分析。

总体上，西南地区各县人口城镇化水平呈现出东高西低的空间格局特征，省会城市直辖区高、四周区县低。东部地区的县域人口城镇化率普遍高于西部地区。各市州市辖区人口城镇化率最高，由各市市中心向四周逐渐降低，主要是由于市辖区经济发展水平高，城镇建设在不断加快，因此人口城镇化率高；而西部各县(如云南省西部各县、四川省西部各县等)的人口城镇化率普遍较低，空间差异较为明显。

2000年，西南地区县域人口城镇化率普遍较低。在544个区县中，仅有32个区县的人口城镇化率达到100%，仅占西南地区县域数量的5.88%，且是各城市的市中心区域。而人口城镇化率大于50%的区县也只有68个，仅占西南地区县域数量的12.50%。其余87.50%的区县人口城镇化率均在50%以下，其中人口城镇化率在15.64%以下的区县占西南地区县域数量的42.65%。整体而言人口城镇化率最高的是广西和重庆，其次是四川，其中广西东部县域的人口城镇化率最高。

2010年，西南地区县域人口城镇化率较高。由于西南地区各市市中心区域行政界线发生了变化，农村地区人口并入城镇人口，人口城镇化率达到100%的区县有所降低。人口城镇化率在50%以上的区县有98个，占西南地区县域数量的18.01%，而人口城镇化率在50%以下的区县占西南地区县域数量的81.99%，人口城镇化率在15.64%以下的区县仅占西南地区县域数量的 9.38%。西南地区各区县 2010 年的人口城镇化率与 2000 年相比，有明显的提高。东部地区的县域人口城镇化率明显大于西部地区。

2000~2010 年，西南地区县域人口城镇化率总体呈增长趋势。2000 年人口城镇化率平均为 25.82%，2010 年为 35.33%，增长了近 10 个百分点。

2000~2010 年，西南地区有 61 个区县的人口城镇化率出现了下降，实质上，并不是城镇化没有得到发展，而是这些县在 2000 年城镇面积较小，仅有中心区域，所以人口城镇化率高，而到了 2010 年，由于区县周边农村在行政区划上并入了中心城区，城镇面积有所扩大，而并入的这些农村地区人口仍统计为农业人口，从而导致这些区县的人口城镇化率呈下降趋势。总体上，2000~2010 年西南地区各区县的人口城镇化率呈上升趋势，且增长速度较快，且东部地区的增长速度大于西部，尤其重庆市各区县的增长速度最快，在 26.18%以上，其余大多数区县的增长速度在 12.99%以上。由于自然条件、经济基础、对外联系等多方面原因，这些区域的城镇建设进程速度较快。而西部地区虽然有所增长，但由于发展条件略低于东部地区，起点较低，所以人口城镇化率增长速度较慢。

2. 西南地区县域人口半城镇化特征

通过数据计算 2000~2010 年西南地区县域的人口半城镇化率进行分析可知：总体上，2000~2010 年西南地区县域人口半城镇化水平呈东高西低的空间格局特征，区县之间人口半城镇化差异明显。广西东部、云南省东部、贵州省中部、重庆市西部等区县的人口半城镇化率较高，而四川省西部、云南省西部等地区县的人口半城镇化率较低，处在低水平的人口城镇化发展阶段，空间差异明显。

2000 年，西南地区县域人口半城镇化率较低。其中，人口半城镇化率在 49.10%以上的区县仅有 6 个，占西南地区县域数量的 1.1%，属于市中心区县，经济发达，流动人口较多，导致人口半城镇化率较高。人口半城镇化率为 12.19%~49.10%的区县占西南地区县域数量的 23.16%，其余区县的人口半城镇化率均在 12.19%以下。整体上看，2000 年西南地区人口半城镇化率较低，由于经济发展的不协调，各区县人口半城镇化率存在明显差异，甚至有些区县的人口半城镇化率为负值，也就是说，城镇人口向外迁移而减少，外地人口迁入等，导致人口半城镇化率出现负值，如香格里拉市、长洲区等。

2010 年，西南地区县域人口半城镇化率较高。人口半城镇化率高值区域依旧在东部地区，尤其各城市的市辖区县较高，总体上呈东高西低的空间格局特征。其中，人口半城镇化率在 31.20%以上的区县占西南地区县域数量的 5.7%，这些区域依旧是经济发达、人口迁入地区。人口半城镇化率为 6.71%~31.20%的区县占西南地区县域数量的 81.25%，大多数区县都处在这个阶段。而人口半城镇化率在 6.71%以下的区县约占西南地区县域数量的 15.74%，有些地区的人口半城镇化率出现了负值。

2000~2010 年，西南地区县域人口半城镇化率呈增长趋势，且增长速度较快。由 2000

年的 8.73%增长到了 2010 年的 15.08%，增长了近 7 个百分点。

2010 年西南地区少数区县人口半城镇化率与 2000 年相比有所降低，甚至降低速度较快，这是由于行政界线变化等多种因素作用的结果，并不影响整体分析人口半城镇化率的变化特征。东部地区各区县吸引大量人口迁入，人口半城镇化率增加，而西部地区，吸引条件不足，人口半城镇化率的增长速度较慢。总体来说，东部地区县域的人口半城镇化率增长速度大于西部地区。

3. 人口城镇化和半城镇化对比分析

对 2000 年、2010 年西南地区市域尺度和县域尺度的城镇化、半城镇化特征做对比分析可见，西南地区人口城镇化率和半城镇化率呈现出东部高于西部的特征。人口城镇化率高的区域，人口半城镇化率也高。人口城镇化率和半城镇化率较高的区域，集中于省会城市或者经济水平较高的城市，并呈现出由省会城市向四周分散，人口城镇化率与半城镇化率都呈下降趋势。在城镇化建设过程中，人口城镇化率与半城镇化率是相互作用的，人口城镇化率越高，说明经济发展速度越快，从而吸引了大量外来务工人员，导致人口半城镇化率也高。如昆明市、成都市、南宁市等城市，是相对于西南地区其他城市经济较为发达的地区，不管是基于市州尺度还是县域尺度，人口城镇化率与半城镇化率都高。

5.1.6 人口城镇化和半城镇化影响因素分析

为了研究影响西南地区市州人口城镇化与半城镇化的因素，选取经济发展水平、产业结构、教育程度等 6 个指标，利用多元回归方法，建立多元回归模型。以西南地区 61 个市州为例，分析影响人口城镇化与半城镇化的因素，结果见表 5-2、表 5-3。鉴于前述人口城镇化和半城镇化之间具有相似特征，此处将两者结合，分析其影响因素。

在表 5-3 中，调整 R^2（模型拟合优度）达到了 0.553 和 0.610，是较为显著的模型，再利用逐步回归模型进行验证，该模型合理且具有意义。2000 年西南地区人口城镇化率与半城镇化率的回归模型估计结果显示，8 个变量都通过了显著性检验，回归系数结果符合预期，具体结果体现在：①人均 GDP 越高，说明经济发展水平越高，区域内收入水平高，因受到基础设施、就业岗位等因素的吸引，人口城镇化率高，同时外来人口多，人口半城镇化率也高；②由于产业由农业化向高级化与非农化转移，农业人口从事非农活动，使得第二、三产业产值与人口城镇化率和半城镇化率成正比；③平均受教育年限越长，劳动者的受教育程度越高，有更多的就业资本，经济发达区为他们首选的工作地，使得这些区域人口城镇化率和半城镇化率高；④城镇固定资产投资是城镇化建设的资金来源，投资额越大人口城镇化率和半城镇化率越高；⑤每千人医院床位数越大，卫生水平越高，人口城镇化率和半城镇化率越高；⑥人口迁入为城镇化建设注入了新的活力，提供了大量的劳动力，城镇化建设速度加快，人口城镇化率就会提高，同时人口半城镇化率也会提高。

表 5-2 西南地区人口城镇化率的影响因素评估结果

变量	2000年 系数	标准误差	标准化系数	t	2010年 系数	标准误差	标准化系数	t
(常量)	-3.878	6.900	—	-0.562	-5.847	4.664	—	-1.254
人均GDP/(元/人)	0.021	0.001	0.444	2.461	0.011	0.000	0.287	2.397
人口迁入率/%	1.069	0.265	0.525	4.040	1.771	0.179	0.371	4.308
平均受教育年限/年	2.243	1.254	0.203	1.789	4.610	0.848	0.409	5.438
城镇固定资产投资额/亿元	1.138	0.720	0.301	1.580	0.373	0.487	0.097	0.766
第一产业产值/亿元	-0.012	0.033	0.055	0.368	-0.037	0.022	-0.167	-1.694
第二产业产值/亿元	0.074	0.042	-0.777	-1.777	0.126	0.028	0.271	0.934
第三产业产值/亿元	0.022	0.026	0.257	0.851	0.025	0.017	-0.238	-1.187
每千人医院床位数/张	-0.560	1.054	-0.055	-0.531	-0.124	0.412	-0.012	-0.174
R^2		0.698				0.867		
调整R^2		0.652				0.847		
F		15.047				2.067		
观测值		1467				1467		

表 5-3 西南地区人口半城镇化率的影响因素评估结果

变量	2000年 系数	标准误差	标准化系数	t	2010年 系数	标准误差	标准化系数	t
(常量)	-3.911	2.510	—	-0.710	-8.983	7.790	—	-1.153
人均GDP/(元/人)	0.087	0.001	-0.136	-0.665	0.113	0.000	0.377	2.148
人口迁入率/%	0.631	0.211	0.439	2.985	0.720	0.153	-0.008	-0.045
平均受教育年限/年	1.269	1.002	0.163	1.267	2.826	1.181	0.396	2.393
城镇固定资产投资额/亿元	0.401	0.575	-0.150	-0.697	0.567	0.003	0.053	0.102
第一产业产值/亿元	0.060	0.026	0.388	2.306	0.009	0.020	0.132	0.449
第二产业产值/亿元	0.063	0.033	0.938	1.894	0.141	0.006	-1.104	-1.679
第三产业产值/亿元	0.057	0.021	-0.947	-2.764	0.108	0.005	0.663	1.660
每千人医院床位数/张	-1.113	0.842	-0.154	-1.323	-1.323	0.664	-0.266	-1.993
R^2		0.613				0.712		
调整R^2		0.553				0.610		
F		10.293				21.443		
观测值		1467				1467		

2010年西南地区人口半城镇化率的回归模型估计结果显示，8个变量都通过了显著性检验，回归系数结果符合预期，具体结果体现在：2010年模型拟合优度比2000年模型拟合优度更高，表明自变量对人口城镇化率和半城镇化的影响增大，对区域之间差异的解释力度也更强。回归系数中，人均GDP、第一产业产值、每千人医疗床位数的系数绝对值有所下降，表明这些因素对区域人口城镇化率和半城镇化率的解释力度下降；而人口迁入率、平均受教育年限、城镇固定资产投资额、第二和第三产业产值对人口城镇化率和半城镇化率的解释力度有所增强，表明人口城镇化和半城镇化受产业转型、高素质劳动者、人口流动等因素的影响较大。

本研究中，常住人口城镇化和半城镇化的影响因素模型，能更好地解释西南地区人口城镇化和半城镇化的空间差异，具有社会经济意义，对西南地区的城镇化建设具有一定的借鉴意义，同时也能为解决人口半城镇化问题提供有益参考。

5.2 西南地区县域市民化需求人口分布格局演变

5.2.1 县域市民化需求人口研究概述

近年来，随着西部大开发进程的持续推进，以及"一带一路"倡议的提出，作为丝绸之路经济带到东南亚、南亚、印度洋必经之路的西南地区迎来了良好的发展机遇。在此背景下，西南地区城镇化进程在不断加快，城市建设带来了大量的就业岗位，省内人口大量迁入就业岗位需求大的地区，也吸引着省外人口的迁入，市民化进程在不断加快(刘慧等，2015)。市民化是指在城市化进程中，让生活在农村的大部分农民离开农村进入城市，由农民转变为城市居民，最明显的标志是获得所在地的城市户口及相应的社会权利(葛正鹏，2006)。目前大多数学者主要对农民工的市民化意愿(王桂新和胡健，2015；许抄军等，2015；陈昭玖和胡雯，2016)，市民化成本(杜海峰等，2015；黎红和杨黎源，2017；冯立刚，2018)，影响市民化的因素(黄锟，2011；刘锐和曹广忠，2014；刘小年，2017)等进行了研究。虽然前人在市民化方面的研究已经很多，并取得了大量研究成果，但是大多是基于全国尺度的研究，而我国东、中、西部在各方面存在明显差异，即便是在西部地区，其西南、西北也都有各自的特点。基于全国尺度的研究更加有利于国家宏观政策的制定，但面对小区域时就显得不那么适用。本研究可以完善西南地区关于市民化的研究，可以为即将迎来快速城镇化的西南地区提供一定的数据支持，也可为西南地区城市化政策的制定以及城镇化的建设提供一定参考。

5.2.2 研究数据与处理

本研究的数据来源于2000年和2010年全国人口普查分县资料(国务院人口普查办公室和国家统计局人口和就业统计司，2003，2012)。2010年西南地区的县级行政区划相较于 2000 年变化较大，以 2010 年行政区划为准，2000～2010 年的变化区域通过合并、拆分进行处理。具体处理如下，2000 年广西壮族自治区贺州市分为八步区和平桂区，四川省遂宁市市中区分为船山区和安居区；广西壮族自治区南宁市邕宁县分为邕宁区和良庆区、贵港市覃塘区从贵港市港北区分出、南宁市永新区和城北区合并为西乡塘区；贵州省遵义市撤销遵义县设置播州区和汇川区、贵阳市小河区并入花溪区，沿用花溪区名称；云南省丽江纳西族自治县分为古城区和玉龙纳西族自治县，重庆市万盛区和綦江县合并为綦江区、双桥区和大足县合并为大足区；四川省巴州市分为巴州区和恩阳区，广安市广安区分为广安区和前锋区；广西壮族自治区梧州市苍梧县分为苍梧县和龙圩区，玉林市玉州区分为玉州区、兴业县和福绵区。

5.2.3　研究方法

市民化需求人口测度方法可以在一定程度上描述一个地区的市民化需求(闫东升和杨谨，2017b)。迁入人口并不一定会在当地定居，因此迁入人口并不能简单地等同于市民化需求的人口，其间存在一定的比例关系。本研究引入市民化需求人口指数公式，根据一定的市民化意愿参数以及迁移人口数据可以大致表示出西南地区人口市民化需求的时空分布。

$$CD = CD_{sn} + CD_{sj} \tag{5-1}$$

$$CD_{sn} = \left(k_1 \times \frac{p_1}{p}\right) \times 100 \tag{5-2}$$

$$CD_{sj} = \left(k_2 \times \frac{p_2}{p}\right) \times 100 \tag{5-3}$$

式中，CD 指市民化需求人口指数；CD_{sn} 指省内迁入人口的市民化需求；CD_{sj} 指省外迁入人口的市民化需求；k_1 指省内迁入人口市民化意愿；k_2 指省外迁入人口市民化意愿；p_1 指省内迁入人口；p_2 指省外迁入人口；p 指常住人口数量。

本研究利用 GIS 空间分析方法中的热点分析法，以及 GIS 的空间可视化功能，对西南地区 2000 年、2010 年省内、省外迁入人口进行热点分析，以更好地研究西南地区市民化人口的分布演变格局。GIS 的空间可视化功能则可以帮助探究市民化人口的时空演变特征。

5.2.4　西南地区迁入人口时空格局演变规律

省内外迁入人口不能简单地等于市民化需求人口，但其间存在着一定的联系，探讨省内、省外迁入人口时空格局演变规律有利于更好地把握西南地区县域市民化需求人口演变格局。由于每个区县人口不同，直接用迁入人口比重不能真实反映其时空演变格局，因此，本研究用省内、省外迁入人口比重来表示迁入人口时空演变格局。

1. 西南地区省内迁入人口

2000 年，西南地区省内迁入人口比重最大的地区极少且分布较为分散，仅四川省成都市的两个区，广西壮族自治区南宁市的一个区和来宾市的一个区。省内迁入人口比重较大区域同样较少，呈现出块状的分布格局，主要分布在各省会城市（包括自治区首府和直辖市中心城区，下同）经济发展较好的区域，如贵阳市下辖三县一市六区，三县一市相对于六区来说发展滞后，省内迁入人口比重明显比六区低，而六区中老城区南明区发展较其他五个区好，省内迁入人口比重也因此较其余五个区高。其他省内迁入人口比重相对较高的地区比较显著的特点是依旧以省会城市为主，其余则主要集中在旅游开发较为完善及一些开发矿产资源的地区，同样分布较为分散。开发旅游比较完善的地区如广西桂林市、云南西双版纳州等地的省内迁入人口比重相对较大。矿产资源开发地区如云南个旧市、四川攀枝花市等，由于这些地区相对独立，因此人口迁入没有呈现出连片格局。2010 年西南地区省内迁入人口比重最大值区域分布分散，呈块状格局，多分布于各省中部，在其分布的"块"内多为几个县市集聚，有小区连片格局。次一级高值区与最大值区域的分布有一定类似之处，分布较为分散，但不呈现小区连片格局，分布相对较为独立，以单独的县市为主，这些县市多为旅游型县市、资源型县市。旅游型县市如西双版纳，资源型县市如攀枝花、六盘水的钟山区等。省内迁入人口比重相对较高区域同样显示出类似分布。总体来说大部分地区省内迁入人口比重依旧很低，整个西南地区除少数地区外依旧不是人口迁入的首选地。

2000~2010 年，西南地区省内迁入人口空间格局的变化主要表现为迁入人口比重最大的区域有一定增加，但依旧集中在各省省会及少数旅游型县市，2000 年省内迁入人口比重大的区域到 2010 年其迁入比重基本进一步提升。变化较为明显的还有云南与中南半岛各国边境线上的区域，这个区域同时也是西南乃至全国比较著名的旅游地，可以看出省内迁入人口比重较 2000 年明显增加。显著增加的地区还包括各省发展较好的市州中心区。整体而言，西南地区省内迁入人口有从省会城市向周边县市扩展的趋势，小区域内连片格局显现。

2000~2010 年，西南地区除 35 个县市的省内迁入人口比重降低外，其余县市的省内迁入人口比重都有所增加，但大多数县市的增加值较小，省内迁入人口比重增加 0~2.00% 的县市数量最大，共计 343 个县市，占西南片区总县市数量的 63.05%。省内迁入人口比重超过 4.25% 的县市数量也相对较多，共计 104 个，占西南片区总县市数量的 19.12%，其中绝大多数为省会城市下辖区县、旅游型县市、资源型县市，因为县市数量较少，很难形成连片格局。省内迁入人口比重为 2.00%~4.25% 的县市数量较少（表 5-4）。可以看出虽然整体来说西南地区省内迁入人口比重随时间的推移是增加的，但普通县市的增加值有限，与省会城市、旅游型县市、资源型县市存在明显差异，想要整个西南地区在未来城镇化中平衡发展，相关政策应该向普通县市倾斜。

表 5-4 迁入人口比重各阶段县市数量统计

迁入人口比重/%	省内迁入县市数量/个	占西南地区总县数比重/%	省外迁入县市数量/个	占西南地区总县数比重/%
<-4.42	3	0.55	3	0.55
-4.42～0	32	5.88	57	10.48
0～2.00	343	63.05	429	78.86
2.00～4.25	62	11.40	37	6.80
>4.25	104	19.12	18	3.31

2. 西南地区省外迁入人口

2000 年，西南地区省外迁入人口呈块状分布，且块状面积较大，比重最高的依旧是省会城市下辖的区县，但数量依旧很少，仅云南省昆明市的两个区县。次一级省外迁入人口高值段分布同比重最高区域的分布情况类似，分散不连片，除省会城市下辖区县外，以旅游型县市为主。其他比重相对较高区域的县市数量明显增多，其分布不再局限于省会城市，但依旧是该值段省外人口迁入的重点区，较多都是旅游发展较好的区域，但分布依然较为分散，呈块状分布。值得注意的是，云南省省外迁入人口比重变化明显。随着时间的推移，省外迁入人口比重各地区均有增加，连片趋势增强。西南五省对比，云南省整体的省外迁入人口比重要比其他四个省(区、市)高，其他几个比重较高的区域主要在四川北部、贵州中部、广西和贵州、云南北部及西部，其他地区比重较小。2010 年西南地区省外迁入人口比重最高值区很少，仅云南省昆明市呈贡区和瑞丽市，其中瑞丽市为中国西南地区最大的内陆口岸。次一级高值区县市数量较最高值区增多，但分布依旧较为分散，点缀在各省中部及少数地区，这些区域正好为各省省会地市以及旅游较为发达的县市，其中就包括西双版纳市以及桂林下辖的县市。比重较大的值段在小区域内已经有连片格局，主要分布在云南北部、南部、中部，广西南部、西北部，重庆西部，如云南北部、广西中部已经有四个左右的县市连接成片。下一级高值区域面积极广，基本连接成片，除四川省西北部、东南部，云南省中部，重庆市中西部，广西壮族自治区西北部、东南部比重较小外，连片趋势显著。

2000～2010 年，西南地区省外迁入人口比重变化明显，西南五省的省外迁入人口比重均呈现上升趋势，并且达到一定的规模，如贵州省、云南省除部分地区外其他各地基本已经连接成片，即便是广西、四川、重庆也已经基本连接成条带状或面状，省外迁入人口已经不再局限于省会城市。

由表 5-4 可以看出，2000～2010 年西南地区有 60 个县市的省外迁入人口比重是降低的，占西南地区总县市数量的 11.03%。其他县市的省外迁入人口比重均有增加，但增加的幅度不同，增加 0～2.00%的县市数量较多，共计 429 个，占西南地区总县市数量的比重达 78.86%，而增加值大于 2.00%的县市数量则较少，只有 55 个，说明省外迁入人口比重在西南地区有较大的差异，绝大多数县市省外迁入人口比重的增长比较缓慢。

2000～2010年,西南地区的迁入人口比重发生了一定程度的变化,迁入人口比重较大的区域不再局限于各省会城市,高值区域明显增多,同时高值区域有向其他县市转移的趋势,整体来说省会城市依旧是迁入人口比重较大的区域,整体分布呈现出省会城市—资源型县市—其他县市的格局。此外,省外迁入人口和省内迁入人口相比集聚趋势较弱,迁入地不会太集中于省会城市、资源型县市、旅游型县市,整个西南地区各县市都有可能成为省外迁入人口的选择,同时省内迁入人口比重的增速大于省外迁入人口比重的增速,而且整体来说省内迁入人口比重普遍比省外迁入人口比重大。

5.2.5　西南地区市民化需求人口时空分布格局

迁入人口与市民化需求人口不能简单地等同,迁入人口是否能市民化受到多方面因素的影响,最大的影响因素是迁入地的经济发展水平,经济发展水平越高的城市,迁入人口的定居意愿就越高。一个城市的经济发展水平与其城市等级息息相关,城市规模最主要的参考指标就是城市人口数量,因此本研究参考《关于调整城市规模划分标准的通知》(国发〔2014〕51号)以及前人的研究将城市等级分为三级,将城区常住人口100万以下的城市定义为小城市,将城区常住人口在100万以上的城市定义为大城市,将直辖市、省会城市定义为特殊城市。根据前人的研究,不同等级城市的迁入人口,其市民化意愿有差异,因此本研究参考前人研究制成了西南地区分类别人口定居意愿表(表5-5)。本研究根据研究需要,按照迁入人口的来源将其分为省内迁入人口以及省外迁入人口,以省内迁入人口和省外迁入人口为基础数据,结合市民化需求的意愿(闫东升等,2017),得出2000年、2010年西南地区市民化需求人口的空间分布图,以分析西南地区县域市民化需求人口分布时空演变格局。

表5-5　西南地区分类别人口定居意愿(%)

城市类型	省内迁入人口	省外迁入人口
特殊城市	70	60
大城市	60	50
小城市	50	40

2000年,西南地区市民化需求人口比重最大的区域还是各省的省会,在省会城市内各个县市是连接成片的,但总体来说数量较少、分布分散,依旧很难形成连片格局,主要集中在各省中部位置。次一级高值比重区域数量依旧很少,点缀在各省范围内,多为旅游较为发达的城市,如桂林市。相对高值区域数量较前两者高出很多,从各省角度来看,在各省内分布较为均匀。下一级比重值区域相对来说市民化需求人口比重已经较低,因此分布较为广泛,最为集中的地区为云南中南部,四川省中部、西部、北部,重庆西部及其他省中部,已经呈现出较强的连片趋势。从整个西南地区来看,云南省和四川省

相较于其他三个省的市民化需求人口比重明显较大。2010年西南地区市民化需求人口比重明显增大，比重最大的区域依旧是各省会城市，但区域数量较少，分布分散，集中于各省中部的省会城市以及少数旅游型城市。次一级高值区数量有所增加，大多为单独的一个县市，分布较为分散，难以形成连片格局，市民化需求人口比重较高的地区依旧是旅游型县市及资源型县市，也有一些发展相对较好的市州。相对较高值分布区域有增加，部分区域呈现出小区域连片格局，如四川北部出现六个以上区县连片的格局，这一级的分布大部分都为省会周边的城市，可看出市民化需求有由省会城市向周围扩散的趋势。再下一级的市民化需求人口比重相对来说其比重已经较低，因此分布较广，除四川西部，云南中部、东北部，贵州东北部、西北部，重庆西部，广西东南部、西北部的少数区县以及比该级比重高的区域外，均为其分布地，连片格局明显。总体来说，市民化需求人口比重最大值区域依旧集中在省会城市，但不再局限于核心的几个区，旅游型县市和资源型县市，也都成为市民化需求人口比重较大的区域。

2000~2010年，西南地区市民化需求人口比重的变化较大，2000~2010年西南地区市民化需求人口比重各阶段值分布的区域在2000年的基础上都有所扩大，区县数量增多，同时需求最大的区域有从各省省会城市向周边县市扩散的趋势，次一级比重高值区域也明显增加，多为旅游型县市，说明旅游城市对吸引外来人口定居有很大的影响，相对较高区域也在2000年的基础上增加很多，市民化需求人口比重在1.05%~2.66%的县市数量增加最多，其分布除少数几个县外基本遍布西南五省(区、市)各区县，市民化需求比重在2000年的基础上到2010年都有一定程度的提高，到2010年连片格局明显增强，随着时间的推移连片格局必将继续增强，各县比重也将不断增大。

2000~2010年，西南绝大多数地区的市民化需求人口比重是增加的，但增加的幅度不同，其中增加最多的地区依旧是各省会城市的一些区域，表明各省会城市依旧是迁入人口定居的优先选择地。在各省内有少数呈零星状分布的区域，其市民化需求人口比重在减少，其他地区的市民化需求人口比重值多在0~6.05%。由表5-6可以看出，无论是2000年还是2010年，随着市民化需求人口比重的降低，其城市数量是上升的。2000年、2010年市民化需求人口比重在12.42%以上的县市数量都很少，2000年仅20个，只占西南地区县市数量的3.68%，即便到了2010年，县市数量增加了1倍多，但其占西南地区县市数量的比重依旧很小，仅为9.56%。市民化需求人口比重为6.27%~12.42%的县市数量也有所增加，但所占西南地区县市数量的比重依旧很小，说明西南地区迁入人口具有一定的指向性，往往只选择省会城市、自治区首府或直辖市中心城区等经济较为发达的城市定居。2000年市民化需求人口比重在1.04%以下的县市数量占西南地区县市数量的56.25%，到2010年降低到29.04%，是市民化需求变化最大的区域，说明西南地区市民化需求比重在不断上升。随着时间的推移，迁入人口的意向将不再局限于省会等城市，整体来说西南地区的市民化需求在不断上升，而且上升的趋势明显。

表 5-6　西南地区市民化需求人口比重县市统计

市民化需求人口比重/%	2000 年 县市数量/个	占西南地区总县市数量比重/%	2010 年 县市数量/个	占西南地区总县市数量比重/%
>12.42	20	3.68	52	9.56
6.27~12.42	25	4.60	44	8.09
2.67~6.26	65	11.95	82	15.07
1.05~2.66	128	23.53	208	38.24
<1.04	306	56.25	158	29.04

5.2.6　热点区域识别及特征

通过迁入人口分析以及人口市民化需求分析已经可以在一定程度上反映迁入地区的特征，但是通过热点分析能够对相关变化进行完善以及补充，同时也可以探讨热点区域和市民化需求人口比重的关系，进一步完善西南地区市民化需求人口分布格局的研究。

1. 省内迁入人口热点区域识别及特征

西南地区 2000 年省内迁入人口的热点区域主要是除重庆市外的各省省会及周边县市，以及云南省南部、广西南部、中北部；相对来说对省内迁入人口吸引力较小的地区则位于云、贵、川三省交界处，以及贵州、重庆交界的西部和四川省西部，分布较为分散，呈面状分布。西南地区 2010 年的热点区域分布和 2000 年的极为相似，吸引力大的地区依旧是 2000 年吸引力大的地区，面积变化也较小，反而吸引力较小的地区有所扩大，主要是云南省的中部、广西和贵州西南交界处，贵州西部的条带延伸到广西边境。

西南地区 2000~2010 年的省内迁入人口热点区域分布变化较小，仅有少数县市发生了变化，但共同特征是受欢迎的迁入地集中在少数地域，其实也可以看出西南地区对迁移人口吸引力还是较小，这与经济发展等因素息息相关。

2. 省外迁入人口热点区域识别及特征

2000 年西南地区对省外迁入人口吸引力最大的区域为云南东北部、南部和广西的西北部地区，而吸引力最小的区域为四川南部以及西部，整体来看云南省是整个西南地区省外迁入人口分布的热点区域，也即较受省外迁入人口欢迎的一个省份。2010 年西南地区对省外迁入人口吸引力最大的区域在云南南部、东北部、西北部，广西南部、东北部，重庆西部，吸引力最小的区域为四川南部以及西部，分布较为分散，连片格局不强。

2000~2010 年西南地区对省外迁入人口吸引力大的区域有所增加，但增加的面积较小，分布依旧较为分散，连片格局趋势弱；次一级吸引力的区域的面积也有所增加，但也只在少数地区，连片格局趋势依旧很弱；吸引力最小区域的面积也有所增加，整体来说西南地区对省外迁入人口的吸引力依旧很小，即便人口迁入，其迁入地区也集中在少数有一定知名度、经济发展水平较其他县市高的地区。

5.2.7 西南地区县域市民化需求人口影响因素分析

西南地区市民化需求人口相对来说特征明显，具有极强的指向性，市民化需求人口比重高的区域很集中，这些县市绝大多数为省会城市、旅游型县市、资源型县市，当然也受到国家政策等的影响，因此可以通过市民需求人口空间分布特征图以及各阶段比重值对应的县市数量等关系来分析其影响因素。

1. 省会城市的经济优势

省会城市一般为一个省的政治、经济中心，其经济发展水平在省内具有一定的优势，而西南五省(区、市)省会城市(包括自治区首府和直辖市主城区，下同)的经济状况皆优于区域内其他县市。随着外来人口的迁入定居，西南地区的市民化也在不断向前推进，表现为省会城市市民化需求人口比重大，市民化发展不均衡。

由表 5-7 可以看出，2000 年市民化需求人口比重在 12.42%以上的县市数量为 20 个，其中省会城市为 17 个，比重为 85%。市民化需求人口比重在 6.27%~12.42%的县市总数量为 27 个，其中省会城市为 7 个，比重为 25.93%。而在其他几个阶段，随着市民化需求人口比重的降低，其县市数量是增加的，而省会城市数量有所降低，其占比也随之降低，市民化需求人口比重低于 1.04%的这个阶段其比重更是降低到 3.59%。2010 年市民化需求人口比重在 12.42%以上的县市总数量为 52 个，其中省会城市为 32 个，其比重高达 61.54%。可以看出，外来人口迁入的首选之地大多为省会城市，这样的特征在省内迁入人口上具有明显体现。2000~2010 年省内迁入人口比重在持续提高，但相对来说增长最快的还是各省的省会城市，从表 5-7 也可以明显看出省会城市的市民化需求人口比重变化最大，在 2000~2010 年市民化需求人口比重增加超过 11.90%的城市都为省会城市，相较于 2000 年更加具有显著性。随着时间的推移，省会城市依旧会是省内迁入人口优先选择之地，同时也是市民化需求人口比重最大且上升速度最快的区域。

表5-7 西南地区市民化需求人口比重县市分布统计表

市民化需求人口比重/%	2000 年			2010 年		
	总数量/个[①]	省会城市/个[②]	比重[③]/%	总数量/个	省会城市/个	比重/%
>12.42	20	17	85.00	52	32	61.54
6.27~12.42	27	7	25.93	44	8	18.18
2.67~6.26	63	8	12.7	82	8	9.76
1.05~2.66	128	12	9.38	208	6	2.88
<1.04	306	11	3.59	158	3	1.90

注：① 代表县市数量；② 代表省会城市县市数量，其中包括重庆市主城区的数量；③ 代表省会城市县市数量占总县市数量的比重

2. 旅游型县市的经济优势

近年来西南地区旅游发展较为快速，在全国的知名度不断上升，这也吸引了大量的外来人口迁入，很多迁入人口定居在旅游区进行旅游区的建设以及开发，因此旅游开发的区县也成为迁入人口较多、市民化需求人口比重较高的区域。2000年广西北海市的海城区、桂林市下辖的几个县市、贵州遵义市的红花岗区、云南西双版纳等几个重要旅游县市是除各省会城市以及广西来宾市外省内迁入人口比重最高的区域；2010年省内迁入人口比重在23.9%以上的城市中除各省省会城市以及少数区县外，旅游型县市依旧占有较大的比重。

2000年、2010年西南地区省外迁入人口的分布特征也表现出相似的趋势，在省外人口迁入比重为6.29%的20个城市中有7个旅游资源丰富的县市，其旅游收入占地区生产总值的比重较大，如云南省瑞丽市、景洪市；广西桂林市的七星区、象山区、秀峰区，北海市的海城区；贵州省著名景点小七孔所在地荔波县。2010年西南地区省外迁入人口比重为5.29%以上的共计40个县市，其中省会城市（包括自治区首府和直辖市中心城区，下同）县区市共16个，而旅游城市有12个，占该比重段总县数的30%，仅仅比省会城市少10%，其中包括云南省思茅区、瑞丽市、香格里拉市、景洪市、丽江市古城区；广西北海市海城区、银海区，桂林市下辖的几个县市。这类县市旅游开发较早，都具有一定的知名度，其和旅游相关产业的收入在国民收入中占很大的比重。

3. 资源型县市的经济优势

众所周知，中国的矿产资源储量及开采量在世界上的排名都极为靠前，可以说是一个矿产资源丰富的国家，但是矿产资源分布不均衡，总体来说西多东少。西南地区矿产资源丰富，在开发这些资源时提供了大量的就业岗位，也为所在县市的经济发展提供了巨大的帮助，因此吸引了省内、省外大量人口迁入并定居。2000年西南地区省内迁入人口比重在11.96%以上的除省会城市、旅游县市及广西来宾市外，其余都为资源型县市，如有"五羊开泰"之称的绵阳，盛产磷矿，其中涪城区就是四川绵阳的一个区，还有煤炭储量极为丰富的六盘水市，其钟山区省内迁入人口的比重也较大，还有就是攀枝花市，其中东区省内迁入人口的比重也较大；2010年西南地省内迁入人口比重在23.90%以上的资源型城市有涪城区、攀枝花市的东区，相对于其他区县来说其省内迁入比重较高，省内迁入人口比重在17.97%~23.90%这一值段依旧有资源型城市。2000年和2010年云南个旧等资源型城市的省外迁入人口比重值都较高，说明也是迁入人口优先选择并市民化的地区之一。

4. 国家政策

1999年11月"西部大开发"战略的提出极大地推动了西南地区的经济发展，在各种政策的鼓励以及支持下，大量人口为西部建设而迁入西南地区，并且定居下来，也极大地推动了市民化的进程。2000~2010年西南地区544个县中仅有34个县的市民化需求人口比重有所下降,其余县市的市民化需求人口比重均有上升。表5-8显示市民化意愿上升0~6.05%的县市数量最多,共有463个,占比为85.11%,这些都和西部大开发等国家政策有很大的关系。

表5-8 西南地区市民化变化县市数量统计

市民化意愿变化/%	数量/个	比重/%
-10.6 ~ -2.02	7	1.29
-2.03 ~ 0	27	4.96
0 ~ 6.05	463	85.11
6.06 ~ 11.89	28	5.15
11.90 ~ 27.25	19	3.49

通过省内/省外迁入人口比重、市民化需求人口比重、迁入热点区域的识别,可以清晰地看出无论是省内迁入人口还是省外迁入人口都具有明显的指向性,迁入人口比重最高的主要是省会城市、旅游型县市、资源型县市,表现出省会城市＞旅游型县市＞资源型县市＞普通县市的现象。其实无论是省会城市、旅游型县市,还是资源型县市,其经济水平都要优于本省乃至整个西南地区的其他县市。因此影响人们迁入定居并市民化的最主要因素还是"经济发展水平",即便是国家政策,也是为了促进经济发展,同时吸引人口迁入并市民化的过程。西南地区的市民化具有强烈的经济指向性。

5.3 本章小结

本研究通过计算西南地区各市州的人口半城镇化率,利用ArcGIS10.3软件的空间可视化功能分析其特征,并以经济发展水平、产业结构等指标为自变量,建立多元回归模型,分析这些变量对人口半城镇化的影响。本章主要研究结论如下。

(1)西南地区市域人口城镇化水平整体呈现出东高西低的空间格局特征,区域差异明显。西南地区五省(区、市)省会(包括自治区首府和直辖市中心城区)的人口城镇化率最高,由各省省会城市和中心城区向四周分散,人口城镇化率逐渐降低。2000年,西南地区人口城镇化率偏低;2010年,西南地区人口城镇化率空间分布与2000年相比,有较大差异,东部城市和省会城市的增长明显高于西部地区城市。2000~2010年,西南地区城镇化发展水平不断提高,总体呈增长趋势。

(2)西南地区市域人口半城镇化水平呈现出东高西低的空间格局特征,区域差异明显。省会城市、中心城区和广西东部城市人口半城镇化率最高,由各省省会城市向四周分散,人口半城镇化率逐渐降低。2000年,西南地区人口半城镇化率较低;2010年,西南地区人口半城镇化率较2000年有所升高，空间上存在几个高值区与低值区，空间差异明显；2000~2010年，西南地区人口半城镇化率总体呈增长趋势。

(3) 西南地区各县人口城镇化水平呈现出东高西低的空间格局特征，各市州辖区人口城镇化率最高，由此向四周逐渐降低。2000年，西南地区县域人口城镇化普遍较低；2010年，西南地区县域人口城镇化率较高；2000~2010年，西南地区县域人口城镇化率总体呈增长趋势。西南地区县域人口半城镇化水平呈东高西低的空间格局特征，区县之间人口半城镇化水平差异明显。广西东部、云南省东部、贵州省中部、重庆市西部等地城镇化率较高，而四川省西部、云南省西部等地城镇化率较低。2000年，西南地区县域人口半城镇化率较低；2010年，西南地区人口半城镇化率较高；2000~2010年，西南地区县域人口半城镇化率呈增长趋势，且增长速度较快。

(4) 人均GDP越高，人口城镇化率和人口半城镇化率就越高。由于产业由农业化向工业化与非农化转移，第二、三产业产值与人口城镇化率和半城镇化率成正比；平均受教育年限越长，人口城镇化率和半城镇化率就越高；城镇固定资产投资是城镇化建设的资金来源，投资额与人口城镇化率和半城镇化率成正比；每千人医院床位数越多，卫生水平越高，人口城镇化率和半城镇化率越高；人口的迁入使得城镇化率增长速度加快，同时也增加了人口半城镇化率。2010年模型的拟合优度比2000年模型的拟合优度更高，表明自变量对人口半城镇化的影响增大，对区域之间差异的解释力度增强。回归系数中，人均GDP、第一产业产值、每千人病床数的系数绝对值有所下降，表明这些因素对区域人口城镇化和半城镇化的解释力度下降；而迁入人口比重、平均受教育年限、城镇固定资产投资额、第二、三产业对人口半城镇化的解释力度有所增强，表明人口城镇化和半城镇化受产业转型、高素质劳动者、人口流动等因素的影响较大。

(5) 西南地区迁入人口主要以省内迁入为主，相较于省外迁入人口其比重较高，但是对于迁入地两者呈现出相同的特点，迁入区县主要是省会城市下辖区县、旅游型县市、资源型县市，其他普通县市迁入人口的比重相对较小，而且其比重有省会城市下辖区县＞旅游型县市＞资源型县市＞普通市县的规律，但省内迁入人口指向性更强，迁入的地点也相对更为集中。2000~2010年无论是省内迁入人口还是省外迁入人口其比重随时间的推移都在不断增大。

(6) 西南地区市民化需求人口比重和迁入人口的比重类似，同样呈省会城市下辖区县＞旅游型县市＞资源型县市＞普通县市的规律。2000~2010年西南地区最主要的人口迁入地依旧是省会城市下辖区县，但有向周边县市扩散的趋势，整个西南地区除少数县市外市民化需求人口比重都是增加的，但增加比重最大的还是省会城市。整个西南地区的市民化需求差异比较显著，经济发达的地区如省会城市、旅游型县市、资源型县市是市民化需求最大的区域，因此西南地区的市民化需求具有很强的经济指向性。

(7) 迁入热点区域可以显示迁入人口的优先选择地，也可以侧面反映市民化需求。无论是2000年还是2010年西南地区人口迁入最热门的区域依旧是省会城市、旅游型县市、资源型县市，因为相比其他县市，其经济具有优势，也侧面显示市民化需求的经济指向性。

(8) 整体来说西南地区的普通县市市民化需求人口比重在不断增高，也体现了普通县市城镇化发展的迫切需求，侧面反映了未来西南地区整体规划发展将无法忽视这类县市。

通过以上结论，发现西南地区人口城镇化、半城镇化的空间分布不均衡性是区域间的差异性造成的，不利于推进城镇化的建设与发展。对于城镇化的建设，应倡导区域均衡发展，缩小区域间的发展差距，实现同步城镇化。但在城镇化过程中，只要农村迁移的人口得不到有效安置，半城镇化人口增加，从而人口半城镇化率逐渐增大，城镇化进程就会因此而受阻。在城镇化过程中产生的人口半城镇化问题，在空间上并不是无迹可寻，它具有一定的规律性，区域间存在差距。

西南地区在全国来说无论是经济发展水平还是教育发展水平都较为滞后，虽然城镇化进程速度和市民化进程速度不断加快，但依旧远远滞后于全国平均水平。更好地促进西南地区的经济发展，缩小东西部各地区之间的差异，是国家未来一段时间需重视的问题。西南地区教育发展较为滞后，缺乏各方面的科技人才，同时很难在近期就培养出能满足西南地区城镇化建设的人才，这样的情况下吸引其他地区或省内剩余劳动力迁入加入市民化进程的建设显得尤为重要。虽然有西部大开发等政策的影响，已经有很多人才迁入，但相比于省内迁入人口其比重依旧很低，这也和西南地区经济发展水平有很大的关系。如何推动西南地区城镇化建设，有效推动地区市民化进程，缩小西部与东、中部发展差异是一个难题。

第6章 西南地区少数民族人口特征

6.1 西南地区少数民族人口空间分布研究

我国西南地区具有多样的民族文化，是我国少数民族人口分布众多的地区。随着时间的推移，中国城镇化速度在不断加快，西南地区少数民族人口在各个省、市的分布特征发生了改变。近年来中国少数民族的发展越来越受到重视，国内外学者从不同尺度去分析其发展与变化情况。①从全国尺度(高向东等，2016)、地区尺度(秦向红，1998)、省级尺度(李松等，2015)、市州尺度(霍冬梅，2016)，运用 GIS 技术对中国少数民族的发展进行了研究，得出人口密度发展水平与经济发展水平有关(霍冬梅，2016)；②从少数民族人口迁移尺度进行研究，发现随着时间的推移，我国城镇化进程加快(崔许锋，2014)，与邻国、邻省接壤或临近省会城市的市州，人口流动性强，容易产生少数民族人口迁移(李扬等，2015)；③运用 GIS 技术从少数民族人口空间分布尺度进行研究(陈楠，2005)，发现中国少数民族人口在分布格局上具有非凡的稳定性(高向东和王新贤，2018)。一些学者研究了全国或某个市州的少数民族人口分布情况，但是很少有学者研究中国西南地区的少数民族人口分布。

本研究对 2000~2010 年西南地区少数民族人口数据进行详细的测算和分析，包括西南地区人口总数、少数民族人口总数和人口密度的时空分布情况。西南地区是我国少数民族人口聚集最多的地区，广西、贵州和云南历来就是我国少数民族人口位居前列的省份。云南省拥有众多民族，是我国民族最多的省，广西壮族自治区则是壮族人口最多的省份。贵州省是中国唯一没有平原的省份，地势复杂，经济发展较东部地区滞后，但是却分布了众多的少数民族。

6.1.1 研究数据

本研究使用的数据主要来源于《2000 年人口普查中国民族人口资料(上下册)》(国家统计局人口和社会科技统计司和国家民族事务委员会经济发展司，2003)和《中国 2010 年人口普查分民族人口资料(上下册)》(国家统计局人口和就业统计司，2013)。根据人口普查的数据来统计西南地区各省的人口数和少数民族人口数。本研究中的少数民族总人数，不包括汉族人口、民族不明的人口和加入中国国籍的外来人口。变更的市则根据"中华人民共和国行政区划"，调整 2000~2010 年发生变化的地级城市。以 2010 年的市州区划为准，将 2010 年以前所变更的县区矢量边界和人口数进行整合，确保能进行比较的可行性。

6.1.2 研究方法

本研究统计了2000～2010年中国西南地区61个市州的总人口数据和少数民族人口数据。将2000～2010年行政区划发生变更的市州以2010年的划分为标准进行数据整合统计。运用相关的公式计算出2000～2010年西南地区各省、市州的少数民族人口比重、变化率和增长率等,并进行分析。使用GIS空间分析和热点分析方法,运用ArcMap10.3软件分别制作2000年和2010年西南地区少数民族人口空间分布图和热点分布图,然后运用比较分析法,分别对2000年和2010年西南地区的少数民族人口分布特点进行比较分析,观察2000～2010年西南地区各省、各市州的少数民族人口分布变化特征,少数民族人口聚集的热点区域的变化特征。

6.1.3 基于省级尺度的少数民族人口时空特征分析

根据2000年全国人口普查数据和2010年全国人口普查数据得出,2000年和2010年西南地区的总人口数分别为23432.34万人、23600.28万人。因此,2000～2010年西南地区的总人数增加了167.94万人。西南地区2000年的少数民族人口数为4969.63万人,2010年的少数民族人口数为5108.88万人,增加了139.25万人,西南地区的少数民族人口增长显著,而且呈直线上升的趋势。2000年西南地区少数民族人口数占西南地区总人口的比例为21.21%,2010年西南地区少数民族人口数占西南地区总人口的比例为21.65%。由表6-1可以看出,2000～2010年西南地区少数民族人口数总体上呈增长的态势,但一些省级行政区的少数民族人口数有所减少;相应地,少数民族人口比重呈上升或下降趋势。例如,四川省、重庆市的少数民族人口比重呈上升趋势,而贵州省、云南省和广西壮族自治区的少数民族人口比重呈下降趋势。

表6-1 2000～2010年西南地区少数民族人口数量变化

省(区、市)	2000年人口普查总人数/万人	2010年人口普查总人数/万人	2000年少数民族人口数/万人	2010年少数民族人口数/万人	2000年少数民族人口比重/%	2010年少数民族人口比重/%
广西	4385.45	4602.38	1682.77	1710.74	38.37	37.17
云南	4236.01	4596.68	1415.13	1534.56	33.41	33.38
贵州	3524.77	3474.86	1262.55	1179.16	35.82	33.93
四川	8234.83	8041.75	411.85	490.74	5.00	6.10
重庆	3051.28	2884.62	197.33	193.69	6.47	6.72

从西南地区各省(区、市)的少数民族人口分布来看,2000～2010年,西南地区少数民族人口主要分布在广西壮族自治区、云南省、贵州省。这也与我国历来的少数民族人口分布情况一样。经过十年的变化,云南省、广西壮族自治区的总人口数呈上升趋势,然而

贵州省、四川省、重庆市的总人口数呈下降趋势。根据表6-1的数据，西南地区各省(区、市)少数民族人口数的变化情况分别为：四川省增长了19.16%，云南省增长了8.44%，广西壮族自治区增长了1.66%，贵州省下降了6.60%，重庆市下降了1.84%。2000～2010年，四川省和重庆市的总人口数呈下降趋势，少数民族人口数也呈下降趋势，但少数民族人口比例却在上升。所以西南地区少数民族人口所占的比重仍然呈升高的趋势。

四川省和重庆市2010年的少数民族人口比重比2000年的大。少数民族人口的空间分布变大。贵州、云南、广西的少数民族人口会往周边经济发达的省或市，以及我国东部地区经济发展好的、劳动力需求量大的城市迁移，导致省内少数民族人口比重下降。

6.1.4 基于市州尺度的少数民族人口时空分布特征分析

1. 基于市州尺度的少数民族人口分布特征

2000～2010年，西南地区少数民族总人口数呈递增的趋势，但是部分市州少数民族人口分布的变化特征大，部分市州的分布变化特征小。2000年西南地区少数民族人口分布少于17.53万人的地级市为：乐山市、昭通市、玉林市等；2010年西南地区少数民族人口分布少于17.53万人的地级市为：乐山市、昭通市、玉林市等。2000年和2010年的全国人口普查数据表明，广西南宁市、百色市、河池市及贵州黔东南州在经过十年的变化后，少数民族人数仍然在200万人以上。汉族为四川省东部地区的主体民族，随着时间的推移，这里仍以汉族人口居多，少数民族人口变化不大。2000～2010年我国西南地区少数民族人口数变化较大的市州为贵州省的贵阳市，云南省的昭通市、红河州和保山市，四川省的凉山州，其余市州少数民族人口数变化不大。少数民族人口数变化大的市州，主要位于国界与省界的边缘。

西南地区东部大部分市州的少数民族人口变化率为负，包括玉林市、六盘水市、重庆市、内江市等，这些地区2010年的少数民族人口数比2000年少。西南地区西部各市州的变化率为正值，包括南宁市、贵阳市、昆明市、攀枝花市等，这些地区2010年的少数民族人口数比2000年多。整体上看，2000～2010年西南地区少数民族人口数的变化率呈增长趋势。其中变化率最大的为昭通市，其次是与邻国接壤的保山市，以及成都市、雅安市和眉山市。西南地区西部少数民族人口数变化率大的市州主要位于与邻国接壤和与西藏自治区、青海省接壤的地区，在与邻省接壤的地区会有大量的人口跨省迁移，人口流动性大。

2. 西南少数民族人口空间分布热点分析

热点分析是判断人口分布情况的常用方法。少数民族人口聚集最多的区域和最少的区域可以通过热点分析图直观看出。本研究使用ArcMap10.3软件中的热点分析工具分析

2000 年和 2010 年西南地区少数民族人口的热点分布。其中热点值大于 2.0 为显著热点区域，位于 1.0~2.0 则为次热点区域，位于-2.0~1.0 则表示随机分布，小于-2.0 则为显著的冷点区域。

热点分析结果表明，2000~2010 年西南地区少数民族人口热点分布区域逐渐扩大，这些热点分布区域与西南地区少数民族人口传统分布区域大致吻合。随着时间的推移，西南地区仍然是一个少数民族人口分布的热点区域。2000 年西南地区少数民族人口分布的热点区域为：崇左市、铜仁市等；2010 年西南地区少数民族人口分布的热点区域为：崇左市、铜仁市等。2000 年次热点区域为：红河州、文山州、桂林市；2010 年次热点区域为：普洱市、红河州。2000~2010 年成都、雅安和达州等市一直是少数民族人口分布的冷点区域。2000~2010 年西南地区少数民族人口在广西西北部、贵州东南部、云南南部等地区形成了多个热点区域。少数民族人口在西南地区分布最多的省份为广西壮族自治区，其少数民族人口占总人口的比重也最大。2000 年，广西壮族自治区是壮族人口的热点区域，至 2010 年，广西壮族自治区少数民族分布的热度也都没有减少。贵州省的东南部地区为苗族等民族人口的主要分布地，这里聚集了众多的少数民族人口，成为少数民族人口聚集的热点区域。云南省则是一个多民族聚居的省份，是一个少数民族大省，拥有 56 个民族，分布在云南省的各个市州。但是 2000 年云南省的少数民族人口分布无热点区域，有次热点区域，在其东南部，至 2010 年，文山州成了云南省第一个少数民族人口分布的热点区域。云南省文山州主要分布的少数民族为壮族、苗族。文山州与广西壮族自治区少数民族人口热点分布市州相邻，其少数民族人口数变化会受到人口流动的影响。云南省的普洱市地理位置独特，也是南方丝绸之路茶马古道的起源地，优越的地理位置为普洱市带来了更多发展出口贸易经济和旅游业的机遇，经济的发展带来了就业机会，周围的人口就会迁入，也会有许多少数民族人口迁入。2000~2010 年，普洱市少数民族人口数有所增加，少数民族人口分布热点度也随之上升。热点度上升的还有四川省凉山州。凉山州与云南省接壤，拥有丰富的旅游资源，旅游业的发展不仅带动了当地的经济发展，而且吸引了周边人口迁移至此。桂林市位于广西东北部，与湖南省接壤，是西南地区少数民族人口分布热点区域减少幅度最大的市州，桂林与邻省接壤，其人口流动性大，再加上旅游业的发展，会使得外地人来此投资发展，也会有桂林本地居民向周边地区流动。

西南地区少数民族人口分布较为广泛，少数民族人口分布的热点区域与人口分布数量有着密切关系，四川省和重庆市的少数民族人口分布相对于西南地区其他三省份较少。四川省的雅安市、德阳市、乐山市等为少数民族人口分布较少的区域。四川省的东部主要为少数民族人口分布的冷点区域，这与该地区少数民族人口分布数量较少密切相关。随着西南地区经济的不断发展，以及少数民族人口流动性的不断增强，预计少数民族人口分布的冷点区域也会不断减少。

6.2 西南地区人口较多少数民族空间分布特征

近年来，随着旅游、信息等服务业和交通业的迅速发展，西南地区被越来越多的人了解，也有更多的人走进西南地区。研究分析人口较多少数民族的分布特征有利于推进经济发展战略、实施民族文化政策、促进地区经济发展。

我国少数民族空间及地域分布特征是诸多学者研究的重要内容之一（管彦波，1996；马冬梅等，2016），主要从地理学、历史学、经济学的角度分析少数民族的分布特征。从地理学角度研究少数民族聚族而居的优越条件（郭俊理等，2005；高向东等，2016），其研究涉及多尺度，包括少数民族聚居区（马冬梅等，2016；郑长德，2008）、地级尺度（郑长德，2008；王晓君，2017）、边疆地区（秦向红，1998）和省级尺度等（代仙等，2017；杨琰和王红蕾，1999）；从历史学角度分析各少数民族聚族而居的历史因素（马冬梅等，2016）；从经济学角度分析影响少数民族人口变化中经济的"推力"和"引力"（秦向红，1998；马菁华，2011）。

借助 GIS 技术定量化研究人口分布，使得研究结果更加精确和科学。以往研究的对象主要是沿海地区、中部地区以及个别少数民族聚居的西部省份，而对西部大多偏远地区的少数民族聚居地研究较少，特别是对广西、重庆、四川、贵州、云南五省（区、市）少数民族聚居地分布特征的研究更少。

本研究借助 ArcGIS 软件，对四川省、贵州省、云南省、广西壮族自治区、重庆市人口数在前五位的少数民族，即壮族、彝族、苗族、土家族、布依族人口的时空变化特征和地域分布特征进行探究和分析，以期为西南五省（区、市）制定可持续的民族经济发展战略和民族文化发展策略提供有效、科学的依据。

6.2.1 研究数据与方法

本研究借助 ArcGIS 软件分析 2000~2010 年西南地区壮族、苗族、彝族、土家族和布依族人口的时空分布特征和地域分布特征。

本研究通过对《2000 年人口普查中国民族人口资料（上、下册）》和《中国 2010 年人口普查分民族人口资料》（国家统计局人口和就业统计司等，2013）进行整理，对西南地区 61 个市州壮族、彝族、苗族、土家族和布依族 2000 年和 2010 年两个年份的人口进行统计，分别计算出西南五省（区、市）壮族、彝族、苗族、土家族、布依族的人口数，再计算出西南地区每个民族的总人口数。2000~2010 年，西南地区部分市州名称和辖区有变化，本研究通过查找资料确定其辖区范围。

6.2.2 西南地区人口较多少数民族空间分布特征分析

1. 壮族人口时空分布特征分析

壮族人口的数量在西南五省(区、市)少数民族人口中位居第一,主要聚居在广西壮族自治区和贵州省、云南省与广西壮族自治区的交界处。从壮族人口的时空分布特征看,2000~2010年西南地区壮族人口的分布变化较小,主要集中分布在广西壮族自治区西部地区和北部地区的各市州,在四川省南部、重庆市、贵州省南部、云南省东部和中南部地区的各市州也分布较多。2000~2010年,云南省的楚雄彝族自治州和贵州省的贵阳市、遵义市等的壮族人口的增长较显著,楚雄彝族自治州壮族人口由857人增加到1287人,贵阳市壮族人口由4399人增加到6086人,遵义市壮族人口由972人增加到1599人。广西壮族自治区崇左市壮族人口减少得较显著,由2000年的1764333人下降到2010年的1747233人。从西南地区壮族人口的地域分布特征看,壮族人口分布呈现南多北少、东多西少的特征,其中壮族人口分布在175万人以上的有广西壮族自治区的百色市、南宁市和河池市等;壮族人口分布为54万~175万人的有云南省的文山州、广西的来宾市和柳州市;壮族人口分布为0.5万~54万人的有广西壮族自治区防城港市、北海市、桂林市,贵州省的黔南布依族苗族自治州、云南曲靖市及昆明市以及重庆市;壮族人口分布在0.5万人以下的市州主要位于云南省中西部地区、四川省全省和贵州省的北部和西部地区。从西南地区壮族人口分布的变化率来看,四川省泸州市、雅安市、眉山市等的变化率最大,变化率为1.19%~1.98%。变化率为0.51%~1.18%的在西南地区中西部,包括贵州的遵义市、毕节市,重庆市全市,四川省的成都市、乐山市,云南省的迪庆藏族自治州和昭通市等。四川省攀枝花市、自贡市等居住的壮族人口变化率较大,变化率为0.20%~0.50%。变化率为-0.18%~0.19%的在西南地区分布较广,包括广西壮族自治区、贵州省黔西南布依族苗族自治州和黔东南苗族侗族自治州、四川省西部大部分地区及云南省大部分地区,该部分地区的壮族人口分布变化率相对较小。西南地区壮族人口分布变化率为-0.85%~-0.19%的包括广西壮族自治区玉林市、贵州省黔南布依族苗族自治州、云南省怒江傈僳族自治州、四川省资阳市和巴中市,该部分地区的壮族人口均出现减少的情况。

2. 彝族人口时空分布特征分析

彝族人口数在西南地区各少数民族人口中居第二位。彝族人口在四川省北部地区和广西壮族自治区大部分地区分布较少,其彝族人口在0.1万以下;在四川省南部地区、云南全省、贵州全省和重庆全市分布较多、较均匀。从彝族人口分布的时空特征看,2000年,四川省的凉山彝族自治州为彝族人口较集中的地区,彝族人口为100万~230万人;彝族人口在60万~100万人的地区主要有云南省的楚雄彝族自治州和红河哈尼族彝族自治州,这也是彝族人民聚族而居的大本营之一;彝族人口在 30 万～60 万人的地区,主要有云南省的大理白族自治州、文山壮族苗族自治州、昆明市以及贵州省的毕节市等,这些地区的彝族人口占了西南地区彝族总人口的很大一部分;彝族人口在 0.1 万～30 万人的主要分布在贵州省、重庆市、四川省的南部及西部地区,该部分市州的彝族人口相对楚雄彝族自治州等市州的彝族人口少了很多;彝族人口在 0.1 万人的地区主要分布在广西壮族自治区除百色市以外的大部分地区、四川省北部地区,是西南地区彝族人口分布最少的地区。2010 年,西南地区彝族人口的分布特征没有太大变化。但云南省红河哈尼族彝族自治州的彝族人口增加相对明显,由 973732 人增加到 1043599 人,是西南五省(区、市)中彝族人口增速最快的地区;变化比较显著的地区中,四川省自贡市彝族人口由 514 人增加到 1301 人、内江市彝族人口由 992 人增加到 1122 人、德阳市彝族人口由 504 人增加到 1031 人、绵阳市彝族人口由 468 人增加到 1982 人、广西壮族自治区南宁市的彝族人口由 563 人增加到 1027 人,均增加到了 1000 人以上。贵州省铜仁市的彝族人口则出现减少的现象,彝族人口由 1061 人减少到 765 人。从彝族人口分布的地域特征来看,彝族人口在西南地区的分布较其他各少数民族人口的分布更均匀。从整体上看,西南地区东南部和北部的彝族人口分布较少,主要集中分布在西南地区的中部地区;云南省是彝族人口分布最多的省份,并集中分布在云南省中部地区,四川省的彝族人口主要分布在四川省西部和南部地区,贵州省的彝族人口分布也比较均匀,但毕节市是贵州省彝族人口分布最为集中的市州,百色市是广西壮族自治区彝族人口分布最为密集的市州。从 2000～2010 年西南地区彝族人口分布的变化率看,四川省绵阳市、成都市、阿坝藏族羌族自治州和广西壮族自治区的防城港市、贺州市等的彝族人口分布变化率较其他市州的彝族人口分布变化率更显著,其变化率为 1.54%～3.24%;广西壮族自治区来宾市、南宁市和四川省眉山市、宜宾市等市州的彝族人口分布变化率仅次于变化率最大的市州,其彝族人口分布变化率为 0.63%～1.53%;广西壮族自治区桂林市、重庆市全市、四川省宜宾市、贵州省贵阳市、云南省西双版纳傣族自治州等的彝族人口分布变化率为 0.18%～0.62%;彝族人口分布变化率为-0.40%～0.17%的主要分布在西南地区的中部及南部地区;广西壮族自治区的梧州市、贵港市、玉林市和四川省的遂宁市、巴中市的彝族人口分布变化率最小,为-0.89%～-0.41%。整体上看,四川省的彝族人口分布变化率普遍都很大,云南省、贵州省的彝族人口分布变化率相对都较小,广西壮族自治区西部和东部的彝族人口分布变化率较小。广西壮族自治区彝族人口分布变化率呈东北—西南走向分布,两侧的变化率较小。重庆市的彝族人口分布变化率均一,四川省中部和西部变化率大于东部地区,贵州省除贵阳市以外变化率也较均一,云南省除西双版纳傣族自治州、怒江傈僳族自治州等,大部分地区变化率均匀。

3. 苗族人口时空分布特征分析

苗族在西南地区主要分布在贵州省、云南省、广西壮族自治区、四川省等省份。苗族人口在西南地区的分布是广泛、均匀的,苗族人口数量在西南地区少数民族人口中排第三。据 2000 年第五次全国人口普查数据,仅西南地区的苗族人口就有 645 万人,而到 2010 年第六次全国人口普查时,西南地区的苗族人口为 620 万人,由此可以看出西南地区苗族人口出现了减少的现象。

西南地区 2000 年和 2010 年苗族人口在 110 万~160 万人的为贵州省黔东南苗族侗族自治州;苗族人口在 10 万~60 万人的主要有贵州省贵阳市、黔西南布依族苗族自治州和黔南布依族苗族自治州,重庆市全市和云南省的昭通市、红河哈尼族彝族自治州、文山壮族苗族自治州,广西壮族自治区的柳州市和百色市等。从苗族人口的地域分布特征看,贵州省是西南地区苗族人口主要聚居的省份,且苗族人口在贵州各市州的分布较多、较均一;苗族人口较多的地区在西南地区呈南北走向的线状分布,由北向南依次是重庆市全市、贵州全省、云南省东北部的昭通市及东南部文山壮族苗族自治州和红河哈尼族彝族自治州、广西壮族自治区的百色市;从整体上看,苗族人口主要分布在西南地区南部,四川省北部部分市州的苗族人口分布最少。四川省和云南省的苗族人口分布变化率较大,四川省东部地区、贵州省、重庆市和广西壮族自治区部分市州的苗族人口分布变化率较小。四川省绵阳市、眉山市、成都市,云南西双版纳傣族自治州和广西壮族自治区的南宁市、贺州市等的苗族人口分布变化率最大,其变化率为 0.56%~1.13%。四川省广元市、云南省普洱市、广西壮族自治区崇左市和贺州市的变化率较大,变化率为 0.24%~0.55%。

4. 土家族时空分布特征分析

土家族是我国历史悠久的少数民族之一,拥有自身独特的民族文化和民族特色。全国土家族人口主要分布在贵州省、重庆市和湖南省、湖北省等地。对于西南地区而言,贵州省和重庆市则是土家族人口的主要聚居地。土家族人口数量在我国各少数民族人口中排第七位,在西南地区各少数民族人口中排第四位。从土家族人口的时空分布特征来看,2000 年土家族人口的主要聚居地为重庆市和贵州省的遵义市、铜仁市,重庆市土家族人口数量达 1424352 人,遵义市土家族人口数量达 100454 人,铜仁市的土家族人口数量为 1248696 人。在贵州省,土家族人口较多的市州为黔东南苗族侗族自治州、贵阳市,其中黔东南苗族侗族自治州的土家族人口为 39512 人、贵阳市的土家族人口为 30127 人。四川省达州市的土家族人口较多,达州市的土家族人口为 31371 人。四川省凉山彝族自治州、绵阳市、成都市,云南省昆明市,贵州省的毕节市、黔南布依族苗族自治州、黔西南布依族苗族自治州,广西壮族自治区的柳州市、桂林市等土家族人口分布相对较多。其余市州的土家族人口数在500人以下。2010年，西南地区土家族人口多的地区为重庆市和贵州铜仁市，土家族人口分布多的地区与2000年相比有所变化。与2000年相比，遵义市的土家族人口出现减少的现象，由100454人减少到94154人。另外，四川省达州市和贵州省贵阳市的土家族人口有所增加，分别由31371人增加到40659人，由30127人增加到60076人。四川省德阳市、雅安市、乐山市和云南省的红河哈尼族彝族自治州、广西壮族自治区南宁市等土家族人口增加到了500人以上。2000~2010年，西南地区土家族人口分布变化率最大的有云南省的迪庆藏族自治州和广西壮族自治区的南宁市，其变化率为7.68%~15.34%；变化率最小的为重庆市。

5. 布依族时空分布特征分析

布依族是主要居住在我国西南地区东南部的少数民族之一，在石器时代布依族先民就已经在这里劳动生息。据第五次全国人口普查数据，2000年西南地区的布依族人口就达到了280万人以上，仅分布在贵州的布依族人口就有200多万人，约占全国布依族总人口的95%。西南地区的布依族人口主要聚居在贵州省的黔南布依族苗族自治州和黔西南布依族苗族自治州，为布依族人口世代居住的地方，仅这两个少数民族自治州的布依族居民就有上百万人。安顺市也是布依族人民主要的聚居地，仅安顺市的布依族人口就有394474人，贵阳市的布依族人口也分布较多，贵阳市的布依族人口为183069人。到2010年，云南省的楚雄彝族自治州、大理白族自治州、普洱市等和四川省泸州市的布依族人口增加相对较多，大理州布依族人口由356人增加到914人，普洱市布依族人口由480人增加到597人，楚雄州布依族人口由341人增加到583人，泸州市布依族人口由152人增加到593人。贵州省贵阳市布依族人口由183069人增加到202751人。从布依族人口的地域分布特征来看，布依族主要分布在西南地区中部及南部的部分市州。广西壮族自治区的布依族集中分布在南宁市、玉林市等地级市，重庆市布依族人口分布仍然比较均一，四川省布依族人口主要分布在凉山彝族自治州、成都市等，布依族在整个贵州省均有分布，但主要分布在黔西南州、黔南州，布依族人口在云南省的分布也较广，到2010年时，布依族人口在西南地区大部分市州都有分布。云南省的大理白族自治州及迪庆藏族自治州，四川省的宜宾市、泸州市、攀枝花市，广西壮族自治区的防城港市、贺州市等地的布依族人口分布变化率最大，变化率为0.97%~2.25%。四川省的巴中市、南充市、遂宁市和广西壮族自治区的崇左市等地的布依族人口分布的变化率最小，变化率为-0.95%~-0.43%。布依族人口的分布在整个西南地区几乎都有变化，但云南省的变化率较大，且变化率较大的地区主要集中在云南省的西北部、重庆市、四川省和贵州省的交界地带、四川省中北部、广西壮族自治区东北部和南部地区。

6.3 西南地区民族多样性指数研究

我国从 1950 年开始启动民族识别工作到 1979 年，共确定了 56 个民族，因而我们现今所谈到的民族多样性皆是以 56 个民族为基准。民族多样性所表征的是在一定地域范围内总的民族种类与其所占该地域人口比的数值关系，民族多样性指数值越高，则表明该地域范围内的民族种类与各民族人口数量均处于相对较高的水平（吴仕民，2006）。鉴于我国目前的社会主义制度以及对少数民族的各类优待优扶政策，我国的民族多样性必将长期存在。不论是对经济发展还是对社会和谐而言，民族多样性都是积极且重要的因素，因此开展民族多样性研究极为必要。

通过梳理前人的文献发现，民族多样性研究方向和成果主要表现在三个方面：①从民族人口的发展趋势来看，由于各民族人口的分布受到历史因素的影响，因而其分布格局具有独特的稳定性(骆为祥，2008)。全国少数民族人口增长率在东北部同中部地区逐渐呈现负增长，而西部地区增长速度适中，东部地区则呈迅速增长的态势(焦开山，2014)；②从影响民族人口变化的因素看，西部地区由于经济、社会等各因素的差异，汉族人口的迁移率通常会略高于少数民族人口的迁移率，因而部分区域少数民族人口比重略有增大(焦开山，2014；张善余等，2006)。③从研究尺度来看，省级尺度比较典型的是对云南省的研究，该地区少数民族人口分布呈现出高度的空间集聚性(刘聪粉等，2010；曾丽波等，2015)；全国尺度上研究成果则更多，西南地区各少数民族的空间分布形态多呈低离散、高集中，东北地区少数民族的空间分布形态则大多是高度离散的(原华荣等，1994)。

根据前人的研究，发现基于不同尺度针对少数民族人口总量、发展趋势等方面的研究都已取得了不错的进展，但对于富有少数民族聚居特点的西南地区的整体研究仍较少，因此本研究将以此为出发点展开研究，以期在全国经济大发展的契机下，获得人们对这一特殊地区的关注，促进该地区的长足发展。正确认识并把握各民族的人口发展趋势，对于制定本地区相关的民族发展规划，以及真正做好该地区的民族工作，促进各民族的和睦共处、共同发展与繁荣等都有着非比寻常的意义。

6.3.1 研究数据

本研究所使用的人口数据均来自《2000 年人口普查中国民族人口资料》（国家统计局人口和社会科技统计司等，2003)，以及《中国 2010 年人口普查分民族人口资料》（国家统计局人口和就业统计司等，2013)。因少部分市州有更改名称或重新划分市域的情况，所以本研究统一使用以 2010 年市州区域划分为基准的人口数据。由于个别民族人口数在个别市州为 0，为了便于计算，统一将数值为 0 的人口值改为 0.001，其更改数值因过小并不会对最终计算结果造成决定性影响。

关于少数民族人口有两种不同的定义,一种是全国人口除了汉族人口以外的其他全部人口皆为少数民族人口;另一种则是已经被国家承认的 55 个少数民族的人口,不包括未识别民族的人口(黄荣清,2006)。本研究中使用的少数民族人口数据出自第二种定义。并且为了与民族多样性指数的观察尺度相匹配,本研究所使用的其他数据均是以市州为基础的研究单位。

6.3.2 研究方法

本研究中使用香农-威纳指数(Shannon Wiener index)来表征民族多样性指数(孙俊等,2016),即

$$H = -\sum_{i=1}^{s} P_i \ln p_i = -\sum_{i=1}^{s} \frac{n_i}{N} \ln \frac{n_i}{N} \tag{6-1}$$

式中,P_i 是特定地理区域内第 i 个民族人口比重;n_i 是特定地理区域内第 i 个民族的人口;N 为给定地理区域内的总人口。这里给定的地理区域包括地市级尺度。一般而言,民族多样性指数越高,地理区域的民族组成在民族种类和各民族人口数量上就相对更多。

利用贡献率来考虑不同民族对中国西南地区民族多样性的贡献,该公式为

$$C = \frac{f_i}{F} = \frac{f_{it} - f_{i(t-1)}}{F_t - F_{t-1}} \tag{6-2}$$

式中,f_i 为给定地理区域内第 i 个民族的多样性变化量;F 为给定地理区域内总的民族多样性变化量;F_t 为给定地理区域内第 t 年的民族多样性值;F_{t-1} 为给定地理区域内的位于过去某个时间截面点的多样性值。f_{it} 为给定地域内第 i 个民族的第 t 年的多样性值;$f_{i(t-1)}$ 为给定地域内第 i 个民族位于过去某个时间截面点的多样性值。

6.3.3 西南地区民族多样性指数分析

1. 基于市州尺度的民族多样性指数时空分析

在市州尺度上,由于西南地区民族多样性均存在较大差异,且可以观察到该差异的相应格局,故本研究以 2000 年和 2010 年为时间截面对民族多样性指数分别展开分析。

2010 年西南地区民族多样性指数可分为六类:①极不显著区(0.001~0.073),包括四川省的德阳市、遂宁市、南充市等,广西的玉林市,该类型主要分布于四川省东部地区;②不显著区(0.074~0.264),包括四川省的乐山市、泸州市、绵阳市等,广西的梧州市、北海市,该类型主要分布于四川省南部地区及广西部分地区;③微显著区(0.265~0.653),包括四川省的甘孜藏族自治州、攀枝花市,贵州省的遵义市,云南省的保山市、昭通市、曲靖市等,广西的桂林市、贵港市、崇左市等,重庆市,该类型在西南地区由中部向外呈辐

射状分布，所分布区域为六种类型中分布范围最大的；④显著区(0.654~0.959)，包括贵州省的贵阳市和毕节市、云南省的楚雄州、广西的南宁市、四川省的凉山州等，此类型主要分布于广西西北部，即西南地区东南部；⑤较显著区(0.960~1.297)，包括四川省的阿坝州，贵州省的安顺市，广西的柳州市、河池市，这种类型分布更为集中，主要集中分布于西南地区的南部；⑥极显著区(1.298~1.830)，包括贵州省的铜仁市、黔东南苗族侗族自治州、黔南布依族苗族自治州，云南省的丽江市、普洱市、迪庆藏族自治州等，该类型主要分布于西南地区的西南部，而广西壮族自治区、四川省、重庆市均没有该类型的分布。

整体而言，西南地区2010年民族多样性指数各类型的分布格局虽然区别不是十分明显，但仍有三种明显特征：①西南地区由东北部向东南部再向西南部民族多样性指数呈上升趋势；②四川省民族多样性指数总体偏低，云南省与贵州省则总体偏高；③民族多样性指数类型分布有集中也有分散。

西南地区2010年民族多样性指数可划分为中低指数区(0.001~0.729)和中高指数区(0.730~1.830)两种类型。其中中低指数区，包括四川省的德阳市、遂宁市、南充市等，贵州省的遵义市、贵阳市，广西壮族自治区的桂林市、梧州市、贵港市等，云南省的保山市、昆明市、曲靖市等，重庆市。该类型在西南地区主要分布于东北部、西北部部分地区及东南部少部分区域。中高指数区包括贵州省的六盘水市、安顺市、铜仁市等，广西壮族自治区的南宁市、防城港市、柳州市等，以及云南省的丽江市、临沧市、普洱市等。该类型在西南地区主要分布于南部，北部也有个别区域为该类型。此分类对于体现西南地区的民族多样性指数分布格局更加明显，体现为东北部绝大部分区域、西北部部分区域、东南部少部分区域和西南部个别区域为中低指数区；西北部部分区域、西南部绝大部分区域和东南部大部分区域为中高指数区。

如粗略划分，可在西南地区中部偏上方划一条分割线，将其分割为民族多样性指数偏低的上部和民族多样性指数偏高的下部。这一分类的划分结果与前一分类所得结论基本相似，区别在于这种分类更为直观却过于笼统，前一分类更为精确却不易分辨。但两种划分方法都表明了，在市州层面上，西南地区民族多样性指数具有明显的区域性特征，表现为高者偏高，低者愈低。

2000年西南地区民族多样性指数可分为六类：①极不显著区(0.001~0.073)，包括四川省的德阳市、遂宁市、南充市等，该类型集中分布于西南地区东北部且仅分布于四川省东部地区；②不显著区(0.074~0.264)，包括四川省的乐山市、泸州市、绵阳市等，以及广西壮族自治区的梧州市、北海市、玉林市，该类型主要分布于四川省南部地区及广西东南部小部分地区；③微显著区(0.265~0.653)，包括四川省的甘孜藏族自治州、攀枝花市，贵州省的遵义市，云南省的保山市、昆明市、曲靖市等，广西壮族自治区的桂林市、贵港市、崇左市等，以及重庆市，该类型在西南地区由中部向外呈辐射状分布，所分布区域为六种类型中分布范围最大的；④显著区(0.654~0.959)，包括四川省的凉山彝族自治州，贵州省的贵阳市、毕节市，此类型零星分布于西南地区中部，东南部也有少量分布；⑤较显著区（0.960～1.297），包括云南省的德宏州，广西壮族自治区的柳州市、河池市、防城港市，这种类型分布更为零散，西南部、东南部均有；⑥极显著区（1.298～1.830），包括贵州省的铜仁市、黔东南苗族侗族自治州、黔南布依族苗族自治州，云南省的丽江市、普洱市、红河哈尼族彝族自治州等，该类型主要分布于西南地区的西南部，值得注意的是，广西、四川、重庆均没有该类型。

从以上分析可以看出，将西南地区的民族多样性指数数据分为六级时，2000年与2010年各分级所涉及的市州并无明显区别，在西南地区中该差别更为微小，故在此不对2000年的民族多样性指数数据进行分析。

为了更好地了解产生此区域性特征的原因，本研究将分析西南五省（区、市）的民族组成。统计资料显示，四川省是一个多民族聚居地，且是中国唯一的羌族聚居地，也为中国最大的彝族聚居地和第二大的藏族聚居地，有着两个以藏族命名的自治州。因此，造成四川省民族多样性指数总体偏低的原因应与其少数民族自治州有关。广西壮族自治区则是一个以壮族人口为主的地区，并且是中国瑶族人口最多的地区，截至2010年广西的瑶族总人口数占中国瑶族总人口数的53.42%；同时也是中国仫佬族人口最多的地区，截至2010年广西仫佬族人口数占中国仫佬族总人口数的79.68%，而广西环江毛南族自治县还是中国毛南族的最大聚居地。这些因素应是导致广西民族多样性指数总体偏低的原因之一。云南省是中国所含民族种类最多的省份，为当之无愧的少数民族人口大省。因此各少数民族的交错分布以及少数民族人口总数多等原因，造成了云南省民族多样性指数总体偏高。截至2010年贵州省少数民族人口数占全省总人口数的比例有所下降，从2000年的37.84%下降到2010年的35.70%，共下降了2.14个百分点，因此贵州省民族多样性指数总体偏高应是少数民族人口所占比重偏大造成的。重庆市则是中国唯一辖有民族自治地方的直辖市，而该市人口以汉族人口为主，截至2010年少数民族总人口数仅为193.7万人，仅占全市人口总数的6.72%。其中土家族人口达到了139.9万人，占该市少数民族人口总数的72.21%，为该市占总人口数最多的少数民族。因此造成重庆市民族多样性指数总体偏低的应是汉族人口比重过大，少数民族人口比重偏小。

可以认为，历史因素所导致的民族组成奠定了西南地区民族人口数量的基本格局，是影响当前西南地区民族多样性指数的首要因素。

同时，为了反映2000～2010年西南地区民族多样性的演变模式，本研究分析了2000～2010年西南地区民族多样性指数变化量。结果表明，西南地区各地的民族多样性指数在这十年间均发生了不同程度的变化，或增长，或下降，抑或保持不变。

本研究将民族多样性指数可分为两级，并表达为以下两种变化类型。①负增长型（-0.0456～-0.0001），该类型包括贵州省的遵义市、六盘水市、铜仁市等，云南省的临沧市、曲靖市、怒江傈僳族自治州，广西壮族自治区的桂林市、来宾市、贵港市等，以及四川省的遂宁市、南充市、巴中市等。②增长型（0.0000～0.151），该类型包括四川省的德阳市、广安市、攀枝花市等，贵州省的贵阳市、毕节市、安顺市等，云南省的丽江市、保山市、昆明市等，广西壮族自治区的梧州市、北海市、百色市等，以及重庆市。

西南地区的东北部、西南部和西北部绝大部分地区为增长型，负增长型的分布则较为分散。由此看来西南地区民族多样性总体有增长的趋势，但根据以上数据还不能直接下其他结论，因为仍不能排除其他因素的影响。例如，重庆市在第一种类型上属于微显著区(0.265~0.653)，在变化类型上则属于增长型(0.0000~0.151)，而其民族多样性指数从2000年的0.287到2010年的0.438，十年间增长了0.151，其变化当然是显著的。为此本研究利用现有数据进行了进一步分析，得到如下结论。

在市州层面上，2010年民族多样性极显著区中，黔南布依族苗族自治州、黔东南苗族侗族自治州、丽江市、红河哈尼族彝族自治州、西双版纳傣族自治州、迪庆藏族自治州、文山壮族苗族自治州、普洱市的民族多样性变化都属增长型，铜仁市、怒江傈僳族自治州的民族多样性变化属负增长型；民族多样性较显著区中，阿坝藏族羌族自治州、安顺市、玉溪市、大理白族自治州、德宏傣族景颇族自治州的民族多样性变化属增长型，黔西南布依族苗族自治州、临沧市、柳州市、河池市的民族多样性变化属负增长型；民族多样性显著区中，贵阳市、毕节市、楚雄彝族自治州、南宁市、百色市的民族多样性变化属增长型，凉山彝族自治州、六盘水市、来宾市、防城港市的民族多样性变化属负增长型；民族多样性微显著区中，甘孜藏族自治州、攀枝花市、保山市、昆明市、昭通市、崇左市、钦州市、贺州市、重庆市的民族多样性变化属增长型，遵义市、曲靖市、桂林市、贵港市的民族多样性变化属负增长型；民族多样性不显著区中，乐山市、泸州市、绵阳市、雅安市、宜宾市、梧州市、北海市的民族多样性变化属增长型；民族多样性极不显著区中，德阳市、广安市、眉山市、内江市、成都市、自贡市、广元市、达州市的民族多样性变化属增长型，遂宁市、南充市、巴中市、资阳市、玉林市的民族多样性变化属负增长型。

综上所述，可以得出2000~2010年西南地区民族多样性变化与2010年民族多样性指数呈负相关。与此同时，各地市之间的民族多样性差距变化并不均衡，并呈现出部分高值区差距缩小、低值区差距不断增加。

2. 汉族对民族多样性的贡献率

为了检验上述民族多样性变化的时空格局，本研究分析了2000~2010年汉族在西南地区民族多样性指数变化中的贡献率，而该区域少数民族对民族多样性指数变化的贡献率则与之相反。在西南地区的东南部、东北部以及西部的怒江傈僳族自治州等区域，汉族为过去十年间的民族多样性增长做出了重大贡献。而其他市州的民族贡献率则较为复杂，主要表现为汉族有一定的贡献，但多民族贡献率差别不大或其贡献率呈负值，而有11个市州，汉族人口贡献率为负值，其中文山壮族苗族自治州的汉族贡献率最低，为-1.909；汉族贡献率为正值的市州有50个，其中怒江傈僳族自治州的汉族贡献率最高，为2.068。整体而言，东部地区的汉族贡献率明显较高，分布也较靠近西南地区东部边缘部分。结合汉族贡献率与民族多样性指数分析，我们发现汉族贡献率与民族多样性指数并没有绝对的负相关关系。也就是说，汉族贡献率高的区域，民族多样性指数未必就低，如怒江傈僳族自治州民族多样性指数为 1.448，汉族贡献率为 2.068；防城港市其民族多样性指数为 0.959，汉族贡献率为 1.318，两者的两个数值均呈正相关；又如凉山彝族自治州的民族多样性指数为 0.877，汉族贡献率则为-1.458，文山壮族苗族自治州的民族多样性指数为 1.429，汉族贡献率则为-1.909，两者的两个数值均呈负相关。

根据以上分析可以得出，民族多样性指数主要取决于该区域内的民族组成，与汉族人口总数并无直接线性关系。

6.4 本章小结

在 GIS 空间分析技术的支持下，本研究构建了 2000 年和 2010 年两次全国人口普查的市州空间数据库，利用 ArcMap10.3 软件的空间分布特征和空间演变的分析方法，分析了 2000～2010 年西南地区少数民族人口分布的空间格局及其演变趋势。基于 2000 年、2010 年的全国人口普查数据，运用香农-威纳指数计算民族多样性指数以及贡献率，以此分析汉族贡献率对民族多样性的影响，主要研究结论如下。

（1）2000～2010 年，中国西南地区总人口和少数民族人口均呈稳定增长的趋势。少数民族人口增长受到多种因素的影响。我国的少数民族人口分布具有稳定性，不会出现大增或大减的现象。

（2）西南地区市州的少数民族人口分布空间大都在持续增加，但是增长的幅度不一，也有少部分在减少。西南地区北部、边境城市、省会城市和少数民族多的省份的少数民族人口分布变化特征比较明显，增长幅度较大。

（3）西南地区东北部绝大部分区域、西北部部分区域、东南部少部分区域和西南部个别区域为民族多样性指数中低指数区，而西北部部分区域、西南部绝大部分区域和东南部大部分区域则为中高指数区，民族多样性指数呈"东北—西北—西、南部"逐渐上升的趋势，且此趋势有持续攀升的态势。

（4）民族多样性主要取决于各少数民族人口所占的比重。根据对汉族贡献率与多样性指数的分析比较，发现民族多样性主要取决于该区域内的民族组成，而与该区域内的汉族人口总数并无直接的线性关系。

民族多样性指数变化的原因存在主观因素和客观因素。针对少数民族的相关政策、乡村城镇化、外来文化的冲击，以及各民族对本民族文化的依赖性等，都有可能影响到各民族的人口发展，进而使民族多样性指数产生变化。过去，中国的民族分布整体呈现"大杂居小聚居"的态势，但随着经济发展所导致的人口迁移与流动，使这种态势逐渐被打破，民族分布更加趋向地域多样化，即从民族多样性指数来看，高者更高，低者愈低，出现了一种地域性的极端化。本研究虽只列出了西南地区五省(区、市)的民族多样性指数及其相关分析，但由此推及全国，相信各地区的情况也不尽相同，此极端化现象应存在一定的地域相关性。而前面提到的影响因素中的文化冲击，其对民族多样性的影响难以直接获取数据以供研究，故而应从多方面着手，从侧面加以论证。

第 7 章　西南地区城市群人口特征

7.1　西南地区城市群人口发展格局与问题

在社会经济飞速发展的大背景下，城市在形成和发展的过程中，由于地理、交通、文化、历史等因素，很多城市可能会聚集在一起，形成初级城市群，共同谋求经济上的发展。而地理区位相对较优、经济实力较强、城市规模较大的城市就会在城市群中占据中心城市的地位(付德申等，2017)。由于城市群经济发展等原因，会吸引大量劳动力涌入，使城市群人口出现机械增长，城市化进程加快，产生人地矛盾，从而产生城市群人口问题。对于城市群的经济合理发展，解决城市群的人口问题势在必行。

随着城市群的不断扩大，城市群的相关问题也渐渐成为学者们的研究对象。在前人的研究中主要涉及以下几点：①城市群人口空间分布特征以及时空演变过程(牟宇峰，2013；吴雪萍和赵果庆，2018；张国俊等，2018)。②城市群的界定和类型划分(王丽等，2013；黄金川和陈守强，2015)。③城市群城市化效率以及土地利用效率(万庆等，2015；崔学刚等，2018)。④城市群区域产业结构、经济状况以及金融联系网络时空变化与政策的相关性研究(马海涛等，2018；赵金丽等，2018；郑贞和周祝平，2014)。

前人的研究中多是基于全国尺度的研究，西南地区城市群是新兴的城市群，学者们的研究少有涉及。鉴于此，本研究基于县级尺度，从人口数量、人口密度等方面分析西南地区城市群的人口发展格局，为西南地区解决城市群人口发展问题提供参考性意见。

7.1.1　研究区域概况

本研究所定义的西南地区，包括重庆市、四川省、贵州省、云南省、广西壮族自治区。所处的地形区包括云贵高原、四川盆地、广西山地三大地形，气候属于亚热带季风气候区，受东南风和西南风的影响，夏季炎热多雨。在经济全球化的大背景下，我国经济快速发展，西南地区形成了四个城市群，分别是成渝城市群、黔中城市群、滇中城市群、北部湾城市群。本研究统称为西南城市群。

在西南城市群中，成渝城市群面积最大，总面积 18.5 万 km²。2016 年 4 月，国务院批准了《成渝城市群发展规划》。黔中城市群是 2017 年 3 月 8 日贵州省政府批准建设的，区域总面积 5.38 万 km²。滇中城市群是 2011 年 5 月 27 日云南省政府批准建设的，区域总面积 11.46 万 km²。北部湾城市群是 2017 年 1 月 20 日国务院批复同意建设的国家级城市群。

北部湾城市群的覆盖范围包括广西壮族自治区南宁市、北海市、钦州市、防城港市、玉林市和崇左市,广东省湛江市、茂名市、阳江市和海南省海口市、儋州市、东方市、澄迈县、临高县、昌江县。由于本研究是基于西南地区的城市群,所以北部湾城市群的广东地区和海南地区并不包括在本研究范围内。

7.1.2 研究数据

本研究数据来源于 2000 年全国人口普查数据和 2010 年全国人口普查数据(国务院人口普查办公室,2003,2012),选取县级尺度中的总人口数、平均受教育年限、受高等教育人口、15 岁及以上文盲人口比率、60 岁及以上人口数、城镇人口数数据。计算人口密度所需要的区域面积是根据西南地区矢量范围数据更新面积字段获取。人口密度为总人口数与区域面积的比值。人口城镇化率是该区域内城镇人口与总人口的比例。人口老龄化率是 60 岁及以上人口与总人口的比例。受高等教育人口是根据受高等职业教育水平以上人口计算的。根据研究需要,对部分矢量图和统计数据进行处理。

7.1.3 研究方法

1. 选择指标

城市群,一个发展日趋成熟的区域,应该具有利用人口规模来衡量其城市发展规模的合理性结构体系。借助基础交通发展高速交通,利用交通进一步发展信息通信,从而使该地区发展成为紧凑的空间网络体系,推动地区经济快速增长,促使地区城市群服务一体化、同城化。

本研究是以县级尺度的区域为研究对象,考虑到指标选择的科学性和数据的可获得性等,最终选择了如下指标:①人口密度,用来反映城市群人口空间分布格局和特征;②老年人口比重,用于反映城市群人口结构以及城市群人口老龄化程度;③城镇化率,用于反映城市群的社会经济发展状况;④人均受教育年限、受高等教育人口比率、15 岁及以上文盲人口比例等指标,综合反映该城市群人口素质(王婧等,2017)。本次研究的对照标准是西南地区的平均标准。

2. 人口发展综合指数构建

按表 7-1 中的识别标准对所确定的指标进行标准化处理后,用等权重加权求和方法计算人口发展综合指标(王婧等,2017)。等权重加权求和的指数介于 0 和 1 之间,越接近 1 人口发展水平越高,越接近 0 人口发展水平越低。利用 ArcGIS10.3 软件对计算结果进行分级并可视化。

表 7-1　西南地区城市群人口问题区域识别标准

分析维度	指标	判定标准	简要说明
人口密度分布	人口密度	县(市)人口密度<168 人/km²；市辖区人口密度<539 人/km²	经济社会的快速发展，城市中心区的人口快速增加，容易引发环境问题、资源问题，制约经济增长；人口分布过低的地区，容易造成资源浪费。西南地区县(市)人口和市辖区人口空间分布差异较大
人口社会经济发展	人口城镇化	县(市)城镇化率<25.82%；市辖区城镇化率<59.54%	由于城镇化的发展，西南地区的人口多迁入城区，25.82%是西南地区城镇化率的平均值，用来确定城市群县(市)城镇化率；59.54%是西南地区市辖区城镇化率的平均值
人口年龄结构	老年人口比例	60 岁以上老年人口比例>10%	10%是全国 60 岁以上老年人口所占的比例
人口综合素质	人均受教育年限	人均受教育年限<8.25 年	8.25 年是西南地区人口的平均受教育年限
	受过高等教育人口比例	受过高等教育人口比例<6.38%	6.38%是西南地区受过高等教育人口所占的比例
	15 岁及以上文盲比例	15 岁及以上文盲人口比例>6.82%	6.82%是西南地区 15 岁及以上文盲人口所占的比例

7.1.4　西南地区城市群人口空间分布格局特征

1. 人口密度分析

西南地区城市群的人口集聚特征呈现出市辖区密度最大，县(市)人口密度偏小，部分外围县域人口密度过低的特征，人口空间分布疏密程度差异比较明显。

(1) 由于成渝城市群区域面积大、人口众多，在对其人口密度进行分类时，考虑到分析的准确性和科学性以及可视化的差异性等因素，将其人口密度分为 8 类。成都市和重庆市的部分中心城区，人口密度高达 2743.64～28502.86 人/km²。成渝城市群的人口空间分布规律与常规人口空间分布规律不同，它呈现多核心分布模式。但是在核心向外围逐渐降低的人口空间分布规律与常规的人口空间分布规律一致。除市辖区外还存在人口空间分布较多的县(市)。2000～2010 年成渝城市群的人口呈现下降的趋势，人口空间分布呈现组团式，且日益突出。

(2) 黔中城市群则是以贵阳市为中心发展的城市群。黔中城市群的人口空间分布大致以贵阳市为中心向西、向北分布。2000～2010 年该城市群的人口数量呈上升趋势，只有个别县(市)人口数量在减少。其原因是这些年来贵阳市的经济发展速度较快，吸引了大量周围地区的劳动力迁入至此务工。

2000 年黔中城市群人口密度最低的是贵定县和龙里县。由于这两个县距离贵阳市近，不少劳动力进入贵阳市务工，从而导致人口数量偏少。贵阳市以西的黔西地区由于当地有煤矿资源，并以其作为经济收入来源之一，所以人口迁出数量较少。2010 年黔中城市群市辖区的人口密度较 2000 年有所增加，最高的达到 8429.11 人/km²，惠水县、长顺县、绥阳县人口密度下降明显，成了人口较少的县。

(3) 滇中城市群人口空间分布的总体制特征是市辖区人口集中最多，西部以南、以北地区人口分布较东部少。2000~2010 年，滇中城市群总人口数量呈现下降的趋势，其西部以南、以北地区，有多个县出现人口迁出的现象。

2000 年滇中城市群人口空间分布最多的市辖区是官渡区，为 2084.29 人/km^2；青山区和五华区次之，人口密度为 966.30 人/km。人口空间分布较少的是师宗县、双柏县、永仁县，人口密度低于 46.49 人/km^2。至 2010 年，昆明市的人口依旧最多，但是相对于 2000 年在减少。人口空间分布最密集的地区出现在五华区，为 1999.63 人/km^2。永仁县、大姚县、楚雄市、双柏县、新平彝族傣族自治县出现了人口迁出的现象，其中双柏县、新平彝族傣族自治县和大姚县所迁出的人口数量相对较多。

(4) 本研究的北部湾城市群不包括广东和海南所属地区。北部湾城市群人口空间分布呈现出多核心分布，东西部地区人口空间分布严重不均。第一个是以玉州区为核心；第二个是以海城区为核心，第三个是以邕宁区、青秀区和西乡塘区为核心的人口空间分布。北部湾城市群人口空间分布规律与前三个城市群人口空间分布的规律不同。前三个城市群人口空间分布最集中的地区是市辖区，或者是以市辖区为主的多核心分布规律，而北部湾城市群人口空间分布最多的地区是在玉州区和海城区。

2000~2010 年，北部湾城市群人口空间分布变化主要是向东部地区集中，但是由于劳动力人口迁出，从而造成人口数量不断减少的社会现象。

2. 人口社会经济发展角度分析

2000~2010 年，西南地区城市群城镇化水平增长速度快，尤其是黔中城市群，其人口城镇化率在十年间年增长了 4.8 个百分点。

(1) 2000~2010 年，成渝城市群人口城镇化率总体上呈快速增长的趋势，特别是，每个县(市)的人口城镇化率发生了很大变化。2000 年成渝城市群共有 80 个县的人口城镇化率低于西南地区的平均城镇化率，即小于 25.82%。换言之，2000 年成渝城市群有 57%的县(市)城镇化率低于 25.82%。2010 年成渝城市群仅有 22%的县(市)的城镇化率低于西南地区平均城镇化水平。以重庆市主城区为中心的区域，其城镇化的速度尤为快速，成渝城市群东北部的城镇化发展速度最快，反映出该地区济发展的速度较快。

(2) 2000~2010 年，黔中城市群的人口城镇化速度是西南城市群中最快的。2000 年，黔中城市群有 70%的县(市)的城镇化水平未达到西南地区的平均水平，而经过 10 年的高速发展，至 2010 年黔中城市群已有 78%的县(市)的城镇化水平超过了西南地区的平均水平。

2000 年，黔中城市群人口城镇化率最高的是贵阳市，人口城镇化率达到 100%；其次是红花岗区、凯里市、花溪区和西秀区，城镇化率均超过了 40%。红花岗区是遵义市的主城区，也是老城区。凯里市是黔东南苗族侗族自治州州府所在地，也是其经济发展中心。花溪区由于成立时间晚，且当地人口多是由周边的农村居民转为城市居民，故而城镇化水平低于其他市辖区。西秀区是安顺市的主城区兼老城区，经济起步较周围区县早，多城镇人口，故而城镇化水平高。

至2010年黔中城市群市辖区的城镇化水平有所下降，但是遵义市的城镇化水平明显提高。其原因是在发展过程中不断有农村人口迁入，市辖区的劳动力增加，迁入人口多为农村户籍，所以市辖区城镇化水平下降。遵义市各区县的城镇化水平明显加快，得益于其所处的地理位置和政府的政策支持。遵义市各区县都拥有或大或小，与村庄或者某地经济中心距离适中的红色文化景点。这些景点在政策的支持下得到开发利用，促进了遵义市各区县城镇化水平的提高。2010年，黔中城市群人口城镇化水平明显提高的是其西北地区，均达到了西南地区的平均水平。

(3) 滇中城市群的人口城镇化速度在西南地区仅次于黔中城市群，2000~2010年，年均增长3.5个百分点。滇中城市群的城市化水平在南方普遍较高，在北方较低。2000年，滇中城市群有53%的县的城镇化水平未达到西南地区平均水平，甚至一些县的城镇化率仅为5%，如大姚县、牟定县、南华县、武定县和禄劝彝族苗族自治县以及寻甸彝族回族自治县等。这些县的居民多为少数民族，由于其村落选址、民族文化、民俗风情等原因，城镇化水平偏低。城镇化水平高的地区主要是市辖区。2000年，滇中城市群市辖区的城镇化水平已经达到西南地区的平均水平；县域中有个别县的城镇化水平远高于西南地区的平均水平，如个旧市、开远市、麒麟区、楚雄市等，其余县的城镇化水平依然低于25.82%。

截至2010年，滇中城市群城市化水平整体上有明显提高。有的县城镇化率出现下降的现象，这是因为城镇化水平整体提高，显得有个别县的城镇化水平下降，如果结合数值分析，可以分析出滇中城市群城镇化率是整体提升。人类文化方面，昆明是最早的国家历史文化名城之一，文化旅游资源丰富，所以，南方城镇化水平高于北方，且南方所有县的城镇化水平均高于西南地区的平均水平。

(4) 北部湾城市群城镇化发展的总体特征是以多个中心城市向外逐步发展。该城市群的城镇化速度是西南城市群中最慢的，2000~2010年，年均增长1.6个百分点。但是在2000年北部湾城市群的城镇化水平是西南城市群中最高的，仅有29%的县的城镇化水平未达到西南地区平均水平。

2000年北部湾城市群城镇化发展的多个中心分别是南宁市市辖区、防城港市的港口区和东兴市、北海市海城区，此时，这几个中心城市的城镇化水平超过了西南地区市辖区的平均水平(59.54%)。此外，凭祥市的城镇化水平(69%)也超过了西南地区市辖区的平均水平。凭祥市的地缘位置比较特殊，它是崇左市的经济中心，西南两面与越南交界，距离越南首都河内160km。因此，凭祥市的城镇化水平较高。另外，北部湾城市群2000年共有11个县的城镇化水平低于15%，有的县的城镇化率低于10%。

2010年北部湾城市群城镇化发展多核心的现象更加明显，城镇化水平总体呈上升趋势，但是中心城市的城镇化率有所下降。经过十年的发展，玉州区的城镇化水平提升最大，成为北部湾城市群的核心城市之一。原因是玉州区为玉林市的经济、政治、文化中心，有较完善的基础设施，高级公路四通八达，旅游资源众多。

3. 人口年龄结构角度分析

西南城市群的人口年龄结构变化较大，老年人口数量多，人口老龄化率高。四个城市群几乎都已进入老龄化社会。尤其以黔中城市群的人口老龄化速度增长最快，至2010年，其人口老龄化率已超过10%。

(1) 成渝城市群中，年龄在60岁以上的人口较多，占总人口比重较大，人口老龄化速度快。2000年成渝城市群的老年人口比重就明显偏高，只有11个县的老年人口比重未超过10%，而老年人口比重大于10%的县，其比率大多集中在10%~14%。经过10年的发展，2010年成渝城市群人口老龄化的速度依然较快，老年人口比率主要集中在15%~19%。所以在某种程度上，成渝城市群的人口年龄结构偏老龄化，处于老龄化发展阶段。这样的年龄结构，需要大量年轻劳动力加入，充分利用资源，发展经济。

(2) 2000~2010年，黔中城市群的人口年龄结构发生了较大改变，整个城市群完全进入老龄化阶段。2000年，黔中城市群人口年龄结构偏年轻型，但是接近60岁的人口较多，人口老龄化现象不太明显，老年人口所占比重主要集中在8%~9%，社会劳动力主要是青壮年以及部分老年人口。老年人口所占比重处于这一阶段，极其容易进入严重老年社会。到2010年，黔中城市群已经完全进入老龄化社会，即老年人口比重大于10%。老龄化比重主要分布在11%~12%，属于轻度老龄化阶段，个别县的老年人口比重达到19%。此时，更需要引入年轻劳动力，便于维持社会经济的稳定发展。

(3) 2000~2010年，滇中城市群的人口老龄化发展速度比较快。2000年，滇中城市群人口老龄化比较明显，老年人口比例主要集中在9%~11%，最高的达15%。而2010年，滇中城市群老年人口比重明显上升，该城市群快速进入老龄化社会。特别是北部地区，少数民族居多，人口多，人口老龄化率较高。

(4) 北部湾城市群自2000年开始，就已经进入老龄化社会。北部湾城市群位于广西壮族自治区，受其地理位置的影响，在1955~1975年有大量的人口迁入此处，随着时间的流逝，这些人口在此定居发展，形成现在老年人口的主体，从而提高了该城市群的人口老龄化率。

4. 人口综合素质角度分析

西南地区各城市群的人口在受教育水平上存在很大差异，黔中城市群县域人口受教育程度有待提高。

(1) 2000年，成渝城市群的人均受教育年限集中在6~7年，没有达到西南地区人均受教育年限的平均水平(8.25年)。2010年，成渝城市群人均受教育年限有所提高。人均受教育年限超过8年的县域数量增多,分布也不仅限于市辖区。另外,人均受教育年限低于6年的县,数量减少至2个,人均受教育年限最大值提升到12.13年。

从受高等教育人口比例来看,成渝城市群缺乏优秀人才、科技人才,受高等教育人口分布存在较大的地区差异。成渝城市群受过高等教育的人口主要集中在市辖区以及个别县,大多数县受过高等教育的人口比例都比较低,2000年尤其明显,中部、北部、西部以及西南部大部分县受高等教育人口所占的比重都在1.8%以下。市辖区受高等教育人口所占比重也比较低,仅达到21%左右。虽然2010年成渝城市群受高等教育人口所占比例有所增加,但许多县的受高等教育人口所占比例仍然低于西南地区的平均水平。而市辖区受高等教育人口比重最高达到66.97%。

与人均受教育年限和受高等教育人口比重相对,2000年成渝城市群文盲人口比率空间分布主要集中在中部、北部、西部、西南部,文盲人口比重最高的地区主要是北部和西部,文盲人口比重最高为16.12%,其次是中部地区,达到11.75%。2010年成渝城市群文盲人口比重有所降低,文盲人口比重较高的地区仍然是中部、北部地区,大部分县的文盲人口比重降低至7.93%以下。

综上所述,成渝城市群总体上人口受教育水平地区差异大,以中部地区、北部地区、西部地区、西南部地区尤其明显。

(2) 2000年黔中城市群人均受教育年限较高的是市辖区,其次是北部地区和东南部地区,整体上东西部地区人均受教育年限差异大。经过十年的发展,2010年黔中城市群人均受教育年限较2000年整体上有所提高,但变化不大。其中变化最明显的地区是遵义市主城区,其人均受教育年限为8~9年。该城市群的人均受教育年限几乎与西南地区的人均受教育年限相同。

黔中城市群受过高等教育的人口主要分布在中部地区和东部地区,受高等教育人口分布最多的是贵阳市市辖区。2000年黔中城市群西部地区受高等教育人口所占比重最低,个别县低于1%,而中部地区受高等教育人口所占比例最高的县也没有达到3%。2010年黔中城市群受高等教育人口比重有大幅提升,西部地区达到了3%,中部地区的受高等教育人口比重也突破了7%,市辖区更是达到25%,平均值为6.53%,略高于西南地区平均水平。总的来说,黔中城市群的人口受教育水平存在显著差异。

黔中城市群的文盲人口比例较高,总体的受教育水平有待提高,特别是西部地区。2000年,黔中城市群文盲人口比例较高的地区主要是西部,文盲人口比例达30.69%;其次是西南部,文盲人口比例达15%~30%。2010年,黔中城市群文盲人口比例整体上有一定程度的下降,文盲人口比例最高的区域,向西南转移,县域数量也减少到四个,文盲人口比例最高达18.92%,平均值为9.36%,高于西南地区平均水平。

综合黔中城市群人口受教育年限、受高等教育人口比重以及文盲人口比例,分析出该城市群人口综合素质东西部地区差异大。

(3) 从滇中城市群人均受教育年限看,它的发展在西南地区位于前列,人口受教育水平高，而人口受教育年限较低的县主要分布在东北部区域。2000年滇中城市群人均受教育年限较高的是市辖区，达到11年，东北部区域也大于5年，平均值为6.83年。2010年，该城市群人均受教育年限整体提高，平均受教育年限提升至8年。

滇中城市群受过高等教育人口的空间分布呈多核心面状分布。2000年，滇中城市群受高等教育人口比重较高的地区主要为市辖区，个别县的受高等教育人口比重大于3.47%，大多数县受高等教育人口比重不到1.7%。这一阶段，滇中城市群受高等教育人口的空间分布呈点状。2010年，整个滇中城市群受过高等教育的人数大幅提升。从十年前的点状分布发展为2010年的面状分布。虽然比重最高的仍然是市辖区，但是个别县也显现出以其为中心的面状发展。

滇中城市群文盲人口比率整体偏高，但是经过发展后文盲人口比率有明显下降。2000年，滇中城市群文盲人口比率最高的区域是东北地区和西南地区，达22.97%。此时，滇中城市群文盲人口的空间分布以市辖区为中心，由最低逐渐向外增加。距市辖区较近的县的文盲人口比率也达到10%。2010年，滇中城市群文盲人口较多分布在东北部地区，文盲人口占总人口比重最高的达到17.3%。在西南边境，有两个少数民族自治县的文盲人口比率最高。

总之，滇中城市群除了人均受教育年限外，受高等教育人口比重有待提高，文盲人口比重有待降低。

(4) 北部湾城市群人均受教育年限相对于西南城市群来说比较均衡，在整体上有相对稳定的增长趋势，形成多个中心点发展的趋势。2000年北部湾城市群人均受教育年限的平均值达到7.82年，比西南地区人均受教育年限的平均值8.25年稍低。2000~2010年北部湾城市群市辖区人均受教育年限有所下降，最突出的是江南区和良庆区，人均受教育年限由11年降至10年。玉州区的人均受教育年限快速增长，经过十年的发展，由8.15年上升至9.48年，也逐渐形成一个文化发展中心。

北部湾城市群受高等教育人口比重的增长速度快，县域尤为明显。2000年北部湾城市群受过高等教育的人口主要分布在南宁市市辖区，最高的达31.55%，而大部分县的受高等教育人口比重不到1%。此时，北部湾城市群优秀的专业人才分布极不均衡。2010年北部湾城市群较多县域的受高等教育人口比重有明显提高，空间分布也较2000年更均衡。发展最明显的是海城区和银海区，分别提高了2年和1.5年。

北部湾城市群中文盲人口比例较高的地区主要集中在西部，该地区也是文盲率较高的地区。2000年北部湾城市群除了市辖区、北流和陆川县的文盲率较低以外，其余县的文盲率相对较高。2010年，整个城市群的文盲率有所改善。发展之后，北部湾城市群的文盲率低于西南地区平均水平。

综合来看，北部湾城市群人口综合素质均超过西南地区的平均水平，其人口综合素质在西南地区较高。

7.1.5 西南地区城市群人口发展综合指数

西部城市群人口发展综合指数大于 0.8 的区域主要分布在市辖区，人口发展综合指数偏低的地区分布各异。成渝城市群人口发展综合指数高的区域主要分布在东部和西南部，黔中城市群主要分布在东部和西部，滇中城市群主要分布在西北部，北部湾城市群主要分布在东部地区。

(1) 成渝城市群人口发展综合指数大于等于 0.83 的区域以成都市和重庆主城区为主，主要是沙坪坝区、渝中区、南岸区、江北区、自流井区、金牛区、青羊区、武侯区、锦江区、成华区。共有 5 个区县的人口发展综合指数为 0.69~0.82，其分布状态呈点状，分别是龙泉驿区、顺庆区、北碚区、涪城区、九龙坡区。有 17 个区县的人口发展综合指数为 0.58~0.68，呈零星的点状分布。有 15 个区县的人口发展综合指数为 0.52~0.57，主要集中分布在东南部和东北部，东部、中部、西部有零星分布。有 20% 的县人口发展综合指数在 0.47~0.51，主要分布在西部地区，北部和南部也有少量分布。有 21.5% 的县人口发展综合指数为 0.42~0.46，在整个成渝城市群区域呈块状分布。有 11 个县人口发展综合指数为 0.37~0.41，集中分布在西南部和西北部地区。有 11 个县的人口发展综合指数为 0.28~0.36，零星分布在成渝城市群的外围。

成渝城市群人口发展综合指数空间分布格局较为均衡，西部和南部地区社会经济发展有待进一步加强。黔中城市群人口发展综合指数南部地区高于北部地区，而人口发展综合指数大于等于 0.75 的区域主要是市辖区中的老城区，即云岩区和南明区。有 45% 的区县人口发展综合指数为 0.53~0.74，主要分布在南部地区。而人口发展综合指数为 0.40~0.52 的县有 7 个，其中 5 个位于西南地区，分别是平坝区、长顺县、西秀区、普定县以及镇宁布依族苗族自治县，2 个分布在西北地区，分别是金沙县和七星关区。有 7 个县人口发展综合指数为 0.35~0.39，南北沿中线分布，具体为仁怀市、黔西县、清镇市、息烽县、开阳县、龙里县和惠水县。人口发展综合指数为 0.28~0.34 的有大方县、播州区、瓮安县、修文县和麻江县。除麻江县分布在南部地区之外，其余 4 个县都分布在北部地区。

(2) 黔中城市群南方地区的人口发展综合指数略高于北方地区，东部地区高于西部地区。滇中城市群人口发展综合指数的分布格局以市辖区为中心，分别向东北部、西南部逐渐发展。滇中城市群人口发展综合指数最高的地区是该城市群的市辖区，即西山区、五华区、盘龙区和官渡区，人口发展综合指数大于 0.72。而人口发展综合指数为 0.57~0.72 的县有 9 个，包括北部的东川区，东部的麒麟区，中部的安宁区、呈贡区、澄江市，南部的通海县、开远市、个旧市。有 32% 的县人口发展综合指数为 0.48~0.56，主要分布在该城市群的中部、南部地区以及东北地区的宣威市。人口发展综合指数为 0.40~0.47 的县主要分布在东北部地区，共有 8 个县。有 20% 的县人口发展综合指数为 0.31~0.39，集中分布在西部和西北部，南部分布有建水县和弥勒市 2 个县(市)，东部地区分布有富源县。

(3) 滇中城市群东北部、中部、西南部的社会经济发展比西北部的更好、更快，西北地区的经济发展有待提高。

(4) 北部湾城市群的人口发展综合指数整体偏低。除海城区外，仅市辖区的人口发展综合指数略高。该城市群市辖区中的西乡塘区和青秀区，以及沿海的海城区人口发展综合指数在 0.82~1.00。人口发展综合指数为 0.65~0.81 的区县共有 5 个，分别是江南区、兴宁区、钦南区、玉州区以及银海区。有 7 个县的人口发展综合指数为 0.49~0.64，分别是西部的天等县、大新县、凭祥市，中部的良庆区，南部的东兴市、港口区和铁山港区。有 32%的县人口发展综合指数为 0.39~0.48，集中分布在西部和北部地区。有 21.5%的县人口发展综合指数低于 0.37，集中分布在中、东部地区。

综上所述，北部湾城市群人口发展综合指数市辖区较高，其经济发展水平相对高，但是有超过 50%的县的经济发展水平仍然有很大的提升空间。

7.2 西南城市群人口老龄化和高龄化研究

人口年龄结构是城市化发展过程中重点关注的问题，特别是城市中的老年人口与高龄人口。21 世纪以来，中国城市化进程加快，而城市群中的人口老龄化现象也越来越严重。人口老龄化这一现象，也伴随着人口高龄化的出现。人口高龄化是由高龄人口的增加而出现的一种深层老龄化现象(罗淳，2000)。本研究以 60 岁及以上为老年人口，以 80 岁及以上为高龄人口，而高龄人口占老年人口的比例称为高龄化率(王琳，2004)，高龄化率现象反映了老年人口内部群体的年龄结构变化。

人口老龄化两个最重要的时空特征是区域性和动态性(高晓路等，2015)，因此人口老龄化的区域差异特征也成了众多学者重点研究的热点之一。目前国内外学者从地理、经济、社会、人口等方面对人口老龄化进行了大量研究，研究方法主要是定量的，内容涉及人口老龄化和高龄化的时空模式(王志宝等，2013；穆光宗和张团，2011)，老年人口的社会保障制度(杜鹏，2013；褚湜婧等，2015；李辉，2006)，老年人口对社会经济的影响(王录仓等，2016；黄润龙，2011)以及人口老龄化对城乡发展的影响(张凡和方大春，2015；李培，2009)等。人口老龄化的研究一般基于省域、市域、县域、乡镇等多尺度展开(曾通刚等，2017)。高龄化的年龄结构是由人口老龄化的年龄结构而引起的质变现象(罗淳，2002；黄匡时等，2012)，更需重点关注。对于人口老龄化和高龄化，现有研究忽视了空间布局中对地区城市群的时空变化研究，鲜有对人口高龄化时空分布的研究。随着社会医疗水平、健康保障以及生活条件的提高，高龄人口占老年人口的比重越来越高。因此，对城市群中的老年人口和高龄人口分布进行研究具有直接的社会经济意义。

7.2.1 研究数据

本研究主要数据来自《2000年人口普查分县资料》和《中国2010年人口普查分县资料》(国务院人口普查办公室, 2003, 2012), 将地区城市群所辖区域细分到县级行政单元, 从资料中提取城市群区域的总人口、老年人口、高龄人口作为GIS的基本属性数据。县域行政区的划分以2010年全国行政区划为基础, 2000年以后新划分的行政区域, 采用合并区域的方法, 将现有行政区合并到原行政区中。西南地区县级行政区划地图来源于国家基础地理信息中心, 在GIS属性表上计算出总人口密度、老年人口密度、高龄人口密度、老龄化率、高龄化率等属性数据作为相关的人口老龄化与高龄化衡量标准。

有许多指标可衡量人口老龄化和高龄化程度, 如抚养比、老少比、老龄化系数等(王录仓等, 2017)。本研究选取反映人口老龄化和高龄化的两个重要指标, 即老龄化率和高龄化率, 老龄化率即老年人口数量在总人口中所占的比重, 高龄化率即高龄人口数量占老年人口数量的比重。老龄化率和高龄化率两者的空间分布都是基于ArcGIS10.3软件, 据此绘制2000年与2010年西南地区四个城市群人口老龄化和高龄化的空间分布图。

7.2.2 研究方法

1. 老年人口集聚度

老年人口集聚度是指一个地区相对于全国老年人口的集中程度, 一般情况下是用全区域1%国土面积上集聚的全区域老年人口的比重(%)来表示(刘睿文等, 2010)。同理, 计算西南地区城市群老年人口集聚度与高龄人口集聚度则用某一县域国土面积占西南地区城市群国土面积的地区老年人口与高龄人口比重。计算公式如下:

$$JJD_i = \frac{(p_i/p_n) \times 100\%}{(A_i/A_n) \times 100\%} = \frac{P_i/A_i}{P_n/A_n} \tag{7-1}$$

式中, JJD_i是i县的老年人口/高龄人口集聚度; P_i是i县的老年人口/高龄人口数量, 人; A_i是i县的土地面积, km²; P_n是西南地区城市群的总人口, 人; A_n是西南地区城市群的土地面积, km²。

2. 多元回归分析

本研究充分考虑西南地区城市群人口老龄化与高龄化的变化过程、形成机制以及发展规模等原因, 以县域单位的人口老龄化率和人口高龄化率作为研究数据的因变量, 从影响人口老龄化与高龄化变化的因素中选取适当指标, 借助SPSS软件中的多元回归模型, 研究2000年与2010西南地区城市群人口老龄化和高龄化影响因素的相关性。

7.2.3 西南地区城市群人口老龄化率和高龄化率的时空格局

人口老龄化、高龄化是人口发展过程中的重要环节。本研究采用人口老龄化率与高龄化率来说明人口老龄化水平与高龄化水平，利用 ArcGIS 的自然断点法和空间可视化功能，将 2000 年、2010 年西南地区 4 个城市群内的县域人口老龄化和高龄化作分级显示。根据国际人口年龄划分标准（王录仓等，2017），本研究将人口老龄化率分成六个阶段：年轻型，人口老龄化率低于 4.0%；成年型Ⅰ期，人口老龄化率为 4.0%~5.5%；成年型Ⅱ期，人口老龄化率为 5.5%~7.0%；老年型Ⅰ期，人口老龄化率为 7.0%~10%；老年型Ⅱ期，人口老龄化率为 10%~14%；人口老龄化率超过 14%的为老年型Ⅲ期。依据人口高龄化水平的空间演化特征，本研究基于自然断点分级法并结合中国的实际情况，将人口高龄化率划分为三阶段：人口高龄化水平低于 12%的为第一阶段，人口高龄化水平为 12%~15%的为第二阶段，人口高龄化水平高于 15%的为第三阶段（赵东霞等，2017）。

1. 西南地区城市群人口老龄化的空间分布特征

根据 2000 年和 2010 年中国西南地区各城市群人口老龄化数据，西南地区城市群的人口老龄化程度总体呈逐步加重的趋势，到 2010 年已明显步入老龄化社会（王录仓等，2017）。

2000 年，西南地区 4 个城市群的人口老龄化水平均已进入老年型阶段，但在各城市之间的数量上存在一定差异，城市群内部分布特征有一定的差异。其中成渝城市群和北部湾城市群的人口老龄化水平总体较高，成渝城市群中有 10 个县域的人口老龄化水平已达到老年型Ⅲ期，北部湾城市群大部分地区的人口老龄化水平处于老年型Ⅰ期，而滇中城市群和黔中城市群的人口老龄化水平相对较低，仅少数地区进入了老年型阶段。2010 年与 2000 年相比，人口老龄化水平的差异较大，在十年间的人口年龄结构变动中，2010 年西南地区各城市群已基本进入了老年型阶段。其中成渝城市群已基本进入老年型Ⅲ期，滇中城市群基本进入老年型Ⅱ期。而在十年间变化最大的是北部湾城市群与黔中城市群，北部湾城市群的北部地区进入了老年型Ⅲ期，中部和南部地区都已进入老年型Ⅱ期；黔中城市群已全部进入老年型阶段，大部分地区处于老年型Ⅱ期，北部和南部地区为老年型Ⅲ期。

从空间分布特征看，人口老龄化类型的空间分布模式存在多样性。在西南地区城市群人口老龄化特征整体变化的同时，内部年龄结构也发生了变化（王录仓等，2016）。与前人研究得出的城市群老年人口分布模式类似，西南地区城市群老年人口分布模式主要在同质化（即规模性人口老龄化类型呈现一致的情况）、带状（即相邻区域人口老龄化类型在空间上呈现出连续的带状分布）、核心—边缘（即中心区与边缘区之间存在明显的人口老龄化类型级别差异）三种形式中发生转变（王录仓等，2017）。

同质化区域的分布有两个特点：一是在城市群的中心地带和边缘地带，二是在该省区经济相对较滞后的地区。西南地区城市群的同质化分布现象从中心向周边蔓延，如 2000 年滇中城市群的东部以及黔中城市群的大部分少数民族聚居地区，这些地区人口出生率较高，且人口的流动性不强，基本为老年型Ⅰ期。10 年后，人口老龄化类型已经转变为老年型Ⅱ期，但相比西南地区其他城市群的状况，仍然保持着较低水平。在区域变化方面，2010 年西南地区城市群同质化区域面积扩大，如滇中城市群由东部地区扩散至中部、西部地区，人口老龄化水平为老年型Ⅱ期，南部地区为老年型Ⅰ期。

带状分布特点往往沿着相互毗邻的县域呈带状集中分布，在时间变化上，人口老龄化水平呈现出带状分布向同质化分布的转变。如 2000 年滇中城市群中部地区的人口老龄化水平呈现南北贯通的条带状，以老年型Ⅱ期为主。到 2010 年，老年型Ⅱ期类型扩散至滇中城市群的大部分地区。条带状分布类型在其他城市群中也有空间分布变化，北部湾城市群由同质化空间分布转变为北部地区的条带状分布，人口老龄化水平为老年型Ⅲ期。黔中城市群南部地区也表现出老年型Ⅲ期的条带状分布特征。西南大部分地区为少数民族聚居，如云南省西部少数民族聚居地区、贵州多处民族自治地方、广西壮族自治区等，导致各个城市群的带状分布范围在小部分地区出现，其民族文化相似，交流密切，类似的生活环境，特殊的生育观念和生养政策促成了人口老龄化的带状效应。

核心—边缘模式往往出现在经济较发达的中心城市区域，呈核心低、边缘高结构（即塌缩结构），主要表现在西南地区五省（区、市）的省会城市（自治区首府或直辖市中心城区，下同）主城区与周边县域的关系上。2000 年西南城市群中心区域（即以省会城市为中心向周边扩散）的人口老龄化程度较低，距离较远的周边县域的人口老龄化程度比中心地区高，如滇中城市群和北部湾城市群，人口老龄化水平在地域分布上出现三圈层的分类特点，以省会城市昆明和南宁为中心的人口老龄化水平为老年型Ⅰ期，周边较邻近中心区域为老年型Ⅱ期，位于城市群的边界地区，由于经济发展水平相对中心区较滞后，人口老龄化水平下降为老年型Ⅰ期。因此 2000 年滇中城市群和北部湾城市群的人口老龄化水平按区域可划分为低—高—低模式（即核心区低，外围区高，边界区低）。到 2010 年城市群的人口老龄化水平在核心—边缘中的塌缩模式更加明显，中心区域面积减小，周边县域面积扩大，边界区面积减小，且人口老龄化程度增加。如滇中城市群以昆明为中心向外延伸的人口老龄化水平由老年型Ⅰ期上升到老年型Ⅱ期，个别县域还上升到老年型Ⅲ期，中心范围由 2000 年的中心区域缩小为主城区的核心区域，周边区县的范围扩大，边界范围缩小为仅边界单个县域围成的单元；成渝城市群形成以成都市和重庆市主城区为中心，人口老龄化水平为老年型Ⅱ期，周边大部分区域已上升为老年型Ⅲ期，西部地区和南部地区少部分地区为老年型Ⅱ期；北部湾城市群以南宁为中心是老年型Ⅰ期，北部地区人口老龄化水平变化较大，直接跨越为老年型Ⅲ期，中部地区和南部地区均为老年型Ⅱ期；而黔中城市群区域内的人口老龄化水平变化不太明显，大部分地区由老年型Ⅰ期过渡到老年型Ⅱ期，南部地区人口老龄化水平已转变为老年型Ⅲ期。

2. 西南地区城市群高龄化的空间分布特征

本研究以 2000 年和 2010 年西南地区各城市群高龄人口比重为标准进行分析。2000～2010 年，西南地区各城市群人口高龄化变化明显的有北部湾城市群、成渝城市群和滇中城市群，黔中城市群变化不明显。其中北部湾城市群的人口高龄化水平从部分第二阶段和极少数第三阶段上升到基本第三阶段与少数第三阶段，成渝城市群和滇中城市群从少数第二阶段变化到多数第二阶段。

高龄化是老龄化中的老龄化，因此高龄化水平的变化特征一般与城市群内老龄化的变化特征相似。如 2000 年成渝城市群北部、黔中城市群、滇中城市群大部，由于生活水平较低，医疗条件滞后等因素，老龄化水平处于较低状态，因此高龄化水平也处在相对较低的第一阶段。而北部湾城市群仅中心发展较快地区高龄化水平处于第三阶段，其他地区的高龄化程度较低，但凭借其自然条件的因素，高龄化水平呈现出第二阶段均质化的特点。

2010 年随着生活质量的改善，西南地区各城市群的人口高龄化水平空间分布也呈现出较明显的变化。高龄化水平的变化主要出现在城市群核心区域及周边地区，2000 年，四个城市群的高龄化水平呈均质化分布，基本在第一阶段，一些区县处在第二阶段和第三阶段。到 2010 年成渝城市群中部、滇中城市群中部和北部湾城市群大部分地区已上升为高龄化第二阶段，北部湾城市群南部地区为高龄化第三阶段，黔中城市群变化趋势不明显。高龄化水平的空间分布变化基本呈均质化与条带状分布，均质化的高龄化水平较低，高龄化较高的一些地区呈条带状分布，可见高龄化水平空间分布格局与老龄化的空间分布变化格局差异较大。

3. 人口老龄化和人口高龄化的时空分布变化

从表 7-2 和表 7-3 中可以看出，2000～2010 年西南地区各城市群的人口老龄化水平和高龄化水平变化趋势存在差异。2000 年，老龄化水平最高的成渝城市群（老龄化率 12.05%）与老龄化水平最低的黔中城市群（老龄化率 9.50%）之间仅相差 2.45 个百分点，但高龄化水平最高的成渝城市群（高龄化率 16.45%）是高龄化水平最低的滇中城市群（高龄化率 8.36%）的 1.97 倍。2010 年，老龄化水平与高龄化水平均呈上升趋势，4 个城市群之间的老龄化水平差距拉大，老龄化水平最高的北部湾城市群（老龄化率 12.78%）与老龄化水平最低的成渝城市群（老龄化率 9.56%）之间相差 3.22 个百分点；城市群之间高龄化水平整体呈上升趋势，相对差距减小，高龄化水平最高的北部湾城市群（高龄化率 13.48%）与高龄化水平最低的黔中城市群（高龄化率 9.53%）之间相差 3.95 个百分点。

表 7-2 2000 年和 2010 年西南地区城市群人口老龄化情况变化对比

名称	2000 年 老龄化率/%	2000 年 老龄化阶段	2010 年 老龄化率/%	2010 年 老龄化阶段	10 年间老龄化变化 增量/个百分点	10 年间老龄化变化 增速/%
成渝城市群	12.05	老龄化中期	9.56	老龄化初期	-2.49	-20.66
黔中城市群	9.50	老龄化初期	12.57	老龄化中期	3.07	32.32
滇中城市群	10.13	老龄化中期	12.05	老龄化中期	1.92	18.95
北部湾城市群	10.56	老龄化中期	12.78	老龄化中期	2.22	21.02

表 7-3 2000 年和 2010 年西南地区城市群人口高龄化情况变化对比

名称	2000 年 高龄化率/%	2000 年 高龄化阶段	2010 年 高龄化率/%	2010 年 高龄化阶段	10 年间高龄化变化 增量/个百分点	10 年间高龄化变化 增速/%
成渝城市群	16.45	第三阶段	11.87	第一阶段	-4.58	-20.66
黔中城市群	8.49	第一阶段	9.53	第一阶段	1.04	32.32
滇中城市群	8.36	第一阶段	11.38	第一阶段	3.02	36.12
北部湾城市群	11.69	第一阶段	13.48	第二阶段	1.79	15.31

2000 年西南地区城市群平均老龄化水平为 10.56%、高龄化水平为 11.25%；而到 2010 年平均老龄化水平上升为 11.74%、高龄化水平上升为 11.57%。在对西南地区 4 个城市群的整体分析中，成渝城市群由于区域人口迁入的原因，人口老龄化率和高龄化率数值在区域总人口中得到稀释，导致老龄化水平与高龄化水平呈下降趋势，其他三个城市群的人口老龄化水平和高龄化水平均有上升。

从年龄结构类型变化的角度来看，2000~2010 年，西南地区 4 个城市群在老龄化年龄结构划分中，黔中城市群从老龄化初期上升为老龄化中期，增长数量和增长速度最快；北部湾城市群和滇中城市群维持在老龄化中期水平，但老龄化水平的数值呈上升趋势；滇中城市群的增长趋势相对较慢；而成渝城市群从老龄化中期降为老龄化初期，老龄化水平的数值也从 12.05%下降到 9.56%。在高龄化年龄结构的划分中，黔中城市群和滇中城市群的老龄化水平仍维持在第一阶段，但黔中城市群的高龄化水平相对较低，且增长速度也较慢；滇中城市群的高龄化水平增长速度相对于其他三个城市群最快，增长数量最大；但成渝城市群的高龄化水平呈下降的趋势，从 2000 年的 16.45%下降到 2010 年的 11.87%，下降了 4.58 个百分点，增长速度下降了 20.66%，即从第三阶段迅速降低到第一阶段。

7.2.4 西南地区城市群老龄化和高龄化的集疏格局分析

人口集疏程度是人口在空间分布格局中最直观的体现(刘睿文等，2010)。利用人口集疏程度来研究中国人口的空间分布是人口地理研究的传统方式。因此，本研究引入集疏程度对西南地区城市群老年人口和高龄人口分布进行研究。研究西南地区城市群老年人口的集疏格局，有助于把握西南地区老年人口与高龄人口分布的规律和发展态势，能反映区域内的城市化发展水平。为了揭示西南地区城市群人口集疏分布的内在规律，本研究采用了对老年人口集聚度分级评价的方法，以县为基本单位，每个县根据人口集疏程度划分为不同层次的老年人口与高龄人口。

利用 ArcGIS 软件对老年人口与高龄人口数据进行分析，结合县域人口数量，将西南地区城市群的 257 个县级单元划分为人口密集区（JJD≥5）、人口均值区（0.5≤JJD<5）、人口稀疏区（0.2≤JJD<0.5）3 个类别（刘睿文等，2010）。据此进一步对西南地区城市群的县级老年人口与高龄人口的集聚度进行分类，结果见表 7-4 所示。鉴于老年人口与高龄人口的数据来源与计算方式相同，因此高龄人口集聚度与老年人口集聚度采取一致的分类标准。

表 7-4　西南地区老年人口集聚度的分类标准

人口集聚度地区分类		人口集聚度
老年人口密集区	高度密集区	≥10
	低度密集区	5～10
老年人口均值区	人口均集区	5～2
	人口均疏区	0.5～2
老年人口稀疏区	相对稀疏区	0.2～0.5
	绝对稀疏区	≤0.2

1. 西南地区城市群老年人口的集疏格局分析

从表 7-5、表 7-6 中可以看出，2000~2010 年，西南地区城市群老年人口在人口均值区分布得最多，其次为人口稀疏区，在此期间老年人口集聚度与高龄人口集聚度的变化不大，且 2000 年与 2010 年的集聚程度基本一致。

表 7-5　2000 年西南地区城市群老年人口集聚度分类统计

老年人口集聚度地区分类（个）		人口		土地		老年人口密度/（人/km²）	
		总量/万人	比例/%	面积/万 km²	比例/%	极值（最小值/最大值）	平均值
人口密集区	高度密集区(7)	55.27	3.41	0.08	0.15	622.65/3881.83	1269.28
	低度密集区(8)	69.40	4.28	0.35	0.67	222.36/343.25	267.71
	小计(15)	124.67	7.69	0.43	0.81	222.36/3881.83	768.50
人口均值区	密度均集区(38)	266.98	16.46	3.45	6.50	79.42/173.95	111.84
	密度均疏区(148)	1045.39	64.45	30.54	57.56	16.23/169.22	49.12
	小计(196)	1312.37	80.91	33.99	64.06	16.23/173.95	80.48
人口稀疏区	相对稀疏区(54)	173.81	10.72	16.12	30.37	6.50/19.25	12.17
	绝对稀疏区(7)	11.10	0.68	2.53	4.76	3.81/6.19	5.33
	小计(61)	184.91	11.40	18.65	35.13	3.81/19.25	14.84

表 7-6 2010 年西南地区城市群区域的老年人口集聚度分类统计

老年人口集聚度地区分类(个)		人口		土地		老龄人口密度/(人/km²)	
		总量/万人	比例/%	面积/万 km²	比例/%	极值(最小值/最大值)	平均值
人口密集地区	高度密集区(8)	93.95	4.42	0.10	0.20	408.70/3835.11	1653.32
	低度密集区(8)	70.96	3.34	0.27	0.52	214.37/474.30	342.18
	小计(16)	164.91	7.75	0.38	0.71	214.37/3835.11	997.75
人口均值地区	密度均集区(40)	422.20	19.85	4.22	7.95	81.70/302.76	143.69
	密度均疏区(139)	1292.58	60.78	29.18	54.98	8.43/204.38	57.76
	小计(179)	1714.78	80.64	33.40	62.93	8.43/302.76	100.73
人口稀疏地区	相对稀疏区(52)	224.98	10.58	15.49	29.19	9.24/24.65	16.29
	绝对稀疏区(10)	21.86	1.03	3.80	7.17	4.04/8.55	6.76
	小计(62)	246.84	11.61	19.29	36.36	8.55/24.65	11.52

从表 7-5 和表 7-6 可见，西南地区城市群 2000 年和 2010 年的老年人口主要集聚在人口均值区。2000 年，位于人口均值区的区县有 196 个，老年人口总数达到 1312.37 万人，占西南地区城市群老年人口总数的 80.91%；分布地区的面积达到 33.99 万 km²，占西南地区城市群总面积的 64.06%。而位于人口稀疏区(JJD<0.5)的区县有 61 个，总人数 184.91 万人，占西南地区城市群老年人口总数的 11.40%，分布地区的面积为 18.65 万 km²，占西南地区总面积的 35.13%。2010 年，位于人口均值区的区县数量为 179 个，老年人口达到 1714.78 万人，占西南地区城市群老龄人口总数的 80.64%，分布地区的面积达到 33.40 万 km²，占西南地区城市群总面积的 62.93%。而位于人口稀疏区(JJD<0.5)的区县有 62 个，总人数 246.84 万人，占西南地区城市群老龄人口总数的 11.61%，分布地区的面积为 19.29 万 km²，占西南地区总面积的 36.36%，因此，西南地区城市群的老年人口集聚程度还相对稀疏。从表 7-5、表 7-6 中可以看出，老年人口均值区与人口稀疏区在 2000 年与 2010 年两个时间段中的区县个数、面积大小以及面积比例上的变化不大，但在老年人口的数量上表现为老年人口在逐步增多，且分类取值区的老年人口占西南地区城市群老年人口的比例也在增加。说明西南地区在 2000~2010 年人口年龄结构的变化上表现为老年人口比例不断上升的特点。

在西南地区的 4 个城市群中老年人口集聚度分布呈现出很大的不均匀性。在空间上总体变化不大，呈现出沿中心城市集聚的趋势显著，形成了典型的区域性人口集聚中心。2000~2010 年成渝城市群的老年人口集聚度在西南城市群中一直居首位。其老年人口集聚度呈现中部高、四周低的特点，中部地区分布较零散，集聚区主要沿两个主要中心区域延伸，西部地区的集聚度始终处于最低状态。黔中城市群的老年人口集聚度分布主要以贵阳市为界呈现北高南低的特点，除贵阳市中心城区(云岩区、南明区)外，周边区域的老年人口集聚度较高。滇中城市群老年人口集聚分布特点与成渝城市群相似，大致呈现中部高、四周低的特点，以昆明市为中心，具有明显的圈层结构界限，西部地区的老年人口集聚度低于其他地区。而北部湾城市群的老年人口集聚度普遍较低，以南宁市为界，呈现东部高、西部低的分布特点，东部为人口均疏区，西部为相对稀疏区，南宁市辖区的老龄人口集聚度也仅处在老年人口均值区范围。

西南地区城市群的老年人口集聚度在整体上呈现出集中上升的趋势，此外，老年人口集聚区域的面积在不断扩大，老年人口分布的不均衡态势日益加剧。2000年，成渝城市群中的成都市辖区和重庆市辖区，黔中城市群的贵阳市辖区，滇中城市群的昆明市辖区的老年人口集聚度比周边地区的更高，属于人口集聚区。成渝城市群2000年老年人口密度为132人/km²，而2010年老年人口密度达到了183人/km²。2010年，各个城市群中心城市的老年人口集聚区域的面积在扩大，集聚程度也在上升。成渝城市群的老龄人口密集区与原中心城区范围的变化不大，但老年人口集聚度的范围由原来的中心城区扩散到周边区县，扩散方向在成都与重庆之间区县中尤为显著，该区域的老年人口集聚度低于两主城区的集聚度；滇中城市群老年人口集聚度上升明显的为昆明市辖区，老年人口集聚程度由人口均疏区上升为人口均集区，周边县域的老年人口集聚程度有所下降。黔中城市群中贵阳市主城区的老年人口集聚程度呈上升的趋势，周边区县的老年人口集聚度也呈上升趋势，但上升幅度相对主城区来说较小。北部湾城市群相对于其他3个城市群，其老年人口集聚度最低。北部湾城市群2000年老年人口密度仅为29人/km²，2010年老年人口密度达到了40人/km²。北部湾城市群的空间变化主要表现在城市群的主城区(南宁市)和沿海区域，其中沿海区域由于经济发展程度和人口集聚程度等原因，导致该区域的老年人口集聚度比南宁市的老年人口集聚度更大。

2. 西南地区城市群高龄人口的集疏格局

从表7-7和表7-8中可见，西南地区城市群的高龄人口集聚度与老年人口集聚度存在着相似性，主要集聚于各城市群的中心发展区。高龄人口集聚度的空间分布范围比老年人口集聚度广，集聚程度更高。成渝城市群是西南地区城市群中高龄人口集聚度最高的区域，主要集中在3个中心区，即成都市辖区、重庆主城区、四川东南部与重庆市边界地区，其中成都市辖区与重庆市主城区的高龄人口集聚尤为突出，2000年重庆市渝中区的高龄人口集聚度达到121，是西南地区城市群中高龄人口集聚度最高的区，成都市辖区高龄人口集聚度的平均值为21.5，仅次于重庆市渝中区的高龄人口集聚度；2010年重庆市江北区的高龄人口集聚度上升为人口密集区，渝中区高龄人口集聚度仍保持不变，成都市的高龄人口集聚度持续上升，集聚度达到了29.2，较2000年的高龄人口集聚度上升了7.7；在成都—重庆过渡带形成了一个高龄人口集聚地带，但集聚程度比两个城市的集聚度低。黔中城市群的高龄人口主要集中在贵阳市的云岩区，其高龄人口集聚度达到了24，人口密度为113人/km²。

表 7-7 2000 年西南地区城市群的高龄人口集聚度分类统计

高龄人口集聚度地区分类(个)		人口		土地		高龄人口密度/(人/km²)	
		总量/万人	比例/%	面积/万 km²	比例/%	极值(最小值/最大值)	平均值
人口密集地区	高度密集区(7)	5.50	3.56	0.08	0.15	14.57/121.26	31.91
	低度密集区(7)	11.22	7.25	0.23	0.43	5.91/9.27	7.28
	小计(14)	16.73	10.81	0.31	0.58	5.91/121.26	19.60
人口均值地区	密度均集区(37)	32.61	21.07	4.46	8.40	2.50/21.74	10.45
	密度均疏区(143)	95.23	61.54	29.70	55.96	0.96/12.35	4.38
	小计(180)	127.84	82.60	34.16	64.36	0.96/21.74	7.42
人口稀疏地区	相对稀疏区(51)	15.02	9.70	14.34	27.02	0.69/2.90	1.22
	绝对稀疏区(12)	1.68	1.09	4.27	8.04	0.21/0.63	0.48
	小计(63)	16.70	10.79	18.61	35.06	0.21/2.90	0.85

表 7-8 2010 年西南地区城市群的高龄人口集聚度分类统计

高龄人口集聚度地区分类(个)		人口		土地		高龄化人口密度/(人/km²)	
		总量/万人	比例/%	面积/万 km²	比例/%	极值(最小值/最大值)	平均值
人口密集地区	高度密集区(8)	12.72	5.05	0.11	0.20	0.01/113.89	2.88
	低度密集区(9)	10.13	0.13	0.32	19.09	0.02/42.63	2.52
	小计(17)	22.86	5.18	0.43	19.30	0.01/113.89	2.70
人口均值地区	密度均集区(40)	57.33	22.77	8.26	15.57	0.01/28.19	2.29
	密度均疏区(130)	141.14	56.05	26.74	50.38	0.00/10.15	1.94
	小计(170)	198.47	78.82	35.00	65.95	0.00/28.19	2.11
人口稀疏地区	相对稀疏区(59)	27.82	11.05	16.85	31.74	0.01/2.69	1.45
	绝对稀疏区(11)	2.67	1.06	4.22	7.96	0.01/1.04	0.56
	小计(70)	30.49	12.11	21.07	39.70	0.01/2.69	1.01

西南地区各城市群高龄人口集聚度的空间分布格局大致与老年人口集聚度的分布格局一致，但集聚度比老年人口的集聚度更高。滇中城市群的高龄人口集聚度相对于其他地区较为均匀，主要分布在人口均疏区。以昆明市为界，西部地区集聚度较低，为相对稀疏区。北部湾的高龄人口在空间上分布差异较大，主要集聚在中心区，并呈环状、呈等级分布，东部地区的高龄人口集聚度比西部地区高。

7.2.5 西南地区城市群人口老龄化和高龄化影响因素分析

对影响区域人口数量、年龄结构、人口集聚程度的分析一般会从两方面进行，即人口的自身原因和外部条件影响两大类(王录仓等，2017)。人口的自身原因主要是影响人口的自然变化和流动性。人口的老龄化和高龄化其本质上是由人口年龄结构的演替导致的,而人口高龄化率与老龄化率又取决于总人口数量、老年人口基数、地区人口的出生率和死亡率以及人口迁移数量。影响人口的外部条件因素则与该地区的经济发展水平有关,提高人民的生活水平是依靠地区经济增长,改善医疗条件,进而降低死亡率。因此,经济增长对于地区人口老龄化与高龄化的时空分布至关重要。由于西南地区在自然条件、社会经济发展、人口变化等方面都具有相似性,因此本研究基于西南地区城市群中的典型区域,即黔中城市群作为研究对象,借助 SPSS 软件中的多元回归模型,分析 2000 年与 2010 西南地区城市群人口老龄化和高龄化的主要影响因素(表 7-9～表 7-12)。首先提出如下假设:经济发展水平越高的地区更能为区域提供公共基础设施和医疗服务设施,教育服务水平提升,从而人口老龄化率与高龄化率也越高;区域内人口的迁入与迁出对该地区总人口数量的变动影响较大,从而影响地区的人口老龄化率与高龄化率;人口的出生率和死亡率是地区人口年龄结构变动的基本因素,地区人口的出生率高,则降低了人口老龄化率与高龄化率;而死亡率低、老龄化率与高龄化率就高。

表 7-9　2000 年、2010 年黔中城市群人口老龄化时空变化的影响因素估计结果

变量	2000 年				2010 年			
	系数	标准误差	标准化系数	t	系数	标准误差	标准化系数	t
(常量)	0.429	2.133		0.201	−0.116	1.226		−0.094
城镇化率(Ci)	0.013	0.041	0.123	0.320	0.042	0.042	0.339	1.016
人均地区生产总值(GDP)	0.231	0.132	−0.244	−0.665	0.000	0.000	−0.056	−0.389
人口迁入率(QR)	0.026	0.120	0.111	0.217	0.021	0.047	0.080	0.447
人口迁出率(QC)	−0.048	0.045	−0.273	−1.069	0.063	0.026	0.508	2.422
人均受教育年限(PJ)	0.428	0.570	0.267	0.752	0.676	0.543	0.453	1.245
人口死亡率(SW)	0.058	0.152	0.107	0.378	1.170	0.334	0.711	3.508
人口出生率(CS)	0.776	0.616	0.513	1.260	−0.139	0.159	−0.163	−0.870
R^2			0.449				0.835	
调整 R^2			0.294				0.788	
F			2.907				18.027	
观测值			1467				1467	

基于上述考虑,本研究选取变量对人口老龄化和高龄化时空分布进行分析:将人口老龄化率(OL_{2000}、OL_{2010})与人口高龄化率(HL_{2000}、HL_{2010}),老年人口集聚度(JJD_{2000}、JJD_{2010})和高龄人口集聚度(HJD_{2000}、HJD_{2010})作为多元回归分析中的因变量。上述中对于人口时空分布与人口集疏格局的变化所选取的自变量因素一致,因此在人口的自然变化中选择 2000 年和 2010 年该地区的人口出生率(CS)、人口死亡率(SW);人口的流动性对人口老龄化率和高龄化率有着重要影响,迁入人数与户籍人数的比值作为衡量地区的人口迁入率

(QR)，而迁出人数与户籍人数的比值作为衡量地区人口迁出率(QC)，其中迁出人口=户籍人口－常住人口。各地区的经济发展水平衡量标准选用2000年、2010年两时段地区的人均地区生产总值(GDP)、人均受教育年限(PJ)、城镇化率(Ci)作为代理变量。

表7-10　2000年、2010年黔中城市群人口高龄化时空变化的影响因素估计结果

变量	2000年				2010年			
	系数	标准误差	标准化系数	t	系数	标准误差	标准化系数	t
(常量)	0.068	0.799		0.085	0.577	1.194		0.483
城镇化率(Ci)	0.029	0.015	0.381	1.856	0.015	0.040	0.161	0.372
人均地区生产总值(GDP)	−0.782	0.000	−0.796	−0.489	−0.605	0.000	−0.546	−0.247
人口迁入率(QR)	−0.051	0.045	−0.310	−1.141	−0.023	0.045	−0.118	−0.513
人口迁出率(QC)	−0.014	0.017	−0.111	−0.817	0.085	0.026	0.904	3.332
人均受教育年限(PJ)	0.337	0.213	0.299	1.578	1.141	0.529	1.015	2.159
人口死亡率(SW)	0.165	0.057	0.437	2.894	−0.179	0.325	−0.144	−0.551
人口出生率(CS)	0.447	0.231	0.420	1.935	−0.029	0.155	−0.046	−0.190
R^2		0.843				0.723		
调整R^2		0.799				0.646		
F		19.188				9.333		
观测值		1467				1467		

表7-11　2000年、2010年黔中城市群老年人口集聚度的影响因素估计结果

变量	2000年				2010年			
	系数	标准误差	标准化系数	t	系数	标准误差	标准化系数	t
(常量)	−0.964	2.799		−0.344	−0.384	3.141		−0.122
城镇化率(Ci)	0.136	0.054	0.893	2.529	0.199	0.106	1.017	1.866
人均地区生产总值(GDP)	−0.589	0.000	−0.097	−0.287	−0.545	0.000	−0.031	−0.131
人口迁入率(QR)	0.047	0.158	0.139	0.297	0.149	0.119	0.364	1.250
人口迁出率(QC)	−0.012	0.058	−0.048	−0.207	0.102	0.067	0.520	1.517
人均受教育年限(PJ)	−0.517	0.747	−0.225	−0.691	−0.516	1.391	−0.220	−0.371
人口死亡率(SW)	−0.120	0.200	−0.156	−0.600	0.941	0.854	0.365	1.102
人口出生率(CS)	0.588	0.809	0.272	0.727	−0.723	0.408	−0.545	−1.773
R^2		0.536				0.558		
调整R^2		0.406				0.434		
F		4.128				4.504		
观测值		1467				1467		

表 7-12 2000 年、2010 年黔中城市群高龄人口集聚度的影响因素估计结果

变量	2000 年 系数	标准误差	标准化系数	t	2010 年 系数	标准误差	标准化系数	t
（常量）	-0.966	2.915		-0.331	-0.409	3.292		-0.124
城镇化率(Ci)	0.134	0.056	0.892	2.395	0.185	0.112	0.939	1.662
人均地区生产总值(GDP)	-3.696	0.000	-0.042	-0.119	-1.889	0.000	-0.037	-0.153
人口迁入率(QR)	0.016	0.164	0.048	0.098	0.171	0.125	0.415	1.373
人口迁出率(QC)	-0.015	0.061	-0.061	-0.249	0.114	0.070	0.574	1.614
人均受教育年限(PJ)	-0.531	0.778	-0.234	-0.682	-0.411	1.457	-0.174	-0.282
人口死亡率(SW)	-0.118	0.208	-0.155	-0.568	0.926	0.895	0.356	1.035
人口出生率(CS)	0.592	0.842	0.276	0.703	-0.772	0.427	-0.575	-1.807
R^2		0.485				0.525		
调整 R^2		0.341				0.392		
F		3.361				3.946		
观测值		1467				1467		

基于多元回归分析方法对 2000 年和 2010 年黔中城市群县域的人口老龄化和高龄化水平时空格局和集疏格局的影响因素进行评估，时空格局模型的拟合优度中人口老龄化在 2000 年、2010 年分别达到 44.9%和 83.5%，人口高龄化在 2000 年、2010 年分别达到 84.3%和 72.3%，2000 年人口老龄化水平模型拟合优度相对较低，但已达到整体模型估计值的较显著水平。集疏格局模型的拟合优度中人口老龄化在 2000 年、2010 年分别达到 53.5%和 55.8%，人口高龄化在 2000 年、2010 年分别达到 48.5%和 52.5%，模型的整体结构已达到检验水平，上述解释变量均可对因变量进行分析。

在人口老龄化与高龄化的模型估计中，需要从 2000 年与 2010 年两个年份考虑其结果显示，人口老龄化变化在 2000 年、2010 年的解释变量均通过假设检验，但在人口高龄化变化中，2000 年与 2010 年除城镇化率的解释变量未达到 5%水平以下的假设性检验外，其他均已达到标准，且人口老龄化与高龄化回归的正负性也符合预期，与人口老龄化率的估计结果相比，人口高龄化率的模型拟合优度更高，表明现有变量对人口高龄化率的区域差异解释力度更大。①人均地区生产总值和城镇化率，与城市的人口集聚程度呈正相关关系。老年人口的集聚程度与城镇化水平呈正相关，会导致人口老龄化率在城市中得到稀释，人口老龄化率降低。②人口出生率与死亡率是地区人口自然增长率的重要影响因素。人口出生率与死亡率之差形成地区的人口自然增长率，增长率越高，地区的人口老龄化率就越高，因此人口死亡率与人口高龄化呈负相关关系。③人口迁入比与人口迁出比不存在相关关系，但出现人口迁入比重高、迁出比重低的情况时，城市的人口老龄化率降低；出现人口迁出比重高、迁入比重低的情况时，城市的人口老龄化率升高。高龄人口变化中人口的迁入率与迁出率都有所升高，对地区的人口流动影响作用更大，对于地区的人口高龄化率

与集聚程度有复杂影响。④平均受教育年限越长，城镇化率往往越高，导致老年人口的集聚度也越高。高龄化变化中平均受教育年限也越长，两者呈明显的正相关关系，地区的基础服务设施和医疗条件有所提升，人口高龄化率越高。因此本研究提出的假设都可以被接受。

在老年人口集聚度与高龄人口集聚度的模型估计中，同样需要从2000年与2010年两个年份考虑，其结果显示老年人口集聚与高龄人口集聚变化在2000年和2010年除地区人均GDP解释变量未达到5%水平以下的假设性检验外，其他均已达到标准，且老年人口集聚与高龄人口集聚回归的正负性也符合预期，具体结果表现为：①该地区的人口迁移率越高，其城镇化率也越高，城市人口聚集程度就越高，老年人口与高龄人口集聚的比例也越高，三者之间成正比。②人口的出生率高，死亡率低，老年人口与高龄人口的占总人口的比例越高，其人口集聚程度也越高。③平均受教育程度越高，说明地区经济发展水平有所提升，地区基础服务设施增强，医疗条件有所改善，老年人口与高龄人口集聚度也会越高。因此本研究提出的假设都可以被接受。

从上述各个解释变量的回归系数来看，人口高龄化水平与人口老龄化水平相比，城镇化率、人口迁入率、人口死亡率3个虚拟变量的系数绝对值有所下降，说明这3个因素对人口高龄化的解释力度有下降；人均地区生产总值人口迁入率、平均受教育年限和人口死亡率4个虚拟变量加强了对因变量的解释，说明人口高龄化率变化的空间格局可能受到地区经济发展水平、人口流动变化以及受教育水平的影响较大。而在与老年人口与高龄人口集聚度中，人均地区生产总值对高龄人口集聚的解释力度明显下滑，其他因素的系数变化不大。

区域的经济增长、人口流动程度、人口集聚范围、受教育程度等对西南地区城市群县域尺度人口老龄化与高龄化的变化格局有较大影响；人口老龄化与高龄化的时空格局与集疏格局对于不同的解释因子会出现不同的解释力度。区域经济发展水平作为各个城市群中最基础的影响因素，也会影响其他解释因素对因变量的变化，但各城市群在人口老龄化与高龄化变化过程中，都突出各自区域特色，形成了不同的人口老龄化与高龄化变化格局。

7.3 本章小结

本研究基于2000年和2010年全国人口普查分县数据，应用老年人口集聚度和多元回归分析法，清晰刻画出了西南地区4个城市群人口老龄化和人口高龄化的时空格局变化特征和老年人口集聚度的综合特点，并分析了各城市群人口特征、人口老龄化和人口高龄化在时空变化中的影响因素。主要研究结论如下。

(1)城市人口密度空间分布差异大，城市群和市辖区人口密度高度集中，可能造成资源短缺；城市群的次级区域或者郊区人口较少，东西部地区人口空间分布差异明显。人口城市化水平较快，黔中城市群特别突出，年均增长4.8个百分点；北部湾城市群城镇化多核心逐步发展的趋势越来越突出。区域人口迅速老龄化，特别是黔中城市群。人口受教育水平地区差异比较大，尤其是培养高技术人才、高素质人才的工作有待加强。

(2) 西南城市群人口发展综合指数多是市辖区较高，大多数县域人口发展综合指数为 0.28~0.40，在不同城市群中，县域人口发展综合指数偏低的区域不同，但是主要分布在距离市辖区较远的农村。

(3) 本研究选择西南地区城市群作为研究对象，选择 6 个指标来研究城市发展模式，但是没有考虑人口迁入与迁出、人口就业、男女人口数量的差异等因素对西南城市群经济发展的影响。随着时间的推移，社会经济的发展，各类基础设施的完善，影响人口发展的因素也越来越多，应结合多种因素更好地构建合理的人口发展规模，提出解决城市群人口发展问题更有效的措施。

(4) 西南地区 4 个城市群人口老龄化与高龄化的空间分布格局具有多样化的特点，2000 年西南地区城市群的人口老龄化水平为 10.56%，2010 年上升为 13.46%。成渝城市群在整个西南地区中平均老龄化程度、老年人口集聚度均最高，滇中城市群、黔中城市群和北部湾城市群三者的人口老龄化程度变化不大，老年人口集聚度的空间分布较均匀，并且在各自城市群中的老年人口集聚度都是沿某一特定区域具有界限划定范围，3 个城市群的人口老龄化变化水平也较为均匀。

(5) 西南地区城市群人口高龄化水平的时空分布和高龄人口集聚度均与老年人口的相关系数变化有一定的对应关系，但在集聚程度上高集聚地区的人口老龄化比例略高，稀疏地区人口老龄化的比例略低，因此其集聚程度的空间分布差异比老龄化的空间分布差异更大。在时间分布上，高龄人口变化也较老年人口变化大，城市群之间的人口老龄化与高龄化增长数量与增长速度都存在明显的差异，大致表现为增长速度快、增长数量小的趋势。成渝城市群的人口老龄化与高龄化增量与增速呈减少趋势，其他地区的人口老龄化与高龄化增量与增速都呈上升趋势。

(6) 西南地区城市群的人口老龄化与人口高龄化是地区内外部因素综合影响所表现出的结果，以人口老龄化与人口高龄化为基础因素，证实了人口自然变动、人口流动是重要影响因素。人口老龄化水平和高龄化水平的普遍上升是城市群人口老龄化与高龄化升级与人口年龄结构演替的直接原因；其中低龄人口迁入城市群中心区对人口老龄化起到了降低的作用，各地区的经济发展水平和城市基础服务建设与人口高龄化成正比；不同地区，不同城市群的发展阶段对人口老龄化和高龄化的集聚与扩散都有一定作用。

因此，对于人口老龄化与高龄化问题，深入探讨不同年龄结构的人口迁移对人口老龄化与高龄化的影响程度，以及人口老龄化与高龄化在发展中，对不同地区的环境、资源承载力、社会经济等因素的影响程度将成为下一步深入研究的方向。

参 考 文 献

敖荣军,蒋亮,张涛,等,2016. 湖北省县域迁入人口的空间格局及影响因素[J]. 长江流域资源与环境,25(11):1672-1678.

陈贝贝,2012. 半城市化地区的识别方法及其驱动机制研究进展[J]. 地理科学进展,31(2):210-220.

陈楠,2005. 基于GIS的人口时空分布特征研究[D]. 青岛:山东科技大学.

陈培培,金勇进,2014. 对我国人口普查数据质量评估的若干思考[J]. 现代管理科学,(9):3-5.

陈仁爱,刘婷,冯贤财,等,2012. 基于多元线性回归模型的中国人口老龄化影响因素研究[J]. 科技视界,(11):3-5.

陈昭玖,胡雯,2016. 人力资本、地缘特征与农民工市民化意愿——基于结构方程模型的实证分析[J]. 农业技术经济,(1):37-47.

褚湜婧,王猛,杨胜慧,2015. 典型福利类型下居家养老服务的国际比较及启示[J]. 人口与经济,(4):119-126.

崔许锋,2014. 民族地区的人口城镇化与土地城镇化:非均衡性与空间异质性[J]. 中国人口·资源与环境,24(8):63-72.

崔学刚,方创琳,张蔷,2018. 山东半岛城市群高速交通优势度与土地利用效率的空间关系[J]. 地理学报,73(6):1149-1161.

代仙,彭燕梅,张天堂,2017. 云南省各州市少数民族人口分布格局研究[J]. 楚雄师范学院学报,32(3):97-107.

杜海峰,顾东东,杜巍,2015. 农民工市民化成本测算模型的改进及应用[J]. 当代经济科学,37(2):1-10.

杜鹏,2013. 中国老年人口健康状况分析[J]. 人口与经济,(6):3-9.

杜晓娟,2013. 徽州人口流动的区域内地理问题探研[J]. 沈阳大学学报(社会科学版),15(5):717-719.

段玉珊,王娜,李伟旭,2013. 西藏人口老龄化现状与发展趋势预测[J]. 西北人口,(6):19-24.

封志明,李鹏,2011. 20世纪人口地理学研究进展[J]. 地理科学进展,30(2):131-140.

冯立刚,2018. 农业转移人口市民化非经济成本探究[J]. 改革与战略,34(4):60-98.

付德申,程皓,张杰,2017. 中国西南地区城市群产业扩散力比较研究[J]. 广西师范学院学报(自然科学版),38(3):80-85.

高更和,罗庆,樊新生,等,2015. 中国农村人口省际流动研究——基于第六次人口普查数据[J]. 地理科学,35(12):1511-1517.

高向东,王新贤,朱蓓倩,2016. 基于"胡焕庸线"的中国少数民族人口分布及其变动[J]. 人口研究,40(3):3-17.

高向东,王新贤,2018. 中国少数民族人口分布与变动研究——基于1953~2010年人口普查分县数据的分析[J]. 民族研究,(1):58-69.

高晓路,吴丹贤,许泽宁,等,2015. 中国老龄化地理学综述和研究框架构建[J]. 地理科学进展,34(12):1480-1494.

葛正鹏,2006. "市民"概念的重构与我国农民市民化道路研究[J]. 农业经济问题,(9):63-67.

管彦波,1996. 中国民族地理分布及其特点[J]. 民族论坛,(3):19-23.

郭俊理,任亚红,宋军林,2005. 川滇少数民族地理略论[J]. 忻州师范学院学报,21(1):92-95.

国家统计局人口和就业统计司,国家民族事务委员会经济发展司,2013. 中国2010年人口普查分民族人口资料(上下册)[M]. 北京:民族出版社.

国家统计局人口和就业统计司,2016. 2015年全国1%人口抽样调查资料[M]. 北京:中国统计出版社.

国家统计局人口和社会科技统计司,国家民族事务委员会经济发展司,2003. 2000年人口普查中国民族人口资料(上下册)[M]. 北京:民族出版社.

国务院第六次全国人口普查办公室,2011. 2010年第六次全国人口普查主要数据[M]. 北京:中国统计出版社.

国务院第三次人口普查领导小组办公室,1980. 中华人民共和国第一次、第二次全国人口普查文件汇编[G]. 北京:中国财政经济出版社.

国务院全国1%人口抽样调查领导小组办公室,国家统计局人口和就业统计司,2007.2005年全国1%人口抽样调查资料[M].北京：中国统计出版社.

国务院全国1%人口抽样调查领导小组办公室,2016.2015年全国1%人口抽样调查资料[M].北京：中国统计出版社.

国务院人口普查办公室,国家统计局人口和就业统计司,2003.2000年人口普查分县资料[M].北京：中国统计出版社.

国务院人口普查办公室,国家统计局人口和就业统计司,2012.中国2010年人口普查分县资料[M].北京：中国统计出版社.

国务院人口普查办公室,国家统计局人口统计司,1985.中国1982年人口普查资料[M].北京：中国统计出版社.

国务院人口普查办公室,国家统计局人口统计司,1993.中国1990年人口普查资料[M].北京：中国统计出版社.

韩增林,温秀丽,刘天宝,2017.中国人口半城镇化率时空分异特征及影响因素[J].经济地理,37(11)：52-58.

何为,黄贤金,2012.半城市化：中国城市化进程中的两类异化现象研究[J].城市规划学刊,(2)：24-32.

胡桂华,孙晓宇,康颖,等,2017.人口抽样调查方案设计研究[J].徐州工程学院学报(自然科学版),(4)：24-29.

黄加成,2015.中国老龄化社会独居老人研究进展[J].中国老年学杂志,35(23)：6954-6956.

黄金川,陈守强,2015.中国城市群等级类型综合划分[J].地理科学进展,34(3)：290-301.

黄娟,2015.生态文明时代新型城镇化道路的战略思考[J].美与时代(城市版),(6)：4-8.

黄匡时,陆杰华,科克·斯考特,2012.中国高龄老人的老化率及其影响因素研究[J].人口研究,36(4)：64-77.

黄锟,2011.城乡二元制度对农民工市民化影响的理论分析[J].统计与决策,(22)：82-85.

黄荣清,2006.当前我国少数民族人口发展形势分析[J].西北人口,(2)：2-7.

黄润龙,2011.长三角城市群的经济发展与人口迁移老龄化[J].现代经济探讨,(12)：34-38.

霍冬梅,2016.云南民族人口空间分布格局及变动研究[D].昆明：云南师范大学.

贾静涛,孙文生,白静静,2017.河北省人口老龄化发展趋势[J].合作经济与科技,(19)：178-180.

姜向群,1994.中国老年人口高龄化发展前景及其影响[J].人口学刊,(6)：18-26.

姜玉,刘鸿雁,庄亚儿,2016.东北地区流动人口特征研究[J].人口学刊,38(6)：37-45.

蒋诗泉,2014.基于灰色理论的人口老龄化发展趋势及其影响因素研究——以安徽省为例[J].华东师范大学学报(哲学社会科学版),46(3)：133-139.

焦开山,2014.中国少数民族人口分布及其变动的空间统计分析[J].西南民族大学学报(人文社科版),35(10)：26-32.

金淑婷,李博,杨永春,等,2015.地学视角下的中国县级行政区空间格局演变[J].经济地理,35(1)：29-37.

康江江,丁志伟,张改素,等,2016.中原地区人口老龄化的多尺度时空格局[J].经济地理,36(4)：29-37.

黎红,杨黎源,2017.农民工市民化成本评估与经济收益——以宁波为例[J].浙江社会科学,(12)：99-105.

李爱民,2013.中国半城镇化研究[J].人口研究,37(4)：80-91.

李丁,郭志刚,2014.中国流动人口的生育水平——基于全国流动人口动态监测调查数据的分析[J].中国人口科学,(3)：17-29.

李国平,陈秀欣,2009.京津冀都市圈人口增长特征及其解释[J].地理研究,28(1)：191-202.

李辉,2006.长春市城乡人口老龄化与老年社会保障问题研究[J].人口学刊,(4)：9-13.

李乐乐,2017.我国人口老龄化地区差异及影响因素分析[J].华中农业大学学报(社会科学版),(6)：94-102.

李培,2009.中国城乡人口迁移的时空特征及其影响因素[J].经济学家,1(1)：50-57.

李松,张凌云,刘洋,等,2015.新疆主要民族空间分布格局演变——基于1982~2010年人口普查数据[J].人口研究,39(4)：78-86.

李想,2014.县域流动人口管理存在的问题与对策研究——以湖南省N县为例[D].长沙：湖南师范大学.

李旭,2010.西南地区城市历史发展研究[D].重庆：重庆大学.

李扬,刘慧,汤青,2015.1985~2010年中国省际人口迁移时空格局特征[J].地理研究,34(6)：1135-1148.

李雨潼,2013.中国人口性别结构分析[J].人口学刊,35(6)：61-69.

梁海艳, 代燕, 赵月莹, 2016. 云南流动人口生育水平研究[J]. 人口学刊, 38(5): 15-24.

梁同贵, 2017. 乡城流动人口与农村本地人口的生育水平差异[J]. 中国人口科学, (3): 91-100.

廖富洲, 廖原, 2012. 我国"半城市化"现象探究[J]. 学习论坛, (5): 41-45.

林宝, 2015. 中国农村人口老龄化的趋势、影响与应对[J]. 西部论坛, 25(2): 73-81.

林琳, 马飞, 2007. 广州市人口老龄化的空间分布及趋势[J]. 地理研究, 26(5): 1043-1054.

刘聪粉, 仲伟周, 刘瑞青, 等, 2010. 云南省少数民族人口分布空间统计分析[J]. 统计与信息论坛, 25(11): 87-93.

刘国斌, 杜云昊, 2015. 人口老龄化对县域经济的影响研究[J]. 人口学刊, 37(2): 77-86.

刘汉初, 卢明华, 刘成, 2015. 山西省县域人口半城市化的空间格局研究[J]. 经济地理, 35(1): 21-28.

刘欢, 邓宏兵, 谢伟伟, 2017. 长江经济带市域人口城镇化的时空特征及影响因素[J]. 经济地理, 37(3): 55-62.

刘慧, 叶尔肯·吾扎提, 王成龙, 2015. "一带一路"倡议对中国国土开发空间格局的影响[J]. 地理科学进展, 34(5): 545-553.

刘家强, 唐代盛, 蒋华, 2008. 西南地区人口发展战略中的特殊性问题[J]. 探索, (3): 117-121.

刘铠豪, 2017. 中国内需增长的理论机理与实证检验——来自人口结构变化的解释[J]. 南开经济研究, (1): 3-22.

刘锐, 曹广忠, 2014. 中国农业转移人口市民化的空间特征与影响因素[J]. 地理科学进展, 33(6): 748-755.

刘睿文, 封志明, 杨艳昭, 等, 2010. 基于人口集聚度的中国人口集疏格局[J]. 地理科学进展, 29(10): 1171-1177.

刘盛和, 陈田, 蔡建明, 2004. 中国半城市化现象及其研究重点[J]. 地理学报, 59(z1): 101-108.

刘书明, 常硕, 2017. 中国人口年龄结构特征与变化趋势分析——基于1995~2014年数据的实证研究[J]. 西北人口, 38(1): 1-11.

刘涛, 齐元静, 曹广忠, 2015. 中国流动人口空间格局演变机制及城镇化效应——基于2000和2010年人口普查分县数据的分析[J]. 地理学报, 70(4): 567-581.

刘小年, 2017. 农民工市民化的影响因素: 文献述评、理论建构与政策建议[J]. 农业经济问题, (1): 66-74.

刘颖, 邓伟, 宋雪茜, 等, 2017. 基于综合城镇化视角的省际人口迁移格局空间分析[J]. 地理科学, 37(8): 1151-1158.

刘钊军, 胡木春, 2012. 海南特色的城镇化道路研究[J]. 城市规划, 295(3): 33-37.

刘子鑫, 殷江滨, 曹小曙, 等, 2017. 基于不同尺度的关天经济区人口格局时空变化特征与差异[J]. 人文地理, (1): 123-131.

龙晓君, 郑健松, 朱纪广, 等, 2018. 全面二孩背景下中国省际人口迁移格局预测及城镇化效应[J]. 地理科学, 38(3): 368-375.

卢丽文, 张毅, 李永盛, 2014. 中国人口城镇化影响因素研究——基于31个省域的空间面板数据[J]. 地域研究与开发, 33(3): 54-59.

陆杰华, 朱荟, 2012. 2010: 中国人口学研究的回顾与评述[J]. 人口与经济, 35(1): 8-15.

陆歆弘, 2013. 上海人口老龄化的空间分布及其与居住环境的协调度研究[J]. 现代城市研究, (10): 94-98.

路锦非, 2016. 从人口结构变动看我国退休政策改革的必要性[J]. 人口与发展, 22(1): 70-82.

罗淳, 2000. 从老龄化到高龄化——基于人口学视角的一项探索性研究[D]. 成都: 西南财经大学.

罗淳, 2002. 高龄化: 老龄化的延续与演变[J]. 中国人口科学, (3): 35-42.

骆为祥, 2008. 少数民族人口分布及其变动分析[J]. 南方人口, 23(1): 42-50.

马冬梅, 陈晓键, 燕宁娜, 2016. 西海固回族聚居区空间分布特征及影响因素[J]. 干旱区资源与环境, 30(4): 1-7.

马海涛, 黄晓东, 罗奎, 2018. 京津冀城市群区域产业协同的政策格局及评价[J]. 生态学报, 38(12): 4424-4433.

马红旗, 陈仲常, 2012. 我国省际流动人口的特征——基于全国第六次人口普查数据[J]. 人口研究, 36(6): 87-99.

马菁华, 2011. 广东省少数民族流动人口状况及其流动影响因素研究[D]. 广州: 中山大学.

孟祥林, 2006. 城市化进程研究——时空背景下城市、城市群的发展及其影响因素的经济学分析[D]. 北京: 北京师范大学.

牟宇峰, 2013. 长江三角洲地区就业人口分布及其时空变化研究[J]. 中国人口科学, (4): 97-107.

穆光宗, 张团, 2011. 我国人口老龄化的发展趋势及其战略应对[J]. 华中师范大学学报(人文社会科学版), 50(5): 29-36.

潘荣翠, 2015. 西南五省市城镇化影响因素分析——基于动态面板数据 GMM 估计[J]. 云南大学学报(社会科学版), (2): 97-102.

彭亮, 王裔艳, 2010. 上海高龄独居老人研究[J]. 南方人口, 25(5): 26-33.

戚伟, 刘盛和, 金凤君, 2017a. 东北三省人口流失的测算及演化格局研究[J]. 地理科学, 37(12): 1795-1804.

戚伟, 赵美风, 刘盛和, 2017b. 1982～2010 年中国县市尺度流动人口核算及地域类型演化[J]. 地理学报, 72(12): 2131-2146.

祁峰, 2010. 我国人口老龄化的经济效应分析[J]. 经济问题探索, (1): 18-22.

秦佳, 李建民, 2013. 中国人口城镇化的空间差异与影响因素[J]. 人口研究, 37(2): 25-40.

秦向红, 1998. 我国边疆地区少数民族分布与特点及经济社会发展变化[J]. 哈尔滨师范大学自然科学学报, (1): 91-97.

任强, 郑晓瑛, 曹桂英, 2005. 近 20 年来中国人口死亡的性别差异研究[J]. 中国人口科学, (1): 2-13.

任勤, 黄洁, 2015. 社会养老对老年人健康影响的实证分析——基于城乡差异的视角[J]. 财经科学, (3): 109-120.

孙俊, 武友德, 骆华松, 等, 2016. 基于多样性指数的云南省民族人口发展态势分析[J]. 南方人口, 31(6): 31-39.

谭勉, 2011. 人口流出地的生育率影响因素分析——以湖南省为例[D]. 南京: 南京财经大学.

田雪原, 2010. 新中国 60 年人口政策回顾与展望[J]. 学习论坛, 26(2): 64-66.

万宝惠, 张晶, 狄增如, 等, 2011. 用人口金字塔模型探讨计划生育政策走向[J]. 北京师范大学学报(自然科学版), 47(6): 645-652.

万庆, 吴传清, 曾菊新, 2015. 中国城市群城市化效率及影响因素研究[J]. 中国人口·资源与环境, 25(2): 66-74.

汪洋, 陈亚宁, 陈忠升, 2012. 塔里木盆地北缘人口与经济重心演变及其关联分析[J]. 干旱区地理, 35(2): 318-323.

王春光, 2006. 农村流动人口的"半城市化"问题研究[J]. 社会学研究, (5): 107-122.

王桂新, 胡健, 2015. 城市农民工社会保障与市民化意愿[J]. 人口学刊, 37(6): 45-55.

王桂新, 潘泽瀚, 2013. 我国流动人口的空间分布及其影响因素——基于第六次人口普查资料的分析[J]. 现代城市研究, (3): 4-11.

王国霞, 秦志琴, 2013. 山西省人口与经济空间关系变化研究[J]. 经济地理, 33(4): 29-35.

王金营, 戈艳霞, 2016. 全面二孩政策实施下的中国人口发展态势[J]. 人口研究, 40(6): 3-21.

王婧, 李裕瑞, 2016. 中国县域城镇化发展格局及其影响因素——基于 2000 和 2010 年全国人口普查分县数据[J]. 地理学报, 71(4): 621-636.

王婧, 刘奔腾, 李裕瑞, 2017. 京津冀地区人口发展格局与问题区域识别[J]. 经济地理, 37(8): 27-36.

王开泳, 丁俊, 王甫园, 2016. 全面二孩政策对中国人口结构及区域人口空间格局的影响[J]. 地理科学进展, 35(11): 1305-1316.

王丽, 邓羽, 牛文元, 2013. 城市群的界定与识别研究[J]. 地理学报, 68(8): 1059-1070.

王琳, 2004. 中国老年人口高龄化趋势及原因的国际比较分析[J]. 人口与经济, (1): 6-11.

王录仓, 武荣伟, 李巍, 2017. 中国城市群人口老龄化时空格局[J]. 地理学报, 72(6): 1001-1016.

王录仓, 武荣伟, 刘海猛, 等, 2016. 县域尺度下中国人口老龄化的空间格局与区域差异[J]. 地理科学进展, 35(8): 921-931.

王露, 封志明, 杨艳昭, 等, 2014. 2000～2010 年中国不同地区人口密度变化及其影响因素[J]. 地理学报, 69(12): 1790-1798.

王美凤, 2015. 我国老年人口年龄结构变动及其对经济增长的影响[J]. 人口与社会, 31(3): 19-26.

王晓君, 2017. 西部地区少数民族人口城市化变动分析——基于 2000 年和 2010 年人口普查数据[J]. 西北人口, (1): 120-126.

王亚力, 彭保发, 熊建新, 等, 2014. 2001 年以来环洞庭湖区经济城镇化与人口城镇化进程的对比研究[J]. 地理科学, 34(1): 67-75.

王彦斌, 谢和均, 吕文义, 2013. 西南边疆多民族地区政府的社会管理及手段——基于云南、贵州和广西的调查[J]. 贵州社会科学, (4): 33-38.

王颖, 倪超, 2013. 中国人口转变的经济效应——基于省级数据的空间面板模型分析[J]. 北京师范大学学报(社会科学版), (1): 131-142.

王志宝, 孙铁山, 李国平, 2013. 近 20 年来中国人口老龄化的区域差异及其演化[J]. 人口研究, 37(1): 66-77.

乌云塔娜，李金霞，2014．内蒙古人口结构金字塔演变研究[J]．阴山学刊(自然科学版)，28(2)：29-32．

吴华安，杨云彦，2011．中国农民工"半城市化"的成因、特征与趋势：一个综述[J]．西北人口，32(4)：105-110．

吴连霞，赵媛，马定国，等，2015．江西省人口与经济发展时空耦合研究[J]．地理科学，35(6)：742-748．

吴沛凝，2017．人口老龄化对经济增长的影响分析[D]．昆明：云南财经大学．

吴仕民，2006．中国民族理论新编[M]．北京：中央民族大学出版社．

吴雪萍，赵果庆，2018．中国城市人口集聚分布——基于空间效应的研究[J]．人文地理，33(2)：130-137．

吴勇，2012．山地城镇空间结构演变研究[D]．重庆：重庆大学．

肖永孜，1999．西南地区人口与经济的可持续发展[J]．南方人口，(2)：1-6．

谢安国，许先云，杨映池，等，2005．流动人口生育的地区差异分析——以广州市为例[J]．南方人口，20(4)：15-24．

许抄军，陈四辉，王亚新，2015．非正式制度视角的农民工市民化意愿及障碍——以湛江市为例[J]．经济地理，35(12)：84-89．

许昕，赵媛，张新林，等，2017．江苏省人口老龄化空间分异演变及影响因素[J]．地理科学，37(12)：1859-1866．

薛德升，曾献君，2016．中国人口城镇化质量评价及省际差异分析[J]．地理学报，71(2)：194-204．

闫东升，杨槿，2017a．长江三角洲人口与经济空间格局演变及影响因素[J]．地理科学进展，36(7)：820-831．

闫东升，杨槿，2017b．中国县域市民化需求人口分布时空格局演变[J]．地理科学，37(10)：1486-1496．

央吉，韦宇红，2003．广西高龄人口特征、问题与对策研究[J]．人口研究，27(3)：39-46．

杨成凤，韩会然，李伟，等，2015．四川省不同行政层级城镇的人口迁移[J]．经地济理，35(9)：24-32．

杨东峰，龙瀛，杨文诗，等，2015．人口流动与空间扩张:中国快速城市化进程中的城市收缩悖论[J]．现代城市研究，(9)：20-25．

杨凡，赵梦晗，2013．2000年以来中国人口生育水平的估计[J]．人口研究，37(2)：54-65．

杨海晖，2017．甘肃农村独居老人社会保障状况研究——以陇南市黄陈镇为例[J]．西北人口，38(6):116-124．

杨强，王运动，李丽，等，2016．1952～2010年中国人口分布与社会经济发展的时空耦合特征分析[J]．遥感学报，20(6)：1424-1434．

杨琰，王红蕾，1999．甘肃少数民族人口分布的特点及其成因[J]．西北人口，(2)：42-47．

杨勇，杨忍，2014．河南省人口城镇化特征及影响因素的空间异质性[J]．地理与地理信息科学，30(5)：60-65．

叶裕民，黄壬侠，2004．中国流动人口特征与城市化政策研究[J]．中国人民大学学报，8(2)：75-81．

易富贤，李子路，2013．大国空巢：反思中国计划生育政策[M]．北京：中国发展出版社．

易卫华，叶信岳，王哲野，2015．广东省人口老龄化的时空演化及成因分析[J]．人口与经济，(3)：33-42．

于宁，2013．"后人口红利时代"中国的挑战与机遇——基于老龄化经济影响的视角[J]．社会科学，(12)：82-92．

于婷婷，宋玉祥，浩飞龙，等，2017．东北三省人口分布空间格局演化及其驱动因素研究[J]．地理科学，37(5)：709-717．

余凤龙，黄震方，曹芳东，等，2014．中国城镇化进程对旅游经济发展的影响[J]．自然资源学报，(8)：1297-1309．

袁俊，吴殿廷，吴铮争，2007．中国农村人口老龄化的空间差异及其影响因素分析[J]．中国人口科学，(3)：41-47．

原华荣，张志良，吴玉平，1994．中国少数民族人口文化分布的地域性研究[J]．民族研究，(2)：15-22．

曾丽波，张加龙，李亚娟，等，2015．1990～2010年云南省少数民族人口分布空间差异分析[J]．地域研究与开发，34(2)：167-171．

曾明星，张善余，2013．中国人口再分布的社会经济合理性及其"多中心集聚"分析[J]．南方人口，28(5)：71-80．

曾通刚，赵媛，许昕，2017．中国人口高龄化空间格局演化及影响因素研究[J]．地理与地理信息科学，33(6)：72-79．

翟振武，陈佳鞠，李龙，2017．2015～2100年中国人口与老龄化变动趋势[J]．人口研究，41(4)：60-71．

张凡，方大春，2015．中国人口老龄化、城市化和城乡收入差距关系研究——基于面板VAR模型[J]．吉林工商学院学报，31(2)：9-14．

张桂莲，王永莲，2010. 中国人口老龄化对经济发展的影响分析[J]. 人口学刊，(5)：48-53.

张国俊，黄婉玲，周春山，等，2018. 城市群视角下中国人口分布演变特征[J]. 地理学报，8(73)：1-13.

张慧，2012. 中华人民共和国成立以来山东省人口分布地域格局及集疏变化分析[J]. 经济地理，32(10)：28-35.

张开洲，陈楠，2014. 1990~2010年福建省县域人口老龄化时空演变特征及其驱动机制[J]. 地理科学进展，33(5)：605-615.

张庆五，1995. 中国50乡镇流动人口调查[J]. 中国人口科学，(1)：25-32.

张善余，曾明星，2005. 少数民族人口分布变动与人口迁移形势——2000年第五次人口普查数据分析[J]. 民族研究，(1)：17-25.

张善余，彭际作，毛爱华，等，2006. 西部地区人口迁移形势及其影响分析[J]. 内蒙古社会科学(汉文版), 27(1)：95-99.

张善余，2013. 人口地理学概论(第3版)[M]. 上海：华东师范大学出版社.

张苏北，朱宇，晋秀龙，等，2013. 安徽省内人口迁移的空间特征及其影响因素[J]. 经济地理，33(5)：24-30.

张旭，朱欣焰，鲍曙明，2012. 中国人口生育率的时空演变与空间差异研究[J]. 武汉大学学报(信息科学版), 37(5)：516-519.

张耀军，岑俏，2014. 中国人口空间流动格局与省际流动影响因素研究[J]. 人口研究，38(5)：54-71.

赵东霞，韩增林，王利，2017. 中国老年人口分布的集疏格局及其形成机制[J]. 地理学报，72(10)：1762-1775.

赵金丽，王曼曼，张璐璐，等，2018. 中国城市群金融联系网络时空格局演化及影响因素[J]. 经济地理，38(4)：91-99.

赵俊芳，王媞，2014. 近年来我国人口学的研究热点与作者分布——基于1857篇CSSCI论文的计量分析[J]. 人口研究，38(3)：104-112.

赵儒煜，刘畅，张锋，2012. 中国人口老龄化区域溢出与分布差异的空间计量经济学研究[J]. 人口研究，36(2)：71-81.

赵袁军，李义敏，谢敏，等，2016. 计划生育政策调整对我国人口数量、结构及其影响的研究——以深圳市为例[J]. 西北人口，37(5)：40-47.

赵周华，王树进，2018. 人口老龄化与居民消费结构变动的灰色关联分析[J]. 统计与决策，(9)：108-111.

赵作权，2009. 地理空间分布整体统计研究进展[J]. 地理科学进展，28(1)：1-8.

郑伟，林山君，陈凯，2014. 中国人口老龄化的特征趋势及对经济增长的潜在影响[J]. 数量经济技术经济研究，(8)：3-20.

郑长德，2008. 凉山彝族自治州少数民族人口变化研究[J]. 西北人口，29(4)：49-54.

郑贞，周祝平，2014. 京津冀地区人口经济状况评价及空间分布模式分析[J]. 人口学刊，36(2)：19-28.

中国人口与发展研究中心课题组，2012. 中国人口城镇化战略研究[J]. 人口研究，(3)：3-13.

钟志平，刘丰有，李楚婷，2016. 我国人口老龄化的社会经济影响及对策[J]. 河南科学，34(4)：618-623.

朱传耿，顾朝林，张伟，2001. 中国城市流动人口的特征分析[J]. 人口学刊，(2)：145-150.

朱孟珏，庄大昌，杨园华，2018. 1990年以来广东省人口迁移的地域类型与管理对策[J]. 经济地理，38(2)：43-65.

朱秋莲，2013. 中华人民共和国成立以来党的人口生育政策变迁研究[D]. 长沙：湖南师范大学.

朱宇，丁金宏，王桂新，等，2017. 近40年来的中国人口地理学——一个跨学科研究领域的进展[J]. 地理科学进展，36(4)：466-482.

庄晋财，1998. 论西南地区人口素质的提高与贫困的缓解[J]. 广西大学学报(哲学社会科学版), (1)：48-55.